MAL ET REMÈDE.

IMPRIMERIE DE W. REMQUET ET Cie,

Successeurs de Paul Renouard,

RUE GARANCIÈRE, 5, DERRIÈRE ST.-SULPICE.

MAL ET REMÈDE

OU

DE CE QUI TUE LA SOCIÉTÉ EN FRANCE

ET

DE CE QUI PEUT LA FAIRE VIVRE,

PAR

F. MALAURIE,

EX-PROFESSEUR D'HISTOIRE, MEMBRE CORRESPONDANT DE L'ACADÉMIE
DES SCIENCES, BELLES-LETTRES ET ARTS DE BORDEAUX, ETC.

Écoutez-moi, je vous rapporterai
ce que j'ai vu   (*Job.* 15. 17).

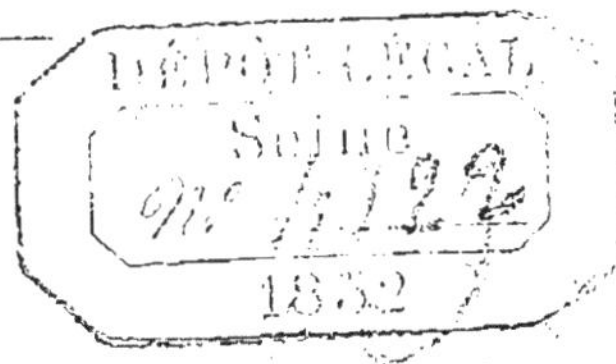

PERISSE FRÈRES, LIBRAIRES-ÉDITEURS,

<table>
<tr><td>PARIS</td><td>LYON</td></tr>
<tr><td>NOUVELLE MAISON</td><td>ANCIENNE MAISON</td></tr>
<tr><td>RUE SAINT-SULPICE, 38,</td><td>GRANDE RUE MERCIÈRE, 33,</td></tr>
<tr><td>ANGLE DE LA PLACE.</td><td>ET RUE CENTRALE, 68.</td></tr>
</table>

1852.

A MESSIEURS

MOLÈNE ET DUMOULIN.

Messieurs et très-chers amis,

En d'autres temps, nous nous sommes quelquefois entretenus des causes qui agitent et ébranlent trop souvent notre belle et chère patrie.

Dans nos philosophiques entretiens, vous

m'avez toujours ouï dire que, chez nous, le mal n'était ni dans notre position géographique, ni dans notre forme de gouvernement, mais bien dans les esprits et dans les cœurs, dans les pensées perverses et dans les passions criminelles.

J'ai recueilli les observations que vous m'avez souvent entendu faire sur ce grave sujet, et je [viens maintenant vous faire hommage de ce nouveau fruit de mes méditations.

En vous dédiant cet ouvrage, je n'ai pas l'intention, Messieurs, de vous apprendre d'où viennent les malheurs de la France, puisque je sais que, dans de belles assemblées, avec votre parole savante, aisée et convaincue, vous avez dit et combattu les vices qui désorganisent le pays, bien mieux que je ne saurais les dire et les combattre aujourd'hui par la publication de mon livre. Et je n'ai pas prétendu non plus, Messieurs, vous révéler ici le remède à nos maux ; car les vertus qui guérissent les États mourants, je les ai toujours trouvées dans vos discours et dans vos actes.

Quelle a donc été ma pensée, en plaçant vos noms à la tête de cette composition ? Ai-je voulu vous imposer l'obligation de soutenir mon œuvre, dans le cas où on l'attaquerait ? — Pas le moins du monde. Car, selon moi, si un écrit n'est pas né viable, il mourra, quand il aurait tout un régiment de littérateurs pour le défendre ; et s'il doit vivre, les pies de la critique auront beau crier ; elles ne le tueront pas.

En vous dédiant mon travail, très-chers Messieurs, j'ai voulu seulement saisir l'occasion que sa publication m'offrait de dire bien haut, — ce que je sais que vous avez dit en plus d'un lieu, — qu'il est entre nos âmes une amitié véritable, amitié que rien n'a pu ébranler, et qui durera comme Dieu même, puisque nous sommes faits pour survivre à la mort et pour défier la destruction au-delà du temps.

F. MALAURIE.

Paris, le 15 juin 1852.

I.

Une grande partie de mon livre était écrite avant
le grand coup frappé par le neveu de l'Empereur :
mes amis le savent; ils avaient lu mon travail.

Je laisse cette composition telle qu'elle fut d'a-
bord. Les horreurs commises dans plusieurs dé-
partements, au mois de décembre, et prédites ici
par moi, sont une irrécusable preuve de la vérité
de mon enseignement.

Il est une autre raison qui m'empêche de faire
subir, dans cet ordre d'idées, aucune modification
à mon travail. Les vices dont il est question dans
le premier livre, sont dans leur force au milieu de
la société actuelle. L'appréciation que j'ai faite de
ce multiple aveuglement reste donc encore au·
jourd'hui dans tout son à propos.

Avant de dire les causes destructrices de la société en France, j'écrivais alors en tête de la Préface qu'on va lire, l'alinéa qui suit.

II.

A l'heure qu'il est, un travail géant se fait dans l'abîme des âmes, et de son éclosion va peut-être sortir la mort de la société en France. L'esprit de l'ordre et de la conservation, et le génie du bouleversement et des ruines sont en présence! Aucun des siècles écoulés, depuis la fondation des États, ne présente un tableau aussi dramatique que celui que va nous offrir la lutte qui se prépare. Dans cet état de choses, l'indifférence serait un crime. A la veille d'un tel combat, tout citoyen doit devenir soldat et servir sa patrie, de sa force et de son savoir. C'est pour remplir cette obligation sacrée, que je viens offrir au public mes observations sur notre état social. D'autres feront davantage, mais leur supériorité ne saurait autoriser mon inaction. Je divise mon travail en deux livres : dans le premier, j'expose les vices qui tuent les nations, et dans le second, je dis les vertus qui fondent les États, les fortifient et les conduisent à la gloire.

Le premier livre peut servir de miroir à plusieurs ; je souhaite qu'à tous, le second serve de règle de conduite.

On trouvera, dans le cours de cet ouvrage, quelques citations en vers. Ces inspirations appartiennent à M. Barbier, à Racine le fils, à Delille et à quelques autres auteurs avantageusement connus. Quoi que disent quelques personnes, les vers peuvent trouver place dans l'exposé de toutes les doctrines : les anciens ont fait dire à la poésie les hauts faits des héros et les préceptes de l'agriculture ; saint Prosper, contre le pélagianisme, a plaidé en vers la cause de la grâce ; le fils de l'auteur d'Athalie a prouvé en beaux vers la divinité de la religion, et M. Barthélemy s'est servi de la même langue pour battre plusieurs points des doctrines politiques de son temps.

Mais mon travail peut-il être un travail utile au lecteur ? Je le crois, et quelques considérations vont légitimer ma croyance.

On convient qu'un général doit connaître les soldats qu'il est appelé à commander, un médecin les malades qu'il est chargé de traiter, et un commerçant le génie, les mœurs et les usages des négociants avec lesquels il doit faire des contrats ; mais il est aussi nécessaire, sans doute, de connaître le monde avec lequel on se trouve, le monde qu'on ne peut éviter, le monde avec lequel on est forcé de vivre. — On mépriserait un maçon qui ignorerait les règles de l'architecture ; on ne donnerait pas une métairie à exploiter à un laboureur qui ne distinguerait pas entre les saisons et les saisons, ne mettrait aucune différence entre les diverses espèces de grains, et traiterait de la même manière tous les bestiaux qui seraient dans la ferme ; mais n'est-il pas infiniment plus nécessaire de connaître les inclinations, les désirs et la capacité morale de l'humanité avec laquelle on est en contact, et de laquelle on est une partie active ?

On ne voudrait pas confier l'éducation littéraire d'un enfant à un homme qui apprécierait au même point de vue tous les auteurs classiques, et ne saurait rien du caractère de l'enfance ; mais, je le demande encore, n'est-il pas plus indispensable de savoir les hommes et les différents degrés de leur valeur ?

Or, cette connaissance du monde, l'a-t-on maintenant ? Non. La société tout entière n'est qu'un composé d'êtres malheureux, et il n'y a que les débutants dans la vie qui puissent l'ignorer.

Eh bien ! cherchez la cause des douleurs de ces hommes, la cause des angoisses de ces femmes ; remontez bien haut, allez jusqu'à la source première : et là, vous trouverez toujours, ou presque toujours, que ces infortunés ne sont dans cet état de douleur, que parce qu'ils n'ont pas assez connu ceux avec lesquels ils ont été en rapport. Et cela est si vrai, qu'il n'est rien de si ordinaire que d'entendre, de la bouche de ces patients, tomber ces lamentables paroles :

Ah ! si je l'eusse prévu ! — Si j'avais su ! — Qui me l'aurait dit ! — Comme j'ai été trompé ! — Hypocrite ! — Caractère pervers ! — Esprit menteur ! — Cœur ingrat !... Après tout ce que j'avais fait !

Et ces terribles et déchirantes exclamations sont un bruit incessant dans l'abîme des cœurs.

Et quiconque ignore la science sur laquelle j'écris aujourd'hui, proférera, un peu plus tôt, ou un peu plus tard, ces mêmes soupirs de tristesse, ces mêmes cris d'indignation.

Mais l'étude dont il s'agit est longue ; il faut souvent bien des années pour la compléter ; elle est pénible à faire ; car sur cette matière, quelques considérations vagues, une vue synthétique, un aperçu d'ensemble ne suffisent pas : il faut un travail analytique, un examen minutieux. Et, pour cela faire, il faut, dans les mondes de la morale, de la religion et de la politique, monter sur les points culminants du haut desquels on voit les orages qui s'élèvent sur le théâtre de ces mondes. Or, il y a peu d'hommes qui veuillent gravir ces élévations intellectuelles. Eh bien ! je suis monté à ces divins observatoires, et j'ai la certitude que, dans la recherche de la connaissance du monde, pour ceux qui voudront en faire usage, mon livre sera fructueux, abrégera le temps et amoindrira la peine que nécessitent les investigations dont nous parlons.

Bien souvent, les écrivains ne peuvent travailler que sur des témoignages étrangers; presque toujours, l'historien raconte d'après ce qu'on lui dit, d'après des notes qu'on lui envoie, des mémoires qu'on lui donne, ou des historiens qui l'ont précédé.

Mais dans le livre que je viens offrir au public, il n'en sera pas ainsi. Les portraits que je vais dessiner n'auront pas un seul trait qui ne repose sur une longue série d'observations faites par moi. Et je puis dire ici, que peu de moralistes se sont trouvés, mieux que moi, à même d'examiner, de comparer et de juger. Les matériaux m'ont été fournis en foule, et j'ai été dans une pleine liberté d'action pour les recueillir : car j'ai toujours feint de ne rien remarquer, de ne rien observer, de ne rien entendre. Cette dissimulation est la seule de ma vie; si c'est une faute, je la confesse à mon lecteur. Mais cette inattention simulée a fait que les orgueilleux, les menteurs, les calomniateurs, les flatteurs, les incrédules, les inconséquents, les prétentieux, les égoïstes, les ingrats, les rancuniers, les sensualistes, les jaloux, les hypocrites, les fabricateurs d'utopies, les truands et tous les grands écornifleurs de popularité, m'ont apparu sans masque, sans voile, sans nuage.

Tout ce que je vais dire, c'est donc la nature prise sur le fait. Personne, je le répète, n'a pu plus aisément que moi contempler cette nature; et nul ne l'a fait avec plus de soin, d'attention et de scrupule.

Aussi, mon livre est tout entier dans mon cerveau : je vois ceux que je vais peindre; je les vois avec leurs grimaces forcées; je les entends avec toutes les inflexions de leurs voix. Bien des personnes vont poser ici; elles vont venir sans le savoir. Si mes tableaux sont imparfaits, ce ne sera que parce que, quand il s'agit de ce qui dégrade, je crains de dire toute la vérité. Mais si je n'écris pas tout ce que j'ai vu des misères de l'esprit et de celles du cœur humain sur la scène du monde, je déclare du moins que j'ai vu tout ce que j'écris : et tel qui me lira, reconnaîtra que ce que je raconte n'est pas un produit de mon imagination; il se verra dans ces pages, tel qu'il est, et dira dans son cœur : c'est moi, oui, c'est moi !

Mais, parce qu'ils trouveront dans ce livre des choses qui seront leur condamnation, certains lecteurs m'accuseront d'avoir eu l'intention de les offenser. Ils se tromperont. Je déclare qu'il n'est pas dans mon caractère de chercher à faire de la peine; qu'il m'a été, plus d'une fois, bien facile d'humilier un adversaire; que je n'ai jamais profité de ces occasions, et que je me suis abstenu sans me faire une forte violence. Et je puis bien dire ici, en toute sincérité, avec l'auteur de l'*Esprit des Lois* : « Si je pouvais faire en sorte « que ceux qui commandent augmentassent leurs

« connaissances sur ce qu'ils doivent prescrire,
« et que ceux qui obéissent trouvassent un nou-
« veau plaisir à obéir, je me croirais le plus heu-
« reux des mortels. »

Comme le fait comprendre l'intitulé de mon livre, les vices et les vertus dont il va être question dans cet ouvrage, seront considérés en cet endroit, plutôt dans leurs résultats sociaux, que dans leurs effets religieux. Cependant, toutes les fois que les considérations catholiques se prêteront à mon sujet, je m'empresserai de leur donner place en mon travail.

Quelques moralistes ont écrit, je le sais, sur certains travers de l'humanité, mais je n'en connais pas qui aient fait des vices humains un ensemble tel que celui que je me propose de faire aujourd'hui. Aucun, à ma connaissance, n'a approfondi les défauts en les définissant, les détaillant, les classant; en les considérant dans leurs effets prochains et ultérieurs; aucun n'a mis le bien à côté du mal. Et puis, comme ils devaient naturellement le faire, ils ont tous écrit selon les idées de leur époque; ce qui fait que leur travail n'a plus d'actualité; car, l'être humain, depuis quelques années, a été un terrible marcheur! et les besoins et les idées de nos jours, ne ressemblent en rien aux besoins et aux idées des temps qui nous ont précédés.

Il y en aura, je le sais, qui désapprouveront ce

que je vais dire : ce seront ceux qui se reconnaîtront dans les portraits que je vais dessiner. C'est
naturel ; le malade se plaint quand on met le doigt
sur sa plaie, et parce que l'homme de l'art lui touche les membres fracturés pour les lui raccom-
moder, l'estropié pousse des cris et s'emporte
contre le médecin, comme si ce dernier était la
cause de son mal. Il y en aura qui m'accuseront
de voir tout en noir, et de dire que l'humanité
tout entière est un composé d'êtres infâmes. Ils ne
feront que me calomnier. Je crois, je dis plus, je
sais que la source des nobles émotions n'est point
épuisée ; qu'il y a, dans toutes les conditions, des
hommes et des femmes du plus admirable mérite.
Il y a des cœurs plus précieux que tous les trésors
de l'univers, des cœurs qu'il faudrait enchâsser
comme des perles fines, des cœurs qui seraient des
ornements au ciel ! Il y a des âmes plus rayon-
nantes de hautes qualités que le soleil de lumière,
des âmes dont toute l'existence est un parfum continuel ! Je suis sûr qu'il y a des êtres dans lesquels
ce que nous appelons défaut, se trouve dans le fond
la vertu la plus sublime. Leur regard et leur sourire se fixent quelquefois sur la terre ; quelque
chose de leur intérieur se penche même vers la
créature, mais le divin de leur âme et le brûlant
de leur cœur demeurent dans le ciel : ainsi la
tour de Pise s'incline, mais elle ne tombe pas. Et
parce que je crois à toutes les qualités de ces êtres,

j'affirme l'existence du mal chez beaucoup d'autres. Il n'y a que celui qui croit au beau, qui ait le droit d'affirmer l'existence du laid; il n'y a que celui qui croit à la vérité, qui ait le droit de parler comme adversaire de l'erreur.

MAL ET REMÈDE.

LIVRE PREMIER.

I.

Une des principales sources de toutes les iniquités qui se commettent chaque jour dans le monde social, c'est l'orgueil.

L'orgueil est une opinion beaucoup trop avantageuse de sa propre individualité ; c'est une grande enflure du cœur, qui fait que l'on rapporte tout à soi et rien aux autres.

Et en passant à travers la vie, j'ai regardé, et j'ai vu que le monde était rempli de ces êtres qui sont toujours en contemplation devant leurs propres images.

Il est des orateurs qui, après un discours durant lequel ils ont endormi les uns et trouvé le secret de déplaire à tous les autres, se croient des Massillons ou des Bossuets, des Mirabeaux ou des Barnaves.

Celui-ci se montre difficile, inabordable à cause de l'ancienneté de sa famille : et cependant, il n'y a que quelques jours encore; on enterrait la personne qui prêta à son grand-père l'argent pour acheter ses titres de noblesse.

Celui-là se prévaut de la place qu'il occupe, oubliant qu'il n'y a été porté que par les défauts qui auraient bien dû l'en exclure, ou par une de ces bizarreries de la fortune qui, dans le fond, jette toujours le ridicule sur le nouveau parvenu. On dit que, sous Gallien, un corps d'officiers en goguettes, mécontents du chef de l'État, parlaient un jour de nommer un autre empereur. Il y avait alors dans les armées romaines un certain Régillianus, dace d'origine. Un des meneurs dit aux autres : Nommons Régillianus ; car puisqu'il s'appelle Régillianus, il peut bien nous régir et être notre roi. La raison fut trouvée excellente, et Régillianus eut la pourpre et la couronne! Cette nomination nous fait rire de pitié ; et cependant, dans les choses les plus graves, combien ne s'en fait-il pas chaque jour sur des motifs aussi vains !

Ramasseur de quelques morceaux de bois pétrifié, et lecteur de quelques articles du *Magasin pittoresque* sur les animaux des pays lointains, l'un veut résumer en lui Buffon et le grand Cuvier; et, auteur de deux ou trois minces feuilletons, ou d'une petite brochure dont il sera le seul assidu lecteur, l'autre se compare à Colney, à Thiers et à Montesquieu !

Il y en a qui s'énorgueillissent de leur pouvoir. Ces préposés au gouvernement de leurs semblables croient être d'une supériorité géante à tous ceux qu'ils commandent, et, en voyant leurs administrés, ils se sentent portés à dire comme le roi-despote : Ce peuple est à moi !

Plusieurs croient que leur fortune peut compenser leur manque d'esprit ; et ils se prévalent de leur or, de leur argent et de leurs terres ; et quand ils passent, portés sur un superbe coursier, ou traînés dans leur élégant tilbury, ils ne rendent pas le salut qui leur a été fait par l'homme qui est à pied sur la voie publique.

Il en est qui pensent devoir être l'objet d'un culte, parce qu'un ministre a attaché un bout de ruban à une boutonnière de leur habit, et qui méprisent la croix du Calvaire, d'où dérive toute idée de grandeur aux croix que les gouvernements distribuent.

J'en connais qui lisent toujours avec un nouveau plaisir, et qui, avec l'inattention la plus exercée, étalent devant ceux qui viennent les visiter le numéro du journal qui enregistra l'ordonnance qui les nomma à un poste inamovible; et un jour viendra où sans doute ils feront encadrer cette pièce.

J'en connais qui rougissent de leur père et de leur mère, parce que leur père et leur mère ne sont ni diserts dans leurs discours, ni élégants dans leurs manières, ni aisés dans leur fortune.

Et ainsi chacun se crée Dieu sur la terre, et veut que son souverain domaine soit accepté et établi sans examen. Oui, l'orgueil est partout, et il enfièvre tout. Et voilà pourquoi un poète plein d'énergie a pu dire avec raison :

La porte la plus grande et le plus vaste seuil
Par où passe le plus de monde, c'est l'orgueil.
L'orgueil, ce vice impur, est la voie insensée;
Qui de nos jours conduit presque toute pensée.

Ce vice est sot; car il n'a pas de raison d'être. Veut-on se prévaloir de sa naissance? Il est absurde, dit madame de Chantal, de vouloir se faire un mérite d'une chose à laquelle on n'a pris aucune part.

Veut-on se prévaloir de la gloire dont on jouit? Eh mon Dieu! qu'est-ce que la gloire? Saint Bernardin de Sienne prêcha dans toute l'Italie; il fit l'admiration des princes et des papes; l'empereur Sigismond l'affectionna, il voulut le mener

à Rome; toutes les grandes villes se le disputè-
rent. Quelques années ont passé là-dessus; et qui
sait aujourd'hui qu'il y a eu un Bernardin de
Sienne, objet de l'admiration des peuples et des
rois?

Veut-on se prévaloir de la puissance et des
grandeurs, des distinctions sociales et des décora-
tions que l'on reçoit? Châteaubriand avait été militaire, académicien, ambassadeur, pair de France,
admiré des potentats de l'Europe et de leurs sujets, et décoré de divers ordres. — Un jour, il est
dans le besoin; il vend les signes de ses distinctions;
et à ce sujet il a écrit : Mes broderies, dragonnes,
franges, torsades, épaulettes, vendues à un juif et
par lui fondues, m'ont rapporté *sept cents francs,*
produit net de toutes mes grandeurs!!

Voulez-vous vous prévaloir de la justesse et de
la limpidité de votre voix? Mais le rossignol, qui
est un oiseau de la plus chétive apparence, chante
mille fois mieux que vous. Voulez-vous vous prévaloir de la fraîcheur de votre teint? Mais la plus petite des fleurs que l'animal foule aux pieds dans la
campagne, a un éclat et une pureté de couleur que
vous n'aurez jamais. Voulez-vous vous prévaloir
de la blancheur et de la régularité de votre den-
ture? Mais l'animal qui aboie, sans employer les
préservatifs ni les conservateurs, est sur vous
d'une supériorité désespérante. Voulez-vous vous
prévaloir de l'élégance de votre tournure? Mais la

demoiselle des ruisseaux avec ses ailes de gaze
vous éclipse et vous efface. Voulez-vous vous prévaloir de la hauteur de votre taille? Eh mon Dieu!
le plus petit des peupliers d'Italie l'emportera
toujours sur vous. Voulez-vous vous prévaloir de
votre force physique? Mais le bœuf et le cheval,
l'ours et le lion, sans effort de leur part, vous
font prendre la fuite. Voulez-vous vous prévaloir
de votre vertu? Hélas! si elle n'a pas fait des chutes
effroyables, c'est peut-être parce que l'occasion
vous a manqué, ou parce que vous avez été soutenu par une grâce qui était le résultat de la prière
qu'un saint prêtre avait faite pour vous, pour vous
qui le méritiez si peu.

Non, je ne vois vraiment pas de quoi l'être humain peut s'énorgueillir; et, à mon jugement,
l'orgueil n'est pas seulement sot, il est encore ridicule : pour s'en convaincre, il suffit d'examiner
celui qui en est atteint.

Les orgueilleux, ces prétendus oiseaux du ciel,
ont le verbe mou, ou extrêmement haut, la démarche guindée, le regard dédaigneux, le sourire
moqueur, et une assurance effrontée sur tout le
visage. Ils parlent sur tout; on ne les entend jamais dire : *je ne sais pas.* S'ils le disent, ils ne tar-
dent pas à prouver qu'ils ne croyaient pas ce qu'ils
disaient. Ils n'ignorent rien, pas même ce que leur
âge et la position où ils ont été placés les ont mis dans
l'absolue impossibilité d'apprendre. L'orgueilleux

vante tous ceux qui lui sont inférieurs en savoir ou en renommée, en puissance ou en dignité ; mais il lui semble que les éloges que l'on donne à un mérite qui peut l'effacer sont un vol que l'on lui fait. Il fuit les distinctions de faible valeur et semble vouloir se cacher dans l'ombre ; mais, comme la folâtre bergère du poëte, il meurt d'envie d'être aperçu auparavant.

Eh bien ! qu'on ne s'y trompe pas, tous ces êtres vaniteux, tous ces fanfarons qui se croient du savoir et une haute capacité quand ils ont un habit neuf, sont de terribles fléaux pour un pays.

Par la trempe même de leur caractère, ils se considèrent comme doués de l'infaillibilité ; ils se figurent, dès le moment qu'ils trouvent une résistance, qu'on manque d'égards envers leurs personnes ; ils soupçonnent aussitôt des dispositions hostiles.

Dès lors des ténèbres plus épaisses enveloppent leur esprit, et une glace nouvelle tombe sur leur cœur. Ils se voient partout victimes de l'injustice, et ils se nourissent sans cesse de projets de vengeance, tout en croyant remplir un devoir de conscience. Et cette disposition, qui devient à leur insu comme une partie intégrante de leur être, les pousse continuellement, et comme par une espèce de nécessité, à troubler toute les harmonies sociales. Ces vains et futiles déclamateurs, dit Jean-Jacques, vont de tous côtés, armés de leurs funestes para-

doxes, sapant les fondements de la loi, et anéan-
tissant la vertu; ils consacrent leur talent à dé-
truire tout ce qu'il y a de plus sacré parmi les
hommes.

Dans une circonstance périlleuse, pour sauver
la chose publique, il faudrait se rapprocher d'un
adversaire puissant, aigri par quelque procédé of-
fensant, — l'orgueilleux dit que ce n'est pas à lui
de faire le premier pas. Et si, plus sensé, son anta-
goniste se soumet aux premières démarches, l'orgueilleux ne voit, lui, dans cet acte qui vient du
courage, de ce courage qui met l'homme au-dessus
de l'homme-même, il ne voit qu'un signe de faiblesse! et, étourdi par la fumée de l'encens qu'il
brûle jour et nuit devant sa propre image, le mi-
sérable perd le gros bon sens et roule de précipice en précipice, de chute en chute, jusqu'à ce
qu'il soit descendu au fond de cet abîme, d'où
désormais il ne lui sera jamais permis de sortir.

L'orgueilleux ne veut céder à personne, et il
veut que tout le monde lui cède. Or, dans cet état
de choses, il est impossible que la paix puisse exister. Deux hommes se rencontrent sur un chemin;
aucun ne veut céder le passage; une rixe s'en suit,
et le plus faible expire sous les coups du plus fort:
Laïus et son fils sont là pour le prouver.

Sur la fin du douzième siècle, qui paralyse les
efforts de ces formidables phalanges de Flandre,
de Danemark et d'Italie, auxquelles étaient joints

les glorieux restes de ces vaillants héros allemands que le vieux et intrépide empereur Barberousse avait conduits aux champs de la Palestine? Dans ces jours d'impérissable mémoire, qui fit reculer l'immortelle bannière de France devant l'étendard musulman? Ce fut l'insolence d'un seul homme, l'orgueil de Richard d'Angleterre! Oui, les révoltantes prétentions de ce guerrier, d'ailleurs si remarquable à tant de titres, éloignèrent de sa personne les princes ses alliés, et il se trouva dès lors dans l'impossibilité de poursuivre ses plans de conquêtes, et d'aller arborer ses drapeaux sur les tours de Sion. Il vit se flétrir tous les lauriers qu'il avait cueillis devant Saint-Jean d'Acre; il vit tout son bouillant courage devenir inutile dans cette grande lutte de l'Europe et de l'Asie.

Et vers le milieu du quinzième siècle, qui a renversé Byzance, cette ville assise au bord de la Propontide, entre le Pont-Euxin et la mer Égée, dans une des plus belles situations de l'univers; cette ville si extraordinaire par son immense étendue, ses colonnes de porphyre, ses palais de marbre, ses dômes d'or et tous les chefs-d'œuvre de l'art antique? Qui a saccagé cette cité qui, par la nature de sa position, semblait destinée à être la métropole du monde? Ah! ce fut l'orgueil oriental! et celui qui en douterait, ne connaîtrait rien à la filiation des idées, à l'enchaînement des faits, aux causes qui font et défont les empires. Les Grecs superbes,

2.

poussés par un clergé superbe, vivaient dans la discorde, depuis qu'une nouvelle union avec l'Eglise
d'Occident avait été signée. Les brouillons ne voulaient pas de la domination du vicaire du Christ ;
et, pendant que l'ennemi faisait les préparatifs d'un
siége qui devait les briser, ils criaient partout qu'ils
ne voulaient rien devoir aux Latins. Dans leur dé-
mence, ils allaient jusqu'à dire qu'ils aimaient
mieux voir dans Constantinople le turban de Ma-
homet, que la tiare du pacifique pontife de Rome.
Cependant, par terre et par mer, l'ennemi serre
la place ; des remparts qui paraissaient inexpugna-
bles s'écroulent ; les Turcs se précipitent de toutes
parts dans la ville de Constantin et de Théodose ;
et les descendants de Léonidas et d'Épaminondas,
les derniers neveux d'Alexandre-le-Grand, sont
chargés des chaînes de la servitude ! Les temples
sont convertis en mosquées, et les grands palais en
sérails ! Là, où le prince de l'éloquence grecque,
Chrysostôme, avait cultivé les plus belles fleurs de
la plus belle vertu, tombe la dissolution la plus dégoûtante. Aux hommes de Byzance, le brutal vainqueur enléve leurs filles et leurs femmes ; et ces
hommes sont là, ils regardent, et ils ne défendent
ni leurs filles, ni leurs compagnes !! La ville de la
science et de la politesse est devenue le séjour des
ténèbres et de la barbarie. L'empire d'Orient a
été brisé et effacé pour toujours de la liste des
nations libres. Et c'est l'orgueil qui a frappé ce

coup, dont le contre-coup retentira dans les siècles jusqu'aux derniers jours du monde.

Mais quels rapports y a-t-il, me dira-t-on, entre une pensée d'orgueil et ces grands phénomènes? — Une pensée d'orgueil, c'est un point dans le firmament de l'âme. Eh bien! écoutez: Sous le ciel de la nature, là-bas, à l'horizon, on aperçoit un point noir. Ce point grossit, il devient nuage. Le vent le pousse, il s'arrête, il se rompt et s'abat sur nos campagnes. Les ruisseaux, les rivières et les fleuves, jusqu'alors doux et paisibles, sortent aussitôt de leurs lits, se précipitent avec fureur et font invasion dans les plaines. Les ponts sont emportés, les gracieuses vallées sont décolorées, les passages sont interrompus. Les travailleurs, exténués de fatigue et de besoins, s'en vont en pleurant, mendier loin du pays qui les avait vus naître; et les petits enfants et leurs mères, transis de froid et d'humidité, restent çà et là sur le sol ravagé! Eh bien! ce que ce point sous le ciel matériel produit dans le monde de la nature, le point de l'orgueil, sous le ciel de l'âme, le produit dans le monde social.

L'orgueilleux ne veut dépendre que de lui, en matière de sociabilité et de gouvernement. Devant l'expression d'une volonté souveraine contraire à sa volonté, il s'irrite, s'emporte, maudit, et jure de ne pas obéir! Il s'agite, écume et crie: Aux armes! aux armes! La mer des peuples se soulève, les vents soufflent en sens contraires, et les multitudes se jettent sur les multitudes comme les vagues sur les vagues ! Et, plus barbares que les habitants de la Tauride, qui n'immolaient que les étrangers jetés par la tempête sur leurs côtes, les peuples civilisés s'égorgent entre eux ! Les voisins assassinent les voisins, les frères immolent les frères, les enfants donnent la mort aux auteurs de leurs jours, et les places publiques et les rues des capitales restent jonchées de morts et de mourants ! Voilà l'histoire de nos modernes discordes, l'histoire de Paris et de Lyon, l'histoire de Vienne et de Rome. Voilà l'histoire de l'orgueil, et la preuve de cette vérité : que l'orgueil est un vice qui désole les peuples, et qui, un peu plus tôt ou un peu plus tard, déracine les nations.

Mais l'orgueil ne se contente pas de renverser les peuples à coups de canons, ni les gouvernements à coups de peuples, il attaque l'être humain dans son individualité. C'est l'orgueil qui fait que cette fille devient la honte de sa famille, et cette femme, le rebut de la société ; c'est l'orgueil qui égorge et qui exile, c'est lui qui proscrit dans Marius et qui massacre dans Sylla ; c'est l'orgueil qui provoque les dépenses inutiles et qui rend dur envers les pauvres ; c'est l'orgueil qui rend incapable de supporter une injure, et qui fait que le Français se livre encore à ces coutumes barbares sorties des glaces de la Scandinavie, et qu'on appelle le *Duel ;* c'est l'orgueil qui fait que l'on nourrit ces terribles

haines qui vont en grossissant sans cesse et dont
l'explosion fera bientôt frémir le ciel ! C'est cet
esprit d'orgueil qui fait que l'on critique tout et
que l'on se moque de Dieu même.

Mais Dieu vengera les idées d'ordre, et l'orgueil
sera un jour frappé d'une condamnation profonde
comme les enfers, et durable comme l'éternité !
Dans le quinzième chapitre de ses manifestations,
Jérémie a légué à l'univers les paroles suivantes :
« Le Seigneur me dit un jour : Prenez une ceinture
de lin, mettez-la sur vos reins, et ne la passez point
dans l'eau. Je fis comme le Seigneur m'avait dit; et
le Seigneur me dit ensuite : Prenez cette ceinture,
allez aux bords de l'Euphrate, et cachez-la dans la
terre. Je fis ce que le Seigneur venait de me commander. Il se passa beaucoup de jours, et le Seigneur me dit : Allez là où vous avez mis la ceinture, et tirez-la de l'endroit où vous l'avez cachée.
Je me rendis sur la rive de l'Euphrate, et ayant
creusé la terre, je retirai la ceinture mystérieuse,
et je la trouvai si pourrie qu'elle n'était plus bonne
à rien. Et la voix de Dieu se fit alors entendre, et
elle me dit : Eh bien ! allez le publier partout, c'est
ainsi que je ferai pourrir l'orgueil des enfants de
Judas et l'orgueil des enfants de Jérusalem. Je sé-
parerai le frère d'avec le frère et les enfants d'avec
leur père ; je ne pardonnerai pas, je ne ferai pas
de miséricorde, je serai sans indulgence ; je les
perdrai sans ressource, parce que, s'élevant dans

leur orgueil, ils se sont ainsi éloignés de moi. »

A l'orgueil, en effet, Dieu n'accorde point de pardon. Dévoré par l'orgueil, l'ange de la lumière, un jour, se révolta contre l'être des êtres ;

> Et jaloux du pouvoir, cet ange criminel
> Prétendit s'égaler au monarque du ciel.
> Vain espoir ! dans sa vaste et brûlante déroute,
> Lancé, le corps en feu, de la céleste voûte,
> L'Éternel l'envoya, lui, tous ses bataillons,
> Tomber, s'ensevelir dans des gouffres profonds,
> Séjour des feux vengeurs, épouvantable abîme,
> Où les peines sans fin se mesurent au crime.

Le père et la mère de la race humaine, le roi et la reine de la création, le plus beau des hommes, la plus céleste des femmes, ces deux chefs-d'œuvre de tout ce qui était sorti des mains divines, se laissèrent aller un jour à un orgueil secret : aussitôt un messager céleste leur apparaît, et de sa bouche il laisse tomber ces terribles paroles : « Vous avez commis un crime, vous ne pouvez plus habiter le riant et magnifique Éden. La terre où les fleurs s'épanouissent aux premiers rayons du matin, où elles se colorent à midi ; la terre des fruits et de la verdure ; la terre des fontaines jaillissantes et des ruisseaux que le souffle d'aucun vent ne vient rider ; la terre où l'œil, l'ouïe, le goût et l'odorat sont réjouis, n'est plus faite pour vous ! Par un travail pénible, allez fertiliser d'autres campagnes. Vous gagnerez désor-

mais votre pain à la sueur de votre front, et vous
le mangerez dans la douleur. » Adam se prend à
pleurer et s'écrie :

> Après tant de bonheur, eh quoi ! tant d'infortunes !
> Fuyez, de mes plaisirs, images importunes !
> Le voilà donc ce monde autrefois si charmant !
> Et moi, dont la présence en était l'ornement,
> Voilà mon sort ! Du ciel l'amour se change en haine ;
> Comme il versait la joie, il nous verse la peine.
> Je fuis devant ce Dieu dont la céleste voix
> Dans ces lieux enchanteurs me charma tant de fois.
> Sa haine de mon crime est le juste salaire ;
> Oh ! que ne peut la mort terminer ma misère !

A ce décret terrible, à ces ordres absolus, Ève,
les cheveux épars, toute baignée de larmes, remplit les bosquets du paradis de ses déchirantes
lamentations, et, d'une voix entrecoupée de sanglots, elle jeta dans les airs ces douloureux accents :

> O coup plus rigoureux que là perte du jour !
> C'en est donc fait ! il faut vous quitter sans retour.
> O beaux champs ! O beaux lieux où je reçus la vie,
> Et que mon ennemi n'a pu voir sans envie !
> Hélas ! jusqu'à la mort, dans ces réduits secrets,
> J'ai cru pouvoir nourrir mes douloureux regrets !
> Je n'emporterai donc, ô terre infortunée,
> Que le remords cruel de t'avoir profanée !
> Adieu, riant Éden ! Plaisirs trop courts, adieu !

A ces plaintes l'ange de la justice impose silence.
Par votre orgueil, dit-il, vous avez dicté le jugement qui vous frappe ; cessez de vous lamenter

sur la perte d'un bien qui n'est plus pour vous. Et tous deux en pleurant se sentent, par une force invisible, chassés du jardin des délices et poussés dans les déserts du monde.

O Adam! le premier né des hommes, Ève, véritable fille de Dieu, et sur le front de laquelle brillait, sans altération aucune, le premier souffle du Très-Haut, quelle chute est la vôtre! Qu'allez-vous devenir? O mon Dieu, que je les plains! Sur quelle terre les condamnez-vous à porter le poids de leurs souffrances? O le premier des proscrits! la première des femmes exilées! jeunes époux, que votre sort me touche! Au lieu d'un ciel bien étoilé, ils n'auront plus sur leurs têtes que les éclairs et les nuages; l'air pur et parfumé qu'ils respiraient se changera en brûlantes exhalaisons, en fluides suffoquants; sous leurs pieds, au lieu de fleurs, ils ne trouveront plus que des épines; les douces promenades se changeront, pour eux, en un travail pénible et dur, et leurs plaisirs, sans remords et innocents, seront remplacés par les larmes, et ils reconnaîtront, jusqu'à leur dernière heure, qu'en punissant ainsi leur orgueil, le Dieu qui les châtie les traite en maître juste.

Dieu s'est toujours montré sévère envers les esprits superbes. Dans les temps anciens, il donne une puissance immense au roi des Assyriens, Nabuchodonosor II, surnommé le Grand; mais un

jour, énorgueilli de ses succès et de ses richesses,
ce monarque fait dresser sa statue dans la plaine
de Dura, et ordonne à ses sujets de se prosterner
devant elle. Puis, du haut de son palais, jetant
fièrement son regard sur la ville qu'il avait agran-
die et enrichie des richesses des peuples vaincus,
il dit : « La voilà cette magnifique Babylone que
j'ai bâtie dans la grandeur de ma puissance et
dans l'éclat de ma gloire ! J'en ferai le siége de
mon empire ! » Il avait à peine achevé ce discours,
qu'une voix se fit entendre et lui dit : « Votre
royaume va passer en d'autres mains ; vous allez
être retranché de la société des hommes ; vous
rechercherez la société des animaux des forêts, et
vous vous nourrirez comme les bêtes de charge ;
vous reconnaîtrez que le Seigneur tout-puissant
exerce un empire absolu sur les royaumes de la
terre, et qu'il les donne à qui il lui plaît. » La prophétie s'accomplit à l'instant même. Le vainqueur
des nations sentit les facultés de son âme se sus-
pendre ; le roi de Babylone crut être devenu bœuf.
Il s'en alla parmi les habitants des bois, il mugis-
sait comme eux, comme eux il mangeait l'herbe ;
et le voilà, en punition de son orgueil, pendant
l'espace de sept ans, roi et bête en même temps !

Et dans les temps modernes, pour le punir de
son orgueil, Dieu a bien abandonné à ses propres
aberrations le moine d'Allemagne, Luther, qui
avait été si aimable, si pur et si fervent ; il a bien

permis, Dieu, que ce sectaire se nourrît d'ivro-gnerie et de corruption, lui qui avait vécu de foi et d'espérance ; il a bien permis que celui qui avait envoyé tant de mélancoliques et touchantes oraisons vers le ciel, vît l'enfer s'ouvrir sous ses pas, et que cet enfer devînt son éternel partage.

Et chaque jour encore il permet bien, ce Dieu, pour les punir de leur orgueil, que des personnes se négligent, s'aveuglent, s'endurcissent, s'oublient, et courent, sans s'en douter, dans les bras de la mort, pour aller tomber devant un tribunal où elles seront jugées sans miséricorde, si elles ne changent dans leur conduite et dans leur croyance. Et cette taciturne longanimité de Dieu en cet en-droit, est un des plus terribles châtiments qu'il puisse infliger à l'orgueil qui règne sur la terre.

Lecteur, vous le voyez, Dieu abomine l'orgueil, et il le frappe de ses coups les plus durs. Ce vice foule aux pieds la majesté des traditions et pro-voque l'égorgement des peuples ; et, vous le voyez encore, l'orgueil nous déborde de toute part. Que chacun se tienne donc en garde contre les hommes superbes qui poussent le peuple et qui veulent se faire, des épaules du peuple, des échelons pour monter aux dignités et au pouvoir ; que tous les justes se préservent de ces langues trompeuses qui ne parlent que le mensonge dans leurs dis-cours.

II.

Le mensonge consiste à s'exprimer, de propos délibéré, en paroles ou en signes, d'une manière fausse, c'est-à-dire de manière à faire entendre le contraire de ce que l'on pense.

J'ai voulu promener mon regard dans le monde, et j'ai vu que, partout, le monde était encombré de gens plus ou moins habilement déguisés ; c'est-à-dire que j'ai trouvé partout une chaîne de fourberies et d'ignobilités : la grande chaîne des menteurs.

Comme le poisson circule dans les eaux de nos rivières, et comme les oiseaux volent dans les airs, avec la même aisance le mensonge se répand de tous côtés. La langue humaine est comme un arc destiné à lancer la fausseté ; elle est aujourd'hui, comme une eau trompeuse à laquelle le passager qui se trouve dans le vaisseau de la vie ne peut plus se confier.

Pour faire obtenir un poste à son fils, une pauvre mère prie son puissant voisin de vouloir bien agir auprès de l'autorité qui répand les faveurs. Celui-ci promet tout. Il fait une visite de courtisan au distributeur des grâces ; il ne parle de celui qu'il a promis de prôner que pour le ridiculiser et faire ressortir combien sa demande est déplacée ; et puis, il va dire à la pauvre mère qui

attend, qu'il est désolé de n'avoir pu rien obtenir !
C'est un fait dont la certitude m'est acquise.

Ayant un long voyage à faire, vous priez celui
qui se disait votre ami, celui-là même qui vous avait
dit que le *sien* était le *vôtre*, — et à qui vous aviez
prouvé que le *vôtre* était le *sien*, — vous le priez
de vous procurer une certaine somme d'or en
échange contre une pareille somme d'argent ; il
vous répond, en vous serrant les deux mains dans
les siennes, qu'il y a déjà deux ans qu'il s'est défait
de sa dernière pièce ; il vous embrasse et vous
partez. Mais, le soir du même jour, il en donne
en abondance à votre compagnon de voyage, et
lui recommande bien de ne pas vous en parler.

Celui-ci vous écrit des lettres pleines d'amitié ;
chaque caractère est un trait de feu. Dans cet écrit
se trouvent des promesses qui feraient passer un
mort à la vie, si le mort pouvait entendre ! Eh bien !
la lettre n'était pas encore partie, que son auteur
se moquait de vous, vous tournait en ridicule,
cherchait à vous nuire, à vous perdre ! Vous direz
peut-être, lecteur, que cela n'est pas croyable ;
mais je vous jure, moi, que j'ai eu sous les yeux
les preuves démonstratives de ce que j'écris.

Celui-là, par devoir, devait faire un voyage que
vous lui aviez demandé de faire ; par inclination il
en fait un autre. Si, feignant d'ignorer sa conduite,
vous lui demandez pourquoi il ne s'est pas rendu là
où, à tant de titres, il devait se trouver, il vous ré-

pond que les fortes chaleurs, une température du Sénégal, l'ont empêché de sortir de sa maison.

Vous mandez à celui-ci de ne pas faire une démarche que vous désapprouvez. Votre lettre entrave ses desseins. Que fait-il? Il réalise son désir, et après il vous mande que votre avis lui est arrivé trop tard. Et comme, sans vous manquer gravement, il ne pouvait s'empêcher de suivre votre conseil, et comme le retard qu'il allègue dans la remise de votre lettre est condamné par le timbre, il accuse le facteur de négligence, d'oubli, s'emporte contre lui et menace de le faire destituer!

Les pères et les mères grondent leurs enfants pour des mensonges légers, et eux, sur les choses les plus graves, déchirent la vérité, la mettent en lambeaux, la foulent aux pieds, crachent dessus.

On ment partout et l'on ment à tout : on ment à la patrie, à l'amitié et à la religion.

On avait dit au sol national : Tu seras mes amours ; je veux te couronner des fleurs les plus belles; je veux faire germer en toi la paix et la fraternité, l'abondance et la joie : et l'on travaille à troubler la tranquillité publique, à diviser les citoyens, à s'enrichir aux dépens des autres et à répandre partout le sang et le deuil. Et voilà pourquoi l'horizon n'est qu'une immense ceinture de nuages sombres dans lesquels la foudre retentit, terrible et menaçante.

On avait dit à un ami : Que je m'oublie moi-même, si jamais je vous oublie! que ma langue s'attache à mon palais, si votre nom n'est pas toujours pour elle le plus beau et le plus doux de tous les noms! Ah! croyez-le bien, mon corps vivrait plutôt séparé de mon âme, que mon cœur ne vivrait séparé de votre cœur : et celui à qui on le disait, après quelques jours, n'est plus considéré que comme un étranger, comme un lépreux dont on évite la présence.

On avait fait à Dieu les promesses les plus belles et les plus magnifiques, dans les circonstances les plus graves et les plus périlleuses, dans les circonstances les plus riches en tendres sentiments et en douces émotions : et puis, on a regardé ces mêmes promesses comme de vieilles nippes, et on est allé jusqu'à rire de ce qui en faisait le fond. Et voilà que Dieu est devenu ce qu'il est, un maître irrité, qui ne patiente que parce qu'il sait que les menteurs ne peuvent lui échapper.

J'ai entendu tomber de certaines bouches, que je croyais bien incapables de mentir, les faussetés les plus insignes. Devant ces marques de mauvaise foi, j'ai frissonné d'indignation jusque dans la moelle des os. J'ai vu soutenir ce que l'on savait être faux, comme l'on soutient la vérité, par des emportements, des serments, des invocations, des larmes, des menaces et des accusations contre celui qui, seul, avait le droit de se porter accusateur.

Ah! qu'il y en a qui diraient que leur langue
n'est pas la leur, si le public pouvait voir sur
cette langue tous les mensonges qu'elle a pro-
férés et soutenus avec la plus révoltante audace!
Qu'il y en a qui consentiraient à devenir sourds,
plutôt que d'être condamnés à entendre, au milieu
d'une grande assemblée, le récit de toutes leurs
impostures.

Oui, partout on rencontre des vers rongeurs du
mérite d'autrui; partout des êtres ignobles qui,
ne pouvant donner la mort au corps avec une
épée, la donnent aux réputations avec leurs langues; partout des vipères qui cherchent à mordre
et à déchirer les existences les mieux établies;
partout de ces êtres odieux qui font le vil métier
de calomniateur. J'ai vu la calomnie, dans les
petites réunions, bavant sur les fleurs les plus
belles; je l'ai vue, dans les salons, convertissant
en poison les vertus les plus pures; je l'ai vue
couvrir de mépris et d'insultes des hommes pour
lesquels la terre n'aura jamais assez de couronnes!
Je l'ai vue appeler la piété la plus vive *cafar-
derie*, le courage le plus sublime *fanfaronnade*,
le dévouement le plus désintéressé *ambition*. Je
l'ai entendue attribuer les succès les plus beaux
au caprice de la fortune, et les renommées les
mieux méritées à une aveugle prévention. Je l'ai
vue, dans l'histoire, travestir les personnages les
plus augustes en marionnettes de théâtre, et les

plus grands bienfaiteurs de l'humanité en despotes des peuples. Je l'ai vue, dans certaines assemblées, au milieu des myopes du bon sens, immoler, en s'amusant, des hommes faits pour les
plus grandes choses. Je l'ai vue, dans les jour-
naux, rendre le fardeau des affaires de l'État écrasant, impossible à porter aux hommes les plus
capables, les plus dévoués et les plus courageux :
car, pour supporter l'haleine empoisonnée qui
sort du cœur du calomniateur, celui qu'on veut
salir a besoin de plus d'énergie qu'il ne lui en
faudrait pour se précipiter au milieu des bataillons ennemis.

Semblable à ce peintre jaloux, qui s'en allait,
cherchant les tableaux d'un artiste célèbre pour
les couper en morceaux, le calomniateur s'en va,
déchirant les existences les plus dignes d'admiration et d'amour. Eh ! mon Dieu ! ce n'est bien souvent que parce qu'on est estimable que l'on s'attire
la haine de certaines personnes. Ce ne fut que
parce qu'il était d'une probité extraordinaire, ce
ne fut que parce qu'on était fatigué de l'entendre
appeler juste, qu'Aristide fut exilé ; et Joseph ne
fut jeté dans le fond d'une prison, que parce qu'il
était pur et sans reproche. C'est ainsi que le sort
du mérite est chaque jour à la merci des êtres les
plus immondes.

Enfin, pour tout dire en un mot, chez la plupart, et surtout chez les grands, mentir n'est plus

un vice, c'est un amusement; et celui qui a le plus
d'esprit est celui qui ment le mieux.

On peut connaître facilement le menteur novice:
il tremble, rougit, s'embarrasse, avoue même quelquefois sa faiblesse et invoque son pardon. Mais,
quand il est passé maître dans son art, il ment
avec calme, assurance et fermeté; il ne se laisse
plus lire sur son visage. On peut, cependant, le
reconnaître encore. Il y a des signes qui le révèlent:
si on a l'air de douter de sa parole, il s'attriste,
boude, s'emporte, insulte, et va jusqu'à faire semblant de se tenir pour offensé. Et puis, sa mémoire
n'étant pas toujours à même de lui fournir le souvenir de tout ce qu'il a dit, fait ou écrit, il tombe
dans des contradictions sensibles. Un observateur
un peu habile et exercé, dès qu'il commence à
soupçonner l'imposture, parvient facilement à la
découvrir. On arrive à ce résultat en observant le
menteur dans sa tenue, ses propos, ses actes et les
réponses qu'il fait à quelques questions détournées
qui lui sont adressées. Qui considère l'homme attentivement, y est rarement trompé; Jacob connut
au visage de Laban que ses dispositions étaient
changées pour lui. Oui, on connaît les desseins de
la créature au changement de son front; le cœur,
dans certaines circonstances, monte infailliblement aux yeux. Par un ensemble de réminiscen-
ces, de rapprochements, de jugements subits,
l'observateur voit tous les sentiers tortueux par

3.

lesquels on avait cherché à l'égarer ; et la ruse n'est plus alors qu'un livre ouvert où celui que l'on avait voulu tromper lit à plein œil. Et, chose étonnante ! le menteur croit faire encore une dupe, quand il est lui-même dupe de sa bassesse et de son hypocrisie, quand il est tout embarrassé et pris dans ses mauvaises finesses, quand il s'est perdu dans les voies détournées qu'il avait cherché à prendre !

Il ne saurait en être autrement. Il faut qu'un peu plus tôt ou un peu plus tard, le menteur se trahisse ; on ne peut pas se contrefaire toujours. La vérité peut, pour un temps, être cachée ; mais elle finit par se faire jour. Ainsi, le feu des grands volcans est caché sous les masses que la nature lui a superposées ; mais, par les cratères qu'il s'ouvre, ou par la chaleur qu'il communique aux courants souterrains qui l'avoisinent, il constate sa présence.

Et c'est pour cela qu'il a été écrit : Que celui qui s'appuie sur le mensonge, court après des oiseaux qui s'envolent. Quand le menteur mange le pain du mensonge, dit l'Écriture, dans son langage figuré, il le trouve doux au palais ; mais un jour vient où sa bouche est toute pleine de gravier : car on finit par découvrir son esprit de fourberie, et ses tromperies alors, tournent à sa ruine.

J'ai vu le menteur exécuter en un clin d'œil des évolutions d'hypocrisie qui étaient de véritables chefs-d'œuvre de rouerie, capables de déconcerter quiconque aurait voulu le dépasser ; et, un instant après, je l'ai vu commettre les plus stupides maladresses. Je l'ai vu révéler lui-même la ruse, la perfidie et l'esprit d'intrigue dont son âme était pleine ! Je le voyais à découvert, et il ne s'apercevait pas que je venais de le démasquer : il était en pleine déroute, et il croyait avoir remporté une entière victoire !

C'est le premier châtiment que Dieu inflige au menteur ; mais ce ne sera pas le dernier : le mal que cause le mensonge est trop grand, pour qu'il n'y ait pas pour lui d'autre supplice. Les effets de ce vice font en effet frémir !

Le menteur fait servir à l'iniquité un des plus beaux dons que Dieu ait départis à la créature, la parole humaine : la parole humaine, qui soulève les peuples, fait marcher les armées, pavoise les flottes, console l'affligé, jette tout un cœur dans un autre, et fait courir à la mort comme à un indicible bonheur ! La parole humaine, présent sublime, merveilleux, divin ; principe de toute-puissance et de toute consolation, tombé de la bouche de Dieu dans la bouche de la créature, pour parler des vérités perçues et servir de lien au monde de l'esprit et au monde du sentiment, se trouve, par le mensonge, méprisée, détournée de ses fins, foulée aux pieds.

Le menteur étouffe, dans le sanctuaire de l'âme,

les pensées les plus nobles et les plus généreuses, celles qui font vivre de la vie intérieure, qui est ici-bas la seule vie véritable. Car les cœurs magnanimes, souvent trompés par la duplicité, ne regardent plus que comme un rêve les belles espérances conçues, et les héroïques émotions qui les faisaient vibrer et les rendaient capables de choses sublimes, de choses incroyables! Ces êtres exceptionnels, se voyant victimes de la fourberie, perdent la foi en la créature humaine, vivent dans une continuelle méfiance, et se montrent sans entrailles pour les existences qui périssent et qu'ils pourraient secourir. Et, parce que le mouvement qui, chez ces âmes d'élite, était autrefois si énergique, se trouve maintenant sans objet dans le temps, leur activité se replie sur elle-même, et heure par heure, ces organisations amoureuses du vrai s'affaiblissent, s'usent et s'éteignent! Ainsi feuille à feuille périt le lis, ornement des vallées, et pièce à pièce tombe le palais abandonné.

Le menteur tue les principes d'ordre dans leur base, comme le ver pique la plante dans sa racine. L'ordre ne s'illumine que des rayons du vrai; et le menteur enveloppe le vrai dans des amas de nuages. L'ordre demande que les promesses et les serments soient autant de traductions fidèles de la conscience humaine; et le menteur se sert de sa parole pour déguiser sa pensée! L'ordre et la prospérité d'un peuple demandent que le com-

merce soit florissant, et par conséquent, que les
capitaux soient jetés dans la circulation; ils demandent que les achats et les échanges se fassent
sur une vaste échelle, et par conséquent encore,
que la confiance soit profonde et étendue; ils demandent que les promesses soient des garanties,
que la parole vaille de l'argent; mais le menteur,
inspirant nécessairement la défiance sur tout ce
qu'il peut dire, annihile la confiance, paralyse la
parole, tue la promesse, empêche les exportations,
fait que l'on enterre le numéraire, tarit la source
du négoce, et ruine ainsi son pays autant qu'il est
en lui. Enfin, pour tout dire en un mot : le menteur est capable de tout, par cela même qu'il est
menteur.

Le mensonge, revêtant le caractère de la calomnie, dit Hereau, est le plus grand ennemi des
sociétés modernes. Et Hereau a dit vrai. Car la société n'est forte que par l'union des particuliers
entr'eux et par l'alliance des particuliers avec le
pouvoir; mais la calomnie sépare les cœurs des
cœurs, les âmes des âmes, et rompt tous les liens
qui attachaient tous les membres à la tête. C'est
un charbon; s'il ne brûle pas, il salit; et sa souillure est indélébile, la lavât-on avec du nitre.
C'est un couteau qui fait une profonde blessure;
et, alors même qu'on guérirait de la plaie, il reste
toujours une cicatrice. C'est un fleuve qui mine
peu à peu la terre de la rive; et l'arbre qui était

planté sur le bord est déraciné ; il tombe et le courant l'emporte.

Ah ! que je voudrais que le menteur calomniant et celui qui l'écoute eussent devant les yeux le portrait qu'Apelles fit de la calomnie. Dans un grand tableau, disent les historiens, la Crédulité, avec des oreilles de Midas, est assise sur un trône ; l'Ignorance et le Soupçon l'environnent ; la Crédulité tend la main à la Calomnie qui s'avance vers elle le visage enflammé ; elle secoue une torche d'une main, et de l'autre, elle traîne l'Innocence par les cheveux. Cette dernière est représentée sous l'image d'une jeune et belle enfant qui lève les mains au ciel et le prend à témoin de l'injustice du traitement qu'elle endure. Devant la Calomnie marche l'Envie au teint livide, au regard louche, accompagnée de la Fraude et de l'Artifice dont elle emprunte le secours pour déguiser sa difformité. A une certaine distance, on distingue le Repentir sous la figure d'une femme en deuil ; ses habits sont déchirés ; elle est dans l'attitude du désespoir et tourne ses yeux baignés de larmes vers la Vérité que l'on aperçoit dans le fond, et qui s'avance lentement sur les pas de la Calomnie.

L'artiste de Cos raconte ici, dans son langage des signes, ce que le mensonge calomniant a de noir et d'horrible. Mais à ce tableau peut-on ajouter quelque chose ? Oui. Et quoi ? Des campagnes ravagées, de grandes maisons pillées, des châteaux incendiés, de jeunes femmes couvertes de haillons, entassées sur un peu de paille humide dans le fond des cachots; des multitudes d'hommes gravissant les degrés de l'échafaud, les plus belles têtes promenées au bout des piques : voilà l'œuvre du mensonge calomniant! L'immolation de la vertu, du mérite et de la gloire, admirable triade d'où sortent la force et la vie des sociétés : voilà l'œuvre du mensonge calomniant! Et voilà ce qui donne au calomniateur le pas sur tous les animaux les plus immondes.

Frappés des terribles effets du mensonge dans l'ordre du bien-être matériel parmi les hommes, les chefs des peuples ont été effrayés devant ce vice, et ils se sont armés de vengeances contre lui. Charundas, législateur de Thurium, condamnait le menteur à ne paraître en public qu'avec une couronne de bruyère, parce qu'il regardait cet ornement comme un signe d'infamie.

Cicéron a frappé le mensonge de la réprobation la plus solennelle, en flétrissant la conduite d'un Romain qui, après la bataille de Cannes, ayant obtenu d'Annibal la permission de se rendre à Rome, à condition de revenir chez les Carthaginois, ne fut pas plus tôt sorti du camp du vainqueur qu'il y revint sous prétexte d'avoir oublié quelque chose, et se crut, par ce stratagême, quitte de sa parole.

"Et Dieu, qui comme fondateur et conservateur des sociétés, et comme vérité éternelle et universelle, se trouve continuellement et partout offensé et insulté par le mensonge, veut que le menteur soit frappé dans ce monde et *au-delà !* Si un faux témoin entreprend d'accuser un homme, dit le Seigneur dans le *Deutéronome,* qu'ils se présentent tous les deux devant les juges qui seront en charge en ce temps-là ; et lorsqu'après une très-exacte recherche, ils auront reconnu que le menteur a avoué une calomnie contre son frère, ils le traiteront comme il avait dessein de traiter son semblable. Vous n'aurez aucune compassion du coupable ; vous lui ferez rendre pied pour pied, main pour main, œil pour œil, vie pour vie ; vous ôterez le mal du milieu de vous, afin que les autres entendent ceci ; qu'ils soient dans la crainte et qu'ils n'osent entreprendre rien de semblable.

Et le sensible Jérémie, si porté à compatir, voyant le sort futur des langues trompeuses, considère Jérusalem et lui dit : « Jérusalem, Jérusalem, regarde les hommes qui viennent contre toi, du côté de l'aquilon. Dieu va te visiter dans sa colère ; il va révéler ta honte et tes débordements ; il va disperser tes enfants comme la paille que le vent emporte dans le désert. Tu diras : Pourquoi ces maux sont-ils venus fondre sur moi ? Ah ! Jérusalem, c'est parce que tu as mis ta confiance dans le mensonge ; parce que tu as mis ta confiance dans le mensonge, tu te trouveras sans secours, tu n'échapperas pas, tu périras. »

Et l'apôtre que Jésus aimait a dit, en parlant de la cité céleste : « Cette ville n'a besoin d'être éclairée ni par le soleil, ni par la lune ; la gloire de Dieu l'illumine et l'agneau en est la lampe ardente ; les nations marcheront à l'éclat de sa lumière. Ses portes ne se ferment point le soir, car là il ne se trouve point de nuit ; mais dans ce séjour il n'entrera point de fabricateurs d'impostures ; loin de cet asile de salut sera repoussé quiconque aura aimé le mensonge. »

Le mensonge est donc un noir attentat contre l'ordre social et contre Dieu, et par conséquent, il est deux fois hostile au bonheur d'un peuple.

Que le menteur soit donc regardé comme un ennemi de son pays et comme un ennemi de la religion, comme un être digne de toutes les épithètes qui peuvent être appliquées à un infâme. Que la duplicité de son caractère soit dévoilée ; que le mépris public tombe sur lui de tout son poids ; que sur son front soit une tache ineffaçable, et que chacun ait le droit de lui reprocher une honte ! Ce châtiment sera encore au-dessous de son forfait : car il a voulu corrompre la vierge à la démarche modeste, au regard limpide, quand il l'a trouvée dans le désert, revêtue d'une robe blanche, portant sur son front une couronne de fleurs, parsemée de perles fines, surmontée d'un soleil, et montrant de sa main son cœur découvert, sur lequel était écrit en lettres d'or : JE SUIS LA VÉRITÉ.

III.

. Un nouvel ennemi de l'ordre public parmi nous appelle ici mon attention. Son caractère est digne de notre étude la plus sérieuse : je veux parler de l'incrédule.

En considérant ce qui se passe au milieu des grandes villes et au fond des pauvres campagnes, j'ai vu que, comme les brouillards épais et malsains montent de la terre dans les airs, pour obscurcir la lumière du soleil dont ils détestent la vive clarté, l'incrédulité monte des régions inférieures de l'âme dans tout l'esprit et dans tout le cœur, pour y éteindre les flammes de la foi, vrai et seul soleil du monde intérieur.

Les pratiques pieuses, qui faisaient les délices de nos ancêtres, ne sont plus traitées qu'avec mépris ; les sacrements, nés de l'amour et de la miséricorde du Sauveur, ces signes divins, dans d'autres temps douce espérance de la pauvre mourante, tendre consolation du pécheur repentant, allégement pour l'ouvrier durant le travail de ses longues et pénibles années, ne disent plus rien à la créature humaine ; révélations du ciel, les livres, manifestation de la pensée divine, sont couverts du plus

cynique ridicule ; la divinité du Christ est contes-
tée, et l'existence de Dieu est mise en doute !

Hélas ! le feu divin s'éteint de jour en jour ;
À peine il jette encor de languissantes flammes :
L'amour meurt dans les cœurs et la foi dans les âmes.
Qu'êtes-vous devenus, beaux siècles, jours naissants,
Temps heureux de l'Église, ô jours si florissants?

Par une suite nécessaire de ce lamentable état,
on ne croit plus au devoir ; on vit au hasard, c'est-
à-dire sans règle, sans conviction, sans prière, sans
pratique réelle.

Mais comment l'être humain a-t-il pu s'avilir
ainsi et tomber jusqu'à ce point de dégradation ?
Ah ! je vais vous le dire. Vous vous êtes laissés
aller au désir d'avoir l'approbation de ceux qui
font les réputations ; et vous avez renoncé à votre
passé de lumière et d'amour, pour vous jeter dans
cet état d'abrutissement et de mort. Vous avez eu
peur d'être désapprouvés par des êtres vils et dégradés ; et vous vous êtes révoltés contre Dieu, et
vous avez abandonné la foi, belle fleur de céleste
poésie dont le divin parfum faisait la vie de votre
âme. Vous avez dévoré les pamphlets des impies,
vous avez bondi d'aise en les lisant, et vous n'avez
pas voulu étudier les ouvrages des apologistes *de
la chose sacrée.* Pour prononcer sur ces graves
matières, il aurait fallu examiner ; pour examiner,
il aurait fallu acquérir des connaissances que vous
n'aviez pas ; pour acquérir ces connaissances, il

aurait fallu un travail long et difficile ; et vous avez eu horreur du travail long et difficile, vous avez trouvé plus commode de nier purement et simplement. Vous avez raison : pour cela il ne faut ni talent, ni travail. Non, vous n'avez rien pu approfondir, vous n'avez rien observé ; dans votre ignorance des choses de Dieu, vous avez ri de tout ce qu'il y a de plus grave et de plus imposant, et vous n'avez jamais donné comme raisons de votre conduite, que les mauvais rêves de vos mauvaises nuits. Tant que le cœur a été pur, vous avez cru ; mais quand la noire flamme des passions s'est étendue sur votre sensibilité, vous avez douté ; dès lors Dieu a été sévère, et l'Église exagérée : voilà ce qui empêche d'entendre, de voir, d'apprécier et de se rendre.

Ah ! que je voudrais trouver un homme humble, courageux, instruit des choses divines et pur dans ses actes, vivant dans l'incrédulité ! Un tel homme serait une pièce trop curieuse pour qu'on ne fût pas charmé de la rencontrer. Eh bien ! je vous l'affirme, cet homme, vous ne le trouverez jamais.

Mais qu'attendre d'un homme incrédule ? L'homme incrédule ne peut être qu'un mauvais citoyen. Il approuvera les désordres sociaux, ou il les verra avec indifférence ; dans ces deux cas, il est jugé ; et s'il veut les corriger, ce ne sera que d'après ses propres lumières, refusant de donner au père de famille le temps de faire le triage de l'ivraie et du bon grain qui poussent dans le champ social ; et alors, impatient, il bouleversera tout, ravagera tout, et sera d'autant plus terrible dans sa prétendue refonte, qu'il croira ne dépendre que de lui-même. Ce sera un véritable Jupiter Férétrien ; tout ce qui ne pliera pas devant lui, sera brisé. Et s'il est sur les degrés inférieurs de l'échelle sociale, il sera pire encore ; les petits pachas sont plus insolents et plus despotes que les grands sultans.

Tout le monde croit que, pour faire un bon citoyen, il faut de la morale. Mais la morale sans foi est une absurdité. Il ne peut pas plus y avoir de morale sans dogme, qu'il ne peut y avoir de soleil sans lumière, d'arbre sans racines. Et je le demande maintenant, à quoi peut servir le dogme auquel on refuse de croire.

Je le demande encore, qu'attendre d'une nation qui vit et chante, s'endort et s'éveille ainsi dans les ténèbres de l'incrédulité ? Qu'attendre ? — la mort. Que peut, en effet, devenir un peuple qui a goûté des vraies croyances, et qui est tombé dans le respect humain, dans la crainte, dans l'ignorance des doctrines catholiques et dans le triple libertinage de l'esprit, du cœur et du corps ? Eh bien ! je le dis avec toute l'autorité de la raison humaine et toute l'autorité de la raison divine : il faut que ce peuple périsse.

M. de Lasaulx, un des plus grands orateurs du parlement bavarois, a dit : « Le plus sûr ther-

momètre pour la vie d'un peuple, c'est la force de
sa foi. Cette force agit comme la puissance de la
nature, comme la force qui fait pousser les arbres.
Là où se trouve une foi abondante, intense et sub-
stantielle, là sont croissance, facultés organi-
satrices et vie joyeuse et utile ; mais là où cette
puissance, véritable foyer de vie, commence à se
refroidir, les battements du cœur s'allanguissent,
la vie s'éteint, et le spiritualisme s'évanouit. »

Aujourd'hui, on trace des grand'routes, on
construit de magnifiques bateaux à vapeur, on
élève de gigantesques monuments, on emmaga-
sine des raréfactions, on fait des promenades
aériennes, et tout cela, c'est bien ; mais on borne
là tous ses élans, et ce *nec plus ultrà* est mal ; car,
avec tout cela, on ne fera pas le repos de la
France. Les révolutions qui renversent les gouvernements et qui font couler le sang, n'ont leur
cause ni dans l'air, ni dans l'eau, ni dans la terre,
ni dans la fumée. Est-ce que vous ne le voyez pas,
législateurs des peuples ?

Les catastrophes déchirantes ont leur cause
dans le dévergondage des idées. Dans les mouvements destructeurs, on trouve toujours des for-
çats libérés, des repris de justice, des écrivains
impurs, des fréquenteurs de tripots et de mauvais
lieux, des dissipateurs du bien qu'ils avaient et
de celui qu'ils n'ont jamais eu.

Donc la cause du mal est dans les idées ; donc

c'est à la moralisation des esprits qu'il faut travailler. Et ce travail, quelque herculéenne que soit votre force, hommes du pouvoir, hommes supérieurs dans la société, vous ne le ferez jamais sans les idées de foi, telles que l'Église les communique. Vos tentatives, en dehors de la foi catholique, me font rire de pitié! Vos plus opiniâtres efforts ne font de vous que des enfants qui voudraient mettre l'eau de la mer dans une coquille de noix! Vous mourrez à la peine : c'est écrit dans le ciel!

Le Seigneur brise les nations superbes qui lui résistent, disent les livres saints. Et c'est en effet le coup frappé par cette main suprême qui a fait périr les républiques, les monarchies et les empires. Et parce que nous n'avons pas la foi en Dieu créateur, providence et fin dernière, nous périrons nous-mêmes. Comme le chêne se brise parce qu'il ne sait pas plier sous le souffle du vent, nous nous briserons aussi parce que nous ne voulons pas plier sous le souffle de la foi. Le moment n'est pas loin où plusieurs pleureront comme la mère pleure sur la mort de son premier-né, comme la jeune femme pleure sur le cercueil de celui qu'elle venait d'épouser! Oui, ils sont réservés pour le jour d'une grande affliction, ceux qui entrent avec pompe dans les grandes assemblées, ceux qui dorment dans la mollesse. Ils verront le temps de leurs fêtes se changer en temps de larmes, et leurs chants de joie se convertir en plaintes lamentables. Quand ils entendront l'approche de leur ennemi, quand ils verront la colère de Dieu fondre sur eux, ils pousseront des cris, ils verseront des pleurs, mais il sera trop tard. Ils voudront offrir des sacrifices, et l'on n'en voudra plus; ils maudiront leur incrédulité de maintenant, mais cette malédiction sera vaine. La lecture des lignes que j'écris ne fera rien sur les gens dont je parle; mais la vérité, qui est le fond de ce que j'écris, ils la sentiront un jour.

Dans le carême de 1787, M. de Boulogne, plein de foi dans les autorités sur lesquelles je m'appuie, annonçait à la Cour les plus effrayantes calamités. M. de Noailles, dans un Mémoire imprimé dans le même temps, disait : N'entendez-vous pas le craquement de toutes les parties de la monarchie qui s'écroule? Et, bien longtemps avant, M. Moreau, savant historiographe de France, dont les vues politiques étaient fondées sur la justice et la religion, disait, dans le cinquième volume de ses œuvres : « Souverains de la terre, que va devenir votre pouvoir, si ce n'est plus la conscience qui nous prescrit d'obéir? Peuples, que va devenir votre liberté, si ce n'est plus la conscience qui enseigne à gouverner? Je suis effrayé de le prévoir, et je n'ose l'annoncer.... Malheur aux grands! malheur au peuple! malheur à l'État! lorsque la religion n'est plus regardée comme le rempart de l'autorité des uns et des droits de tous les autres. »

Toutes ces prédictions furent traitées, par les prétendus beaux-esprits d'alors, de fanatisme, de rêveries, de cagotisme, de capucinades ; elles dé-plurent à toutes les personnes frivoles et insou-ciantes qui ne voulaient pas être attristées. Mais le moment vint où ces ridicules délicats se virent forcés de pleurer sur les échafauds la vérité de ces prédictions méprisées. Ils furent arrachés de leurs demeures par ces hommes de qui l'affreuse figure rappelle les bourreaux dont Rubens a peint les horribles traits dans sa descente de croix.

Mais l'incrédulité ne tue pas l'individu dans l'ordre temporel seulement, elle le perd dans l'ordre de son esprit et dans celui d'une vie à venir. L'incrédulité appauvrit l'âme, dit Eckstein ; et celle-ci, dans son orgueilleuse misère, se la-mente ; la vie lui devient à charge, parce qu'elle n'est plus nourrie d'un pain céleste, parce qu'elle n'est plus revêtue de la miséricorde d'en haut. Alors, elle s'agite, s'en va, revient, tombe, se relève, provoque, frappe, meurt ! et elle emporte dans sa ruine ce qui l'environne.

Le ravage produit par l'incrédulité dans l'inté-rieur de la créature se fait d'une manière latente, mais il n'en est pas moins réel ; et le doute a à peine parcouru ce champ imperceptible, que dans cet intérieur il n'est plus rien qui soit debout.

4.

L'être humain, ainsi restreint par l'incrédulité, n'a donc pas la véritable vie; il est au milieu de la société, comme un voyageur égaré est au milieu des solitudes après le coucher du soleil; il est sur la mer de la vie, comme un pilote sans boussole dans une nuit de tempête est sur les grandes eaux. Il ne voit le tout de rien; il n'a de but sublime en rien. Non, il n'a pas la véritable vie; car la vie véritable est nécessairement dans la foi. L'ami vit, parce qu'il a la foi en ce qu'il aime; le frère vit, parce qu'il croit à sa sœur; le mari vit, parce qu'il a foi en sa compagne. Mais faites disparaître du cœur de ces hommes la foi dont nous parlons, et aussitôt vous entendez des cris déchirants, des hurlements affreux, et une voix qui dit : Le plus grand des malheurs vient de fondre sur moi; mon cœur ne connaîtra plus de joie à l'avenir; j'ai perdu la croyance en ce que j'aimais, et désormais mon plus beau jour sera le jour de mon trépas.

Et dans une autre sphère, sphère plus élevée et dans laquelle l'être humain a essentiellement besoin de respirer, la foi est encore plus nécessaire : et voilà pourquoi je dis que celui qui est tombé dans l'incrédulité ne possède pas la vie, la vie pleine et entière. Et lorsque de cette vie il manque une parcelle, on peut dire que le principe vital manque tout entier.

Voilà ce que dit la raison; mais la révélation n'est ni moins explicite, ni moins énergique. Voici son langage : Parlant à Moïse et à Aaron, frère de Moïse, Dieu dit : « Parce que un instant vous avez douté à l'endroit de ma parole, vous n'introduirez point le peuple dans la terre que je lui donnerai. » Et ils ne touchent ni l'un ni l'autre aux champs de la promission.

Dans la suite des temps, un homme extraordinaire paraît, et le Dieu des prophètes lui révèle cette parole : « J'ai étendu mes mains pendant le jour vers un peuple qui marche dans une voie qui n'est pas bonne. Ce peuple est incrédule, et pour cela, son péché est écrit devant moi. Je ne me tairai plus ; je punirai son iniquité. »

Puis Ézéchiel se manifeste et fait entendre ces accents : « Le Seigneur m'appela pour aller prophétiser, et il me dit : Ne craignez point le peuple chez lequel je vous envoie ; c'est un peuple incrédule ; vous serez au milieu de lui comme au milieu des scorpions, mais voici !... Et aussitôt une main s'avança et posa devant moi un livre rempli de plaintes lugubres et de cantiques de malédictions. »

Voilà donc, aux termes de l'Ancien Testament, la flétrissure et la condamnation envoyées à l'esprit incrédule. Eh bien ! la loi nouvelle enchérit sur l'ancienne. Jésus, la bonté, la douceur et la tendresse même, s'impatiente, entre dans une sainte colère et dit : « Race incrédule, jusqu'à quand serai-je avec vous, jusqu'à quand vous souffrirai-je ? » Dans un autre endroit, il jette à ses ennemis cet article de ses dogmes : « Celui qui ne croit pas au fils ne verra pas la vie, et la colère de Dieu demeurera sur lui. »

Et l'ange de Pathmos, racontant ses colloques mystérieux avec son maître glorifié, et les manifestations que lui faisait celui qui l'avait tant aimé sur la terre, nous dit : « Je vis un ciel nouveau et une terre nouvelle ; car le premier ciel et la première terre avaient disparu, et la mer n'était plus. Je vis descendre d'en haut la ville sainte, la nouvelle Jérusalem qui venait de Dieu ; et j'entendis une voix qui sortait du trône de l'agneau, et qui disait : Voici le tabernacle de Dieu avec les hommes ; le Seigneur demeurera avec eux, ils seront son peuple et il sera leur Dieu. Il essuiera toutes les larmes de leurs yeux, et la mort ne sera plus ; il n'y aura désormais ni pleurs, ni cris, ni affliction ; le premier état sera passé. Je vais faire toutes choses nouvelles. Écrivez que ces paroles sont très-certaines et très-véritables. Tout est accompli. Je suis le commencement et la fin. Je donnerai gratuitement à boire de la source d'eau vive à celui qui aura soif. Celui qui vaincra ses ennemis possédera ces choses ; mais, pour ce qui est des *incrédules*, leur partage sera dans l'étang brûlant, ce qui est la seconde mort. » Voilà les terribles effets spirituels de l'incrédulité et les épouvantables malheurs matériels qu'elle attire sur les peuples.

IV.

Et maintenant je veux appeler l'attention de ceux qui me liront, sur un sujet qui renferme presque tous les autres. Au jugement de plusieurs, ce sujet paraît simple, commun et ordinaire, et c'est cependant en lui que se trouve la source de tout bien et de tout mal ; c'est en lui que se trouve la question de vie ou de mort pour la société dans le temps, et pour les âmes dans l'éternité : je veux parler de l'éducation de la femme. Ce sujet renferme une mine d'instructions du premier ordre pour les jeunes personnes dont il s'agit spécialement, et pour les jeunes gens qui voudront un jour unir leur vie à une autre vie sur le théâtre de la société ; pour les pères et pour les mères de famille, pour les femmes qui donnent l'instruction et pour les prêtres qui dirigent les âmes.

Jeune personne, la femme doit être la consolatrice des auteurs de ses jours ; ses yeux doivent être l'astre qui les éclaire, sa main la main qui les soigne, ses pieds les pieds qui les guident, son bras le bras qui les soutient, son oreille l'oreille qui écoute pour eux, sa voix la voix qui leur parle et qui les réjouit, et son cœur le cœur qui les échauffe et les aime, le cœur dont l'amour les fasse pleurer de bonheur.

'C'est pour cela que la nature a fait la jeune fille

douce, timide, craintive, faible et obligée de rester
au foyer de la famille ; tandis que le jeune homme,
fier, hardi, brûlant d'une noble audace, fort de sa
force, s'en va, se jette au milieu des bataillons,
entreprend de traverser l'océan courroucé, s'isole,
s'enfonce dans le silence pour arracher ses secrets
à la science, se présente au milieu des grandes
assemblées, et y fait prendre de ces résolutions qui
décident du présent et de l'avenir des sociétés.

Devenue compagne de l'homme, la femme doit
être comme une divinité bienfaisante pour celui
qui vient de lui donner son nom. Elle doit être
gaie de sa joie et triste de sa tristesse ; elle doit
l'aimer d'un amour inébranlable, elle ne doit faire
qu'un avec lui. C'est pour cela qu'elle a quitté le
nom qu'elle portait pour prendre le nom de celui
qui est devenu son frère et son ami. Elle doit travailler, par ses prières et ses exemples, à procurer
à son mari des consolations plus grandes que les
quelques gouttes de joie de cette vie ; elle doit lui
procurer le bonheur des élus. Ainsi se comporta
sainte Monique envers son époux. Augustin, son
fils, fait le récit de la conduite de sa mère en cet
endroit : « Monique, ma mère, ayant été nourrie
selon les règles de la plus exacte honnêteté, et
accoutumée dès son enfance à vivre dans la soumission qu'elle devait à son père et à sa mère,
soumission dans laquelle vous la teniez, ô mon
Dieu, bien plus qu'ils ne la tenaient dans celle qui

vous est due, elle n'eut pas de peine à obéir à celui qu'on lui fit épouser, quand elle fut en âge d'être mariée. Aussi lui obéissait-elle comme à son seigneur et à son maître, n'oubliant rien pour vous l'acquérir, lui parlant surtout de vous par sa bonne conduite et par la pureté de ses mœurs ; par où vous la lui rendiez non-seulement aimable et agréable, mais digne de respect et d'admiration. »

Ce fut encore ainsi que fit la pieuse et douce mère de saint Grégoire de Nazianze, en faisant passer son mari des ténèbres du paganisme à la lumière de la foi ; et ce triomphe obtenu par elle ne fut pas le triomphe d'une femme sur la faiblesse et l'ignorance : Grégoire était le premier magistrat de sa ville natale, il était philosophe et il professait le déisme.

L'histoire de la sainteté est toute guirlandée d'admirables noms de femmes qui, par leurs vertus, leurs larmes et leurs prières, ont été les sauveurs des hommes à l'existence desquels elles avaient attaché leur existence.

Cette influence de la femme, d'où vient-elle? De Dieu. Car ce qui est de partout, de toujours et chez tous, descend du ciel. Pourquoi Dieu a-t-il départi à la créature la plus faible cette somme de puissance? Parce que la créature la plus faible a une grande mission à remplir, celle que nous venons de lui assigner, celle d'essuyer les larmes des auteurs de ses jours, et celle d'opérer le salut du compagnon de son pèlerinage dans ce monde.

D'après les tendances de l'esprit, les mouvements du cœur et tout l'ensemble des dispositions providentielles, il semble que ce n'est que par la femme que l'homme doit et peut faire le bien. Et cette vérité avait été perçue dans le paganisme par Platon lui-même qui avait dit : « Si vous voulez que les hommes soient grands, qu'ils aient de la vertu, apprenez aux femmes la grandeur d'âme et la vertu. »

Et malheur à la femme, si elle ne remplit pas cette mission ; car, dès lors, sa vie sera sombre et son avenir sera malheureux.

Mais, dès le premier jour de ses engagements, la femme voit sa mission grandir : il faut qu'elle gouverne sa maison, qu'elle soigne ses malades, qu'elle leur prépare les bouillons, le linge et les tisanes ; il faut qu'elle tienne chaque chose dans l'état qui lui convient, qu'elle choisisse ses domestiques, et qu'elle ait soin qu'ils remplissent leurs devoirs.

Mais ce n'est pas tout. A mesure que la femme s'avance dans le temps et dans la société, sa mission prend des proportions immenses ! Mère, elle doit être la vie de la vie de ses enfants ; son œil doit être toujours ouvert, son cœur ne doit jamais dormir ; elle doit leur choisir des maîtres que l'on ne puisse pas même soupçonner ; elle doit surveiller leurs démarches, deviner leurs pensées et travailler sans cesse à leur avenir. Pour cela, Dieu l'a douée d'une puissancee admirable, et il a déposé dans le cœur des fils une docilité surprenante aux paroles qui tombent de la bouche des mères.

Saint Augustin, parlant d'une maladie qui l'avait conduit aux portes de la tombe, lorsqu'il était encore enfant, dit à Dieu : « Vous vîtes, Seigneur, avec quelle ardeur et quelle foi je demandai, tout enfant que j'étais, le baptême de votre Christ, notre Seigneur et notre Dieu, et ce que je fis pour l'obtenir de la piété de ma mère et de celle de votre sainte Église, la mère commune de nous tous. Le trouble où cet accident avait jeté celle qui m'avait mis au monde, et dont le cœur chaste brûlait de l'ardeur de me faire renaître spirituellement par la foi, lui avait déjà fait faire toutes les diligences nécessaires pour me faire initier et laver dans les eaux salutaires où l'on reçoit la rémission de ses fautes. Je croyais donc dès lors en vous, aussi bien que ma mère et tout le reste de notre famille, à la réserve de mon père *dont l'autorité ne put jamais prévaloir, dans mon esprit, sur celle que ma mère s'y était acquise par sa piété,* ni me détourner de la foi en Jésus-Christ qu'il n'avait pas encore embrassée; car elle n'oubliait rien, elle, pour faire que je vous eusse pour père, ô mon Dieu, plutôt que celui dont vous m'avez fait naître. Et vous l'assistiez par votre grâce, afin que, dans les bons desseins qu'elle avait pour moi, elle eût l'avantage sur son mari, à qui, néanmoins, elle était soumise pour tout le reste, quoiqu'elle fût bien meilleure que lui. »

Voilà l'ascendant vainqueur que la mère exerce sur l'esprit de l'enfant; voilà le triomphe de cette magie mystérieuse de la douceur, de la tendresse et de la foi de la mère, sur l'autorité, la force et la puissance du père. A cet ascendant rien ne résiste. Monument d'entraînante sensibilité, sublime inspiration du cœur, le fait suivant en est une preuve irrécusable. C'est saint Jean Chrysostôme racontant le projet qu'il avait formé de se retirer avec un de ses amis dans la solitude, et comment sa mère le détourna de son projet.

« J'ai eu beaucoup d'amis, mais parmi eux, il en était un qui les surpassait tous. Inséparables, nous avions étudié les sciences sous les mêmes maîtres, nous nous étions appliqués à l'éloquence avec la même ardeur; nous avions les mêmes goûts et le même désir d'embrasser la vie solitaire, cette vie bienheureuse, cette véritable philosophie. Quand il fallut mettre nos calculs à exécution je fus à lui, il me reçut à bras ouverts; il s'éloignait de tous les autres et passait les journées entières avec moi; je ne le quittai pas un instant; il me persuada. Nous étions sur le point d'abandonner tous deux notre maison;

mais, dès que ma mère s'aperçut que j'étais disposé à la quitter, elle me prit par la main, me conduisit dans sa chambre, me fit asseoir auprès d'elle sur le lit même où elle m'avait mis au monde, et, en versant un torrent de larmes, elle me dit :

« Mon fils, Dieu n'a pas voulu que je jouisse longtemps des vertus de votre père. Sa mort, qui a suivi de près les douleurs que j'ai endurées pour vous mettre au monde, vous a rendu orphelin dès le berceau ; et moi, veuve à la fleur de mon âge, je me suis vue jetée dans tous les embarras du veuvage, que l'on ne peut bien connaître que quand on les a éprouvés.

« Non, aucun discours ne pourrait exprimer tous les orages dont se voit assaillie une jeune femme qui, nouvellement sortie de la maison paternelle et sans aucune connaissance des affaires, se trouve tout à coup plongée dans un deuil accablant, obligée de se livrer à des soins au-dessus de son âge et de la faiblesse de son sexe.

« Il faut qu'elle supplée à la négligence des serviteurs, qu'elle se mette en garde contre leur malice, qu'elle se défende des mauvais desseins de ses proches, qu'elle supporte avec courage les injustices des exacteurs publics, leur insolence et leur barbarie dans la levée des impôts. Quand un père en mourant laisse des enfants, si c'est une fille, c'est déjà pour une veuve beaucoup de sou-

cis et de peines. Ces soucis cependant sont sup-
portables, parce qu'ils sont exempts de crainte,
et qu'ils n'entraînent pas de grandes dépenses;
mais si c'est un fils, son éducation est pour une
mère un sujet continuel de frayeurs et d'inquié-
tudes, sans parler de ce qu'il en coûte pour lui
donner l'instruction convenable.

« Aucune de ces considérations, néanmoins, n'a
pu me déterminer à contracter un second mariage, à
introduire un autre époux dans la maison de votre
père : je suis demeurée ferme au milieu de tous les
embarras, de toutes les tempêtes, des épreuves
qu'entraîne le veuvage, aidée du secours du ciel,
sans doute, mais aussi soutenue dans mes peines
par la consolation de vous voir sans cesse, de contempler en vous l'image vivante et le portrait fidèle
d'un mari trop promptement enlevé à ma tendresse.

« Cette consolation a commencé dès votre enfance, lorsque vous ne pouviez encore articuler
aucune parole, dans cet âge où les pères et les
mères jouissent avec tant de bonheur de leurs
enfants.

« Vous ne pourrez dire, mon fils, que j'ai sup-
porté, il est vrai, courageusement les maux de la
viduité, mais que j'ai diminué votre patrimoine
pour subvenir aux embarras de ma situation, malheur qu'a éprouvé plus d'un pupille. Jalouse de
ne pas altérer la fortune de votre père, de vous la

conserver telle qu'il vous l'avait laissée, j'ai pris sur mes biens, sur les biens que j'avais apportés de la maison paternelle, toutes les dépenses convenables pour vous procurer la plus honnête éducation.

« Et ne croyez pas, mon fils, que ce soit pour vous les reprocher que je vous rappelle mes sacrifices ; la seule reconnaissance que je vous en demande, c'est de ne pas me rendre veuve une seconde fois, de ne pas réveiller ma douleur assoupie. Attendez que vous m'ayez fermé les yeux ; ma dernière heure n'est peut-être pas éloignée.

« Lors donc que vous m'aurez rendu les derniers devoirs, et que vous aurez mêlé ma cendre à celle de votre père, entreprenez d'aussi longs voyages que vous voudrez, personne ne vous en empêchera ; mais pendant que je respire encore, supportez ma présence et ne vous ennuyez pas de vivre avec moi.

« Craignez d'offenser Dieu, en causant une douleur si sensible à une mère qui ne l'a point méritée. Si je songe à vous entraîner dans les soins du monde, et que je veuille vous engager à prendre la conduite de vos affaires, ne considérez plus, j'y consens, ni les lois de la nature, ni les soins que j'ai pris de votre éducation, ni l'habitude de vivre ensemble ; en un mot, ne respectez rien : fuyez-moi comme un ennemi dangereux, comme une personne qui cherche à troubler votre repos. Mais si je ne néglige rien pour vous faire vivre dans une parfaite tranquillité, que cette considération au moins vous retienne, en supposant que toutes les autres soient inutiles. Parmi tous vos amis, en quelque nombre qu'ils puissent être, aucun ne vous laissera vivre avec autant de liberté que moi, parce qu'il n'en est aucun qui soit aussi zélé que votre mère pour votre satisfaction et pour votre bonheur. »

Le roi des orateurs fut enveloppé dans toutes ces laves de sentiments si sincères et si profonds ; il résista à toutes les exhortations et à tous les reproches de Basile ; l'amitié se vit vaincue ; l'influence de la tendresse maternelle venait de triompher.

Et si une mère vraiment digne de ce nom trouve de la résistance dans le cœur de son fils, il n'en arrive ordinairement ainsi, que pour que la puissance de cette mère soit mieux constatée. Car alors cette femme désolée s'adresse à celui qui a fait le cœur des mères ; elle lui commande de lui venir en aide ; Dieu lui obéit, et les désirs maternels se réalisent. Saint-Augustin, en parlant des prières que sa mère faisait pour sa conversion, s'adresse à Dieu et lui dit :

« Aurait-il pu se faire que le Dieu de miséricorde eût méprisé le cœur contrit et humilié d'une mère chaste, tempérante, appliquée à faire l'aumône et à rendre toutes sortes de soumissions et de devoirs à vos fidèles serviteurs ; d'une mère qui ne passait aucun jour sans porter son offrande à votre autel, et ne manquait jamais le matin et le soir de se rendre à l'église pour y écouter votre parole et vous offrir ses prières? Auriez-vous pu, ô mon Dieu, mépriser les larmes de cette mère si bonne, vous qui l'aviez faite ce qu'elle était? et lui auriez-vous refusé votre divin secours après tant de prières si ferventes, par lesquelles elle vous demandait, non de l'or ou de l'argent, ni aucune autre de ces sortes de biens qui sont sujets à périr, mais le salut de l'âme de son fils? Non, Seigneur, cela n'était pas possible! »

Encore une fois, la femme a donc une grande mission à remplir : celle de conserver et d'agrandir la fortune de la famille, et d'opérer la sanctification des enfants que le Ciel lui donne.

Donc la femme est destinée à être, tantôt cette pieuse Antigone, qui marche toujours avec son père, ôte la pierre de devant ses pas, et arrache d'une main habile et compatissante l'épine de son pied ; tantôt elle est cette aimante et fidèle Noémie des temps anciens, quittant son pays natal, la tribu de Benjamin aux souvenirs si doux, le pays des vastes plaines et des riants coteaux, le pays des lis, des tubéreuses et des lauriers-roses, pour rester avec son époux que le malheur a forcé d'aller habiter une terre étrangère, celle de Moab, pays idolâtre et ennemi. Elle est destinée, la femme, à être la gardienne et la directrice des biens de la famille. Le négociant lui dit : Voilà le fruit de mes courses et de mes calculs ; l'avocat lui dit : Voilà le fruit de mes études et de ma parole ; le médecin lui dit : Voilà le fruit de mes observations et de mes voyages ; l'ouvrier lui dit : Voilà le fruit de mes fatigues et de mes sueurs ; l'homme de lettres lui dit : Voilà le fruit de mes veilles et de mes inspirations ; et le guerrier lui dit : Voilà le fruit de mon sang et de mes blessures ! Et tous lui disent : Garde, garde-la bien cette fortune, et sous l'influence de ta pensée ingénieuse, délicate et puissante, fais-la croître et se multiplier pour toi d'abord, pour le bien de nos enfants ensuite, et aussi un peu pour moi !

La femme est destinée à être la providence de ses enfants, à apaiser leurs premiers cris, à guider leurs premiers pas, à leur faire bégayer les premiers mots, ces mots divins de père, de mère, de Dieu, de Jésus, de Marie ! Elle devra les suivre partout avec ses prières ; et, si le besoin l'exige, il faudra qu'un jour, trouvant dans son amour maternel des forces au-dessus des forces de son sexe, il faudra que, bravant les périls et les tempêtes, comme une autre Monique, elle aille les chercher loin, bien loin par delà les mers.

Cette mission de la femme, fille, épouse, maîtresse de maison et mère de famille, est donc une mission sublime, divine ; une mission de poésie et de céleste charité, une mission de sentiment et de religion. L'expression manque pour dire ici ce que l'on sent. O femme, reconnais ta dignité, et honore la gloire dont tu as été revêtue.

Encore une pensée que je ne puis passer sous silence : c'est qu'au milieu de ces belles, grandes et angéliques fonctions, la vie de la femme doit être une vie noble, élevée, sans reproches ; ses actes, ses paroles, ses démarches, son regard, sa pose, sa pensée, tout doit être marqué d'un cachet de divinité, comme sa mission. Il faut qu'elle voie son créateur partout et dans tout ; qu'elle se nourrisse de lui, et que de lui elle se désaltère.

Et maintenant je vais démontrer qu'en général, l'éducation de la femme est en opposition avec tous les devoirs que la femme est obligée de remplir. Trois espèces de personnes contribuent à l'éducation de la femme : les personnes étrangères qui lui donnent ce qu'on appelle l'instruction, les mères de famille qui doivent entretenir leurs filles de ce qu'il n'appartient qu'à elles de leur enseigner, et la femme elle-même qui doit compléter l'ensemble des connaissances qu'elle est obligée d'avoir.

Mais d'abord, dans les maisons d'éducation, qu'enseigne-t-on ? Un peu de calcul, c'est bien ; un peu de géographie, c'est bien. Et puis ? et puis, un peu d'histoire sans appréciation des faits qui doivent être la règle de la conduite de la femme, et un

5.

peu de catéchisme qui se trouve sans valeur, parce qu'il manque de tous les développements qui doivent en être la substance, l'âme et la vie.

Ensuite, on leur fait des cours particuliers sur certaines branches des connaissances agréables; mais avec une telle absence de bon sens et une telle ignorance de la curiosité de l'esprit et des élans du cœur humain, qu'il y a de quoi frémir! Je connais certains endroits où l'on donne des leçons de botanique qui, par la manière dont elles sont faites, deviennent de véritables cours de physiologie, après lesquels celui de Richerand ne saurait rien révéler! A mon point de vue, c'est immoral. Et ensuite, on leur apprend à se cuirasser de corsets de baleine, à se bien toiletter.

Mais les mères de famille ne referont-elles pas ce qu'il y a d'imparfait, ce qu'il y a de radicalement manqué, ce qu'il y a de radicalement vicieux dans cet enseignement? Ah! les mères de famille! Elles cherchent à rendre leurs filles aimables, — et elles n'y réussissent pas toujours, — mais elles se mettent fort peu en peine de les rendre estimables. On dira que j'exagère; eh bien! j'affirme que des mères de famille ont dit à des maîtresses de pension, en leur amenant leurs demoiselles : Qu'elle apprenne à *chanter* et à *danser*, mais qu'elle apprenne cela *avant* TOUT! Propos capable d'effrayer tout esprit grave, tout esprit que le gros bon sens n'a pas encore déserté; parole infâme dans la bouche d'une mère! discours qui suppose l'ignorance de la morale et de la religion, et le mépris de la femme et de la société. De semblables dires, le paganisme les a flétris par la bouche d'un historien de mœurs cependant bien faciles : c'est Salluste qui, dans la guerre de Catilina, dit, en parlant de Simpronia : « Elle dansait trop bien pour une femme honnête. » Et un historien anglais a dit la même chose de la méprisable Élisabeth.

« *Qu'elle apprenne à danser avant tout !* » L'opinion publique frappe de sa réprobation un pareil propos, et elle envoie la flétrissure à une semblable demande; car ce qu'on peut dire de plus fort contre une femme, c'est de l'appeler une danseuse. Eh bien! femme, que ta fille apprenne donc à danser *avant tout;* mais souviens-toi que la régularité de ses pas apportera un jour l'irrégularité de sa vie dans la maison de son mari. Qu'elle apprenne à chanter, et *avant tout !* Je ne dis pas la miséricorde de Dieu et l'espérance du ciel, parce que, grâce aux exemples qui lui seront offerts et à l'éducation qu'elle aura reçue, elle ne saura rien de ces grandes choses; mais qu'elle apprenne toujours à chanter, et *avant tout:* le chant lui sera un jour nécessaire. Que chantera-t-elle? Elle chantera ses malheurs; car, avec une pareille jeunesse, elle trouvera de l'amertume dans ses jours avancés; le chemin de son existence en sera bordé des deux côtés. O fille d'une telle mère, avant dix ans ma prophétie s'accomplira en toi.

Sortie si pauvre des maisons où elle devait apprendre tant et de si grandes choses, n'ayant fait que s'affaiblir dans ses entretiens avec sa mère, — entretiens qui devaient l'enrichir de gloire et d'honneur, — que fait la femme une fois indépendante? Elle recherche la société des femmes pédantes, irréligieuses et libres dans leurs propos et bien souvent dans leur conduite; la société de ces femmes qui cherchent continuellement à captiver des yeux qui ne veulent déjà plus les regarder sans rire d'un rire de mépris. Elle se livre à la lecture de sales feuilletons, et à celle de tous les romans qui inspirent les pensées coupables, font couler dans l'âme le dégoût des choses sérieuses, étouffent dans le cœur les sentiments les plus nobles, et y jettent la semence de tous les vices. Aussi, elle connaît les noms de tous les personnages qui figurent dans ces compositions, vrais répertoires de crimes; mais elle ne sait rien de la vie des femmes qui ont été la gloire de l'humanité sur la terre, et qui sont aujourd'hui des anges dans le ciel.

Oui, les jeunes personnes arrivent dans le monde, la tête toute remplie de niaiseries, l'âme amollie, et le cœur quelquefois en très-mauvais état. Pour elles, l'affaire la plus importante, la grande affaire, c'est une coiffe, un bout de ruban, une boucle de cheveux., le choix d'une couleur pour une robe !

Engagée dans la vie, et tout étourdie par les fumeuses idées qu'ont fait monter dans son âme l'amour des parures et les infâmes écrits qu'elle a dévorés en secret et contemplés à l'aise, et dont elle aurait dû ignorer à jamais l'existence, la femme est entraînée par le désir de plaire. Elle prend alors pour des prodiges de finesse les imbécilles fadeurs que certains hommes lui adressent, et elle recherche la présence de ces êtres dont l'unique valeur est dans la coupe de leur habit, ou dans l'adresse avec laquelle ils ont su mettre leur cravate en s'habillant.

Elle néglige les affaires de sa maison, le détail des choses domestiques, inséparable de la conservation de la fortune. Sa vie se passe dans l'oisiveté : je me trompe, elle s'écoule, cette vie, au sein des occupations qui ont lieu devant un miroir. Il en est qui font de la politique, d'autres de la philosophie : un guerrier filant une quenouille, ou un magistrat revêtu de sa robe, faisant des pâtisseries, ne me paraîtraient pas plus ridicules !

Privée de toutes les vertus qui faisaient les femmes antiques, la femme dont je parle n'a aucune force pour supporter les épreuves de la vie ; elle se dégoûte de son sort, et passe le long des jours dans les noirs calculs. Nulle part elle ne se trouve à sa place.

Si elle ne s'ennuyait que chez les autres, ce ne serait qu'un petit malheur, elle pourrait s'en aller ; mais elle s'ennuie dans sa propre maison, dans le cercle même de sa famille, et elle cherche sans cesse à se répandre au dehors. Elle néglige toutes les pratiques pieuses ; elle soulève des difficultés contre la foi, et sans s'en douter, elle autorise ainsi à douter de toutes ses vertus.

Ses parents lui deviennent donc des étrangers, son mari un pénible gardien, le soin de sa famille un fardeau qu'elle rejette ; ses enfants ne sont pas ses bijoux, et son Dieu lui est un bourreau ; je me trompe, son Dieu ne lui est rien, car elle n'en a pas. De là un terrible chagrin qui lui frappe le cerveau et le cœur d'un affreux vertige ; de là une lassitude sans remède qui lui courbe la tête comme un jonc ; de là ces chutes immenses, profondes et effrayantes dont rien ne peut la relever aux yeux mêmes de la société la plus corrompue ! De là encore ces procès scandaleux dont les tribunaux retentissent, ces terribles drames de séparation, et la perte de la famille ; car la lampe de la maison une fois éteinte, toute la famille tombe nécessairement dans la nuit. Et, comme la société se compose de familles, par la fausse direction donnée à l'éducation de la femme, la société se trouve sur le bord du précipice, et à la veille de sa ruine. Oui, si l'éducation de la femme n'est pas réformée, toutes les hiérarchies sociales vont disparaître, et

la femme va passer par les plus terribles crève-
cœurs : ici par le martyre lent, et ailleurs par le
suicide caché.

V.

De l'appréciation de ce que nous venons de dire
dépendent la joie de la famille, le bonheur du pays
et le salut de l'avenir en France. Mais il est un
autre point tout aussi important, et je veux le traiter ici ; je veux parler de l'éducation des jeunes
gens. Par le mot éducation, j'entends le soin que
l'on prend d'éclairer les esprits et de former les
cœurs des hommes. Il m'arrivera quelquefois de
ne pas distinguer entre l'éducation et l'instruction :
l'ampleur du sujet m'autorise à faire ainsi, et le
soin que j'ai d'en prévenir m'en donne le droit.

L'éducation de la jeunesse a trois phases : la famille, la pension et les années qui suivent. Dans
la famille, l'éducation est anti-sociale ; dans la pension, elle est irrationnelle, et dans les années d'indépendance, elle est corrompue, elle est irréligieuse.
Lecteur, que votre susceptibilité ne s'offense pas :
je ne parle contre personne, je parle pour tout le
monde. Si j'expose des choses pénibles, ce n'est
pas ma faute à moi ; si j'en avais vu beaucoup
moins, je n'en écrirais pas autant.

Prenons la chose à son début. Les pères et les
mères laissent leurs enfants s'habituer à des formes

exigeantes, déplacées, dont ils ne se corrigeront peut-être jamais, et que le monde, cependant, ne voudra jamais leur passer. Fortifiées par le temps, ces premières inclinations ont brisé l'avenir d'une infinité d'hommes, et en ont rendu plusieurs incapables de remplir les fonctions qui leur avaient été confiées.

Les pères et les mères racontent avec indignation devant leurs enfants, les causes de leur mécontentement au sujet de leurs semblables; et l'indisposition contre les petits du voisin germe aussitôt dans le cœur de l'enfant qui écoute. Les pères et les mères flétrissent devant leurs enfants certains corps, certaines classes, et les enfants prennent en haine ces agrégations et ces classes.

Les parents rendent les enfants témoins de leurs désaccords dans la famille, de leurs propos irritants et de leurs actes colères. L'enfant prend intérieurement parti pour le père ou pour la mère; quelquefois il les regarde tous les deux comme coupables. Alors son caractère change et il commence à devenir mauvais.

Dans la famille, pour l'enfant, le travail laisse infiniment à désirer. Le jeune élève suit sa paresse et ses caprices ; cette conduite déplorable est le résultat de la faiblesse des parents, et surtout de celle de la mère. Rarement on parle à ces petites créatures, de Dieu et de sa religion. En les exerçant à faire leur petite prière, la mère attirerait sur elle les bénédictions du Ciel ; elle préfère s'occuper de pensées romanesques et du chant des romances. En leur expliquant Dieu , le père se ménagerait d'heureux moments pour ses derniers jours ; il aime mieux s'occuper de travaux matériels , et s'adonner à ses plaisirs. Mais que dis-je ? par leurs paroles, par leur peu de réserve, par leur conduite, les parents deviennent souvent une source d'exemples immoraux et irréligieux pour leurs enfants.

On croit que les enfants ne retiennent pas, qu'ils ne remarquent pas : c'est une grave erreur; l'œil de l'enfant est clairvoyant et son cœur est mémoratif. L'enfant s'impressionne facilement, et ses impressions sont durables. Les païens pensaient que l'on ne peut employer trop de soins, ni trop de circonspection à l'égard des enfants. En voyant dans la maison de Sylla des malheureux qu'on amenait pour les faire périr, Caton demanda à son précepteur pourquoi personne ne tuait le tyran : — C'est, lui répondit-il, parce qu'on le craint encore plus que l'on ne le déteste. — Il fallait me donner une épée, reprit l'enfant, et j'aurais délivré ma patrie. Caton n'avait encore que quatre ans, et, dès ce jour, il eut pendant toute sa vie la tyrannie en horreur.

Dans une ville que je connais très-bien, un homme employé comme régent dans une famille, voulut un jour faire remplir à son élève un acte que la religion catholique prescrivait. L'enfant refuse, le maître le menace de dénoncer sa conduite à son père. A mon père? répond l'enfant; et vous croyez donc que je ne sais pas ce que mon père fait? et aussitôt il déroule sur le compte de son père un tableau qui suffirait à immortaliser vingt criminels. Voilà ce que l'enfant voit bien souvent dans la famille.

J'ai dit que dans la pension l'éducation était irrationnelle. Que fait-on, en effet, de tous ces livres anciens dans les écoles? Pourquoi, pendant huit ans, distribue-t-on la même instruction pour toutes les carrières? N'est-ce pas un non-sens, que des enfants ignorant leur langue soient condamnés à en apprendre d'autres qui ne sont plus en usage nulle part? Pourquoi les force-t-on à rester pendant huit ans cloués sur un travail qui ne leur procurera pas un seul avantage réel durant tout le cours de leur vie? Pourquoi leur impose-t-on cette épouvantable obligation? Ne vaudrait-il pas mieux leur apprendre l'anglais ou l'allemand, l'espagnol ou l'italien, l'arabe ou le persan, le russe ou le chinois? En enseignant ces langues, on travaillerait dans l'intérêt des jeunes gens et dans l'intérêt du pays; car ainsi élevés, les hommes seraient du plus grand secours pour les voyages, pour le commerce et dans les bureaux d'ambassade.

Les médecins et les avocats liraient les livres des peuples modernes sur le droit et sur la médecine,

dans les langues de ces peuples ; et les médecins
et les avocats seraient ainsi, les uns au courant de
l'enseignement médical, et les autres au courant
de la jurisprudence de nos jours chez les grandes
nations européennes.

A tout cela que répond-on ? A tout cela on dit :
On a toujours enseigné de la sorte ; les langues
anciennes font connaître les grands modèles ; en
étudiant ces grands modèles, l'esprit lutte contre
les difficultés, et par cet exercice il se rend capable
de grandes conceptions.

Mais d'abord, parce que l'on aura toujours fait
une chose, faudra-t-il continuer de la faire toujours ? Ne sera-t-il jamais permis de sortir de l'or-
nière de la routine. Et puis, les raisons de faire
comme autrefois existent-elles ? Non. Autrefois on
enseignait le latin ; mais autrefois les livres d'histoire, de philosophie, de géographie, de littérature, de mathématique, de stratégie, de médecine
et de droit étaient écrits en latin ; le latin était la
langue de la science et la langue de la diplomatie.
Mais aujourd'hui les choses ne vont plus de la
sorte ; dans les livres écrits en notre langue, nous
étudions toutes les branches des connaissances
humaines. Quoi ! après le siècle de Louis XIV,
qui, malgré ses vices, fut si grand dans tous les
genres de gloire, on dit : les langues anciennes
font connaître les grands modèles ! Quand les
poètes de nos jours se sont montrés supérieurs aux

poëtes de la Grèce et de l'Italie, quand le barreau français est devenu le premier barreau du monde, lorsque les oracles de notre tribune nationale se sont élevés au-dessus des gloires de la tribune antique, lorsque les généraux de l'Empire ont laissé si loin derrière eux les généraux des temps anciens, lorsqu'un seul les a tous éclipsés dans l'art de défendre et de sauver la capitale d'un grand peuple, à moitié emportée par un ennemi formidable, on dit encore que l'étude des langues anciennes est nécessaire pour connaître les grands modèles !

Mais de grâce, que l'on ouvre donc les yeux à la lumière. Si l'on veut garder les Grecs et les Latins, que l'on les garde; mais qu'on ne les impose à personne. Qu'on fasse, des grands hommes de la nation, des hommes classiques, et qu'après, si on le désire, on aille s'extasier devant un *que retranché* dans un livre latin.

Quant à la considération des avantages que l'esprit trouve dans la lutte que la traduction lui oppose, je ne la crois vraiment pas sérieuse. Je connais des hommes et des femmes qui ne se sont jamais exercés dans ces joûtes, qui ont plus d'esprit que ceux qui y ont passé une partie de leur vie, et qui écrivent mieux et qui savent infiniment mieux que beaucoup de *savants* en *grec* et en *latin*.

Et puis, de ces études, quel est donc le grand

avantage ? De bonne foi, croyez-vous qu'un médecin connaîtra mieux les maladies, parce qu'il
saura le latin, et qu'un officier sera plus brave
sur un champ de bataille, parce qu'il aura étudié la
philosophie de Thalès de Milet et celle de Pythagore de Samos ? Croyez-vous que nos marins seront
plus hardis, parce qu'ils auront expliqué Homère
et Virgile, et qu'un avocat sera plus fort en droit,
parce qu'il aura étudié la chimie ? Mais, mon
Dieu, non. Et au contraire, plus ils auront étudié
ce qu'ils ne devaient pas pratiquer, moins ils sauront ce qu'ils devaient savoir.

Et puis, il y a parmi nous, en cet endroit, une
inconséquence dont les esprits logiques ne pourront jamais se rendre compte ! Pour être législateur, on n'a besoin ni de grec, ni de latin ; on
est dispensé de savoir lire et écrire, on peut même
ignorer jusqu'à la modeste orthographe ; et pour
être juge et faire sortir son effet à la loi, ou pour
être avocat et demander l'application de cette loi,
il faut comprendre Cicéron quand il instruit le
Sénat sur un crime commis en Sicile, et Démosthène quand il harangue les Athéniens contre Philippe ! Eh bien ! à mon sens, on ne peut pas être plus
spirituellement absurde ! Quoi ! pour appliquer
la loi, il faut que je sois plus savant que pour la
faire ! Mais c'est vouloir faire pleurer le gros bon
sens de rire !

Mais on ne peut, dira-t-on, faire autrement. —

Vous vous trompez. Une réforme en cet endroit peut être demandée ; et comme elle n'a rien qui blesse les lois, les droits d'autrui, la paix de l'État, elle peut être facilement obtenue ; la réussite dépend des pères de familles.

Mais enfin, dans les pensions placées dans cette irrationnabilité de matière, que fait-on des jeunes gens ? On les badigeonne de quelques notions sur les langues, on les barbouille de quelques éléments scientifiques, on leur charge la tête d'aventures romanesques prises du paganisme, et on appelle tout cela une éducation complète. On expose à leurs yeux les dieux de la fable, les modèles du vol, du mensonge, de la corruption et de tous les vices, et c'est assez ! Peu importe que la stérilité règne dans le cœur, pourvu que l'esprit soit fécond en tours et en expressions.

Mais des doctrines religieuses et morales qui font le bon fils, le bon époux, le bon citoyen, le vrai patriote et le vrai chrétien, on ne dit rien ; car les quelques mots que l'on y balbutie à ce sujet doivent être regardés comme un rien.

Et en sortant de ces prétendues arches de la vraie science et des bons principes, on va tomber au milieu d'un monde qui ne demande pas si l'on a du savoir et de la vertu, mais si l'on a de la finesse et de l'audace. Là, que devient un jeune homme ? un amateur de lui-même et un contempteur de ce qu'il y a de grave et de méritant ; il soigne sa petite personne, il s'adonise, ne remarquant pas que par ces excès de fadaise, il laisse croire à quelque défaut caché : car César ne porta la couronne de laurier que parce qu'il n'avait pas de cheveux, et François Ier ne laissa croître sa barbe que pour dérober à la vue du public une cicatrice qui le faisait rougir ! Le jeune homme dont nous parlons se sépare de tout ce qu'il y a d'hommes capables de lui donner de bons conseils, consume son temps dans les tabagies, les estaminets, le désordre ; il lit quelques pages de livres que je ne veux pas nommer, murmure contre l'ordre de choses qui le régit, et rêve l'occasion de mettre le feu aux quatre coins de son pays !

Donc, de la famille arrivent à la pension, à un jour donné, des nuages de petits êtres remplis d'orgueil et quelquefois géants dans la science du crime.

Pour leur faire accomplir une œuvre obligatoire et fructueuse pour eux, il faudrait se prosterner à leurs pieds comme devant Dieu, et leur adresser des prières ! Avec des soins le laboureur rend fécond un terrain ingrat, avec des soins un jardinier fait reverdir un arbre presque mort, et il lui fait porter des fruits dorés et magnifiques ; mais sur les jeunes plantes humaines dont il s'agit, les soins les plus assidus, les plus multipliés, les plus intelligents et les plus doux deviennent inutiles : c'est un fait ; ce fait est souvent la faute des parents, et tous ceux qui s'occupent de l'instruction de la jeunesse l'attesteront.

Et de plus, du sein de ces innombrables magasins d'étudiants, il sort une foule de pédants, la mémoire toute remplie de choses inutiles pour la vie, et la conscience vide de toutes les grandes choses qui font l'homme. Tout ce que l'on trouve en eux, c'est, dit Montaigne, que leurs prétendues connaissances acquises les ont rendus cent fois plus sots qu'ils n'étaient à leur début. Ils devaient remporter des écoles l'âme toute pleine de science, dit l'auteur des *Essais,* et ils ne l'en rapportent que bouffie ; ils l'ont seulement enflée au lieu de la grossir.

Ces jeunes précieux croient qu'il suffit d'avoir des paroles dans la bouche, pour avoir des idées dans la tête ; n'étant propres à rien, ils veulent être les régents du monde. Incapables d'une pensée sérieuse, ne cherchant jamais à remonter de la connaissance d'un effet à celle d'une cause, ni à descendre de la connaissance d'une cause à celle d'un effet, ces esprits bouffons, baladins, disposés à ricaner de tout, veulent trôner partout où ils se trouvent. Ces sublimes charlatans, qui à force de vouloir éblouir, finissent par s'aveugler eux-mêmes, ne sont jamais arrêtés par rien. Des hommes d'une raison élevée, d'un bon sens positif, de facultés à faire peur et d'un savoir inouï ;

des hommes qui connaissent le monde, les mœurs, les lois, la politique, la religion, la gloire et le malheur; des intelligences qui portent six mille ans rangés dans leur mémoire, ne sont pas des autorités pour ces modernes réformateurs! Et devant l'expression de la pensée de ces génies, fleuves dignes de porter les destinées d'un peuple, soleils capables d'éclairer tous les mondes, nos comiques suffisants ont la folie de dire : *Je ne pense pas comme ça, moi!!* J'en ai vu qui, n'étant pas encore arrivés à leur vingtième année, citaient à leur tribunal, et y condamnaient sans appel les plus grands diplomates dont la France se vante. Je les ai entendus dire : *J'ai manqué ma vocation, je devais me faire homme politique.* Ils se considèrent tous comme des Minos, des Lycurgue, des Numa, des Platon, des Charlemagne, des Napoléon; je me trompe, car tous ces grands législateurs voulaient donner à leurs lois une origine divine, et les fashionables dont il s'agit excluent la divinité, voulant par là déconcerter tous ceux qui seraient tentés de les dépasser dans le ridicule.

Eh bien! voilà l'éducation telle qu'elle est aujourd'hui : vicieuse, anti-sociale, irréligieuse dans la famille; vicieuse, irrationnelle, irréligieuse dans la pension; vicieuse, corrompue, irréligieuse dans les années d'indépendance complémentaire; et voilà ce qu'elle produit : de mau-

6.

vais voisins, de mauvais patriotes et de mauvais chrétiens.

Les familles croient préparer par l'éducation les futurs sauveurs du pays ; la société attend de l'éducation, des citoyens au cœur noble et brûlant, à l'âme délicate et sensible, au génie vaste et inépuisable, au caractère fort et singulier. Et l'éducation ne donne à la société et à la patrie qu'un tas de bavards étrangers à toutes les idées d'ordre et de salut, dévorés par l'ambition et disposés à signer l'immolation du monde pour la réalisation d'un seul de leurs criminels désirs ! Bien mieux il vaudrait pour un peuple de n'être composé que d'honnêtes laboureurs et de braves ouvriers ; bien mieux il vaudrait lancer sur un pays des nuages de sauterelles ou des multitudes de serpents, que des hommes ainsi élevés. Des hommes sans vertus sociales, sans croyances religieuses, sont des fardeaux plus qu'inutiles pour une nation ; ils sont nécessairement la perte des États ; leur existence fait le malheur de leurs semblables.

VI.

A côté de ces caractères tranchants, je place les caractères modestes en apparence, les caractères, fléaux des sociétés, et aujourd'hui, comme toujours, malheureusement bien nombreux en France ; ces hommes sont les flatteurs.

Flatter, c'est prodiguer à une personne une louange imméritée, une louange à laquelle ne croit pas celui qui la donne.

Il est des hommes qui veulent être encensés, des hommes que les plus stupides éloges font bondir d'aise et de bonheur. On rapporte qu'un homme d'esprit, ayant été comparé à Dieu, répondit : *C'est un peu fort, mais cela fait toujours plaisir*. Il y en a qui ne pardonnent pas à celui qui laisse passer l'occasion de les exalter. Ils disent bien qu'ils aiment la franchise et qu'ils la veulent, mais la preuve du contraire, c'est que celui qui la leur fait entendre, et qui, quelques jours auparavant, était un ami véritable et sous tous les rapports un homme du premier mérite, n'est plus qu'un caractère bizarre, un talent ordinaire, un rebelle orgueilleux, un systématique censeur.

Eh bien ! ces hommes trouvent ce qu'ils désirent; les flatteurs viennent les entourer, font semblant de ne pas voir leurs vices, trouvent en eux les vertus qui n'y ont jamais été, appellent leur entêtement fermeté, et donnent à leur sottise le nom de bonté.

Ces êtres vils peuplent le monde comme les arbres peuplent les forêts, comme les animaux de toutes espèces peuplent les eaux de la mer : il y en a pour tous les sexes, pour tous les âges, pour tous les états et pour toutes les conditions.

Il y a des flatteurs pour la femme. On veut la

perdre, et on lui vante la finesse de son esprit, l'expression de son regard, la fraîcheur de son teint, la pureté de sa voix et la majesté de sa taille. On lui dit qu'il n'y a pas de prétentions qu'il ne lui soit permis d'avoir. En dons de la nature, on la proclame supérieure à tout ce qu'on a vu! On lui débite un catalogue de fariboles que l'on a récitées vingt fois, et que l'on récitera plus de cent fois encore.

Que résulte-t-il de tout cela? Ah! c'est qu'oubliant qu'elle n'est qu'une vapeur, qui disparaît presque aussitôt qu'elle est formée; qu'une émanation du ciel qui doit remonter au ciel presque aussitôt qu'elle a apparu sur la terre, la femme crédule, avide de domination, emportée par le désir de régner, sourit, se complaît en ce qu'elle a entendu, laisse ces mielleux mensonges couler dans son oreille et puis dans son cœur, comme on laisse couler la vapeur du sommeil dans les yeux appesantis. Dès ce moment, une vertu est sortie d'elle; la négligence entre dans l'accomplissement de ses devoirs, sa foi s'éteint; cette femme se perd, et la société s'ébranle sur une de ses colonnes.

Il y a des flatteurs pour les petits enfants. On loue devant eux les saillies de leur intelligence, les petites grâces que le ciel leur a données, la fortune qu'ils auront un jour. On leur donne gain de cause dans les petites disputes qu'ils ont avec leurs camarades, les petits enfants de leur âge. Ces nouveaux débutants dans l'existence deviennent hautains, sententieux, dogmatiques et tranchants. Leur cœur se gonfle; pour leur parler, il faudrait prendre des gants blancs. L'insolence et la dureté deviennent le fond de leur caractère. Les parents sont alors punis par où ils ont péché. Un homme riche avait épousé sa servante; de ce mariage, il naquit un enfant. Cet enfant grandit; sa mère, femme d'un très-grand mérite, voulut un jour lui faire une réprimande; l'enfant répondit à sa mère en lui reprochant sa naissance à elle! Et j'ai entendu une enfant ainsi gâtée dire à son père qui la contrariait : *Cela ne te regarde pas ; tu dois savoir que tu n'as rien ici : tout appartient à ma mère.* Et cette enfant n'avait pas huit ans encore!

Et ces germes mauvais ne se détruisent jamais entièrement; il en reste toujours quelque chose. Quel plaisir, après cela, un père peut-il trouver à presser son enfant sur son cœur, à le bénir, à se prêter à ses désirs, à lui amasser une fortune? Aucun. Pour lui, c'en est fait des douceurs de la vie. Quel plaisir encore peut-il y avoir après cela, pour une pauvre mère, à regarder son fils, à penser à lui? Aucun. Toutes ses illusions sont détruites, toutes ses espérances sont flétries; sa vie s'arrête dans son progrès. Cette mère se consume d'ennui, se fane, tombe et se meurt. Ah! qui dira la douleur d'un père et celle d'une mère ainsi déçus? Personne : ces angoisses sont inénarrables.

Et comme celui qui est mauvais fils est mauvais citoyen, par des enfants de cette espèce la société est poussée vers sa ruine.

Il y a des flatteurs pour les ouvriers et pour les pauvres. Des hommes qui veulent se servir des ouvriers et des pauvres pour arriver à des fins coupables, disent à l'ouvrier et au pauvre, que ce sont eux qui ont l'esprit, le bon sens et les véritables droits; que c'est à eux de commander, de faire la loi, de gouverner, de régner; que ce sont eux qui ont tout fait, et que maintenant, pour les récompenser, on veut faire revenir les anciens priviléges, et faire labourer les pauvres et les ouvriers.

Sans doute, les petits et les faibles ont leur esprit, leur bon sens, leurs droits; et leur esprit n'est pas hypocrite; leur bon sens vient de Dieu, et leurs droits sont sacrés. Mais les hommes plus élevés, plus expérimentés, plus instruits, ont aussi leur esprit qui en vaut bien un autre, leur bon sens qui mérite d'être pesé, et leurs droits qui doivent être respectés. Sans doute, le peuple a fait de grandes choses, de très-grandes choses; mais au bien-être social toutes les classes ont travaillé, chacune à sa manière. Et, il faut le dire, personne ne songe à faire revenir ce qu'on appelle l'*ancien régime*. Les soixante ans, ou environ, qui se sont écoulés depuis l'abrogation des priviléges, ont jeté ces mêmes priviléges derrière nous à plus de soixante siècles, c'est-à-dire dans l'infini! Malheur au rêveur insensé qui s'arrêterait avec complaisance sur une pensée de réaction en cet endroit! Je m'inscris le premier pour appeler la malédiction des hommes et la malédiction de Dieu sur sa tête coupable!

Faut-il que je sois obligé de dire ici qu'en flattant le peuple, on va jusqu'à calomnier certaines classes de la société d'une manière si infâme, que les calomniateurs sont les criminels les plus insignes, s'ils ne sont pas les premiers de tous les fous! Et où est donc le bouvier qui viendrait atteler l'homme, taureau d'espèce nouvelle? Ah! si le jour dont on parle luisait jamais sur le monde, vous verriez les apôtres du Christ devenir les hommes de la grande action. Ils viendraient les premiers couper les liens qui enchaîneraient la dignité humaine, et briser le joug auquel on voudrait l'asservir. Et ils diraient au pauvre : mon frère, lève la tête, lève-la bien haut; dresse-toi de toute la hauteur de tes immortelles destinées! Et le monstre qui aurait tenté de renouveler la dégradation qui pesait sur la terre avant la venue de Jésus, ferait passer l'envie à tous les Caligulas futurs de vouloir renouveler l'expérience!

Mais je me surprends dans une juste indignation, en me voyant obligé de repousser de si révoltantes imputations. Je me sens humilié, en voyant

la raison humaine descendre à de si infâmes ma-
lices.

Cependant au milieu de ces choses, qu'arrive-
t-il? C'est que le peuple, qui est bon et qui ne
soupçonne pas le mal, croit à ces prétendues iniquités, s'irrite, se précipite, pousse, frappe, renverse, brise; et la société devient chaos, confusion, décombres! Le vainqueur, demeuré debout
sur les ruines qu'il a faites, se voit plus tard obligé
de les réparer lui-même; il comprend alors qu'on
l'a joué, il se repent. Mais il n'est plus temps :
l'ordre a disparu!

Il y a des flatteurs pour les grands. Pour avoir
des places, des hommes étudient les grâces et l'esprit de celui qui les donne, ou de celui qui peut
les faire obtenir. Ils suivent cet esprit, ces grâces,
et changent en même temps que ces choses changent; ils sont tristes avec celui qui est triste, et ils
sont gais avec celui qui est enjoué; mais ils ne sont
jamais malheureux avec celui qui le devient.

Semblables à ces voleurs de nuit, qui cassent
les réverbères devant les magasins qu'ils veulent
piller, ces flatteurs éloignent de celui qu'ils veulent tromper tout ce qui pourrait l'éclairer, et puis
ils se mettent à l'œuvre. Ici, ils louent des vertus
qui n'existent pas; là, ils vont plus loin, ils transfor-
ment des défauts en mérite. J'ai vu le flatteur de
cette espèce, pour s'attirer les bonnes grâces de
son maître, je l'ai vu prendre des détours, men-

tir à sa conscience, et grimacer un rire qui devait, par les efforts qu'il nécessitait, lui causer une peine égale à celle que souffre l'homme qui est obligé de travailler la terre pour gagner sa vie.

De tout cela il résulte d'abord que les cajolés accordent tout aux cajoleurs. Les emplois les plus importants passent aux hommes les plus incapables. On soutient que ces faveurs sont bien dues, et que l'on ne pouvait pas faire autrement. Je trouve qu'on a raison ; il serait bien difficile, en effet, de ne pas voir du mérite dans un homme qui en a vu dans nos imperfections, dans nos faiblesses et dans nos vices.

Eh bien ! quand chez un peuple, les grands et les subordonnés en sont venus là, le pays est perdu. Les ressorts des choses s'affaiblissent, et un matin venu, le corps social s'éveille tout étonné de se trouver mourant ! Comment cela se fait-il ? — Les hommes d'honneur et de franchise se sont retirés des affaires, et les gouvernants aveugles, conduits par des aveugles, tombent et roulent dans des précipices d'où l'on ne sort que par morceaux.

Il en sera qui prendront en pitié ce que je dis, et se mettront à en faire gorge chaude ; mais voici une histoire, divine pour quelques-uns, et respectable pour tous, qui me paraît prouver ce que j'enseigne, et flétrir tout enseignement contraire au mien.

Trois ans s'étaient passés sans qu'il y eût eu de

guerre entre la Syrie et Israël. Un jour Achab dit à ses courtisans : La ville de Ramoth en Galaad est à nous, et cependant les Syriens la possèdent; songeons à la retirer de leurs mains. Et il dit à Josaphat, roi de Juda : Viendrez-vous avec moi faire le siége de Ramoth ? Josaphat répondit : Vous pouvez disposer de moi comme de vous-même; mon peuple et votre peuple ne sont qu'un seul peuple, et ma cavalerie est votre cavalerie; mais consultez, je vous prie, pour savoir quelle est la volonté du Seigneur.

Le roi d'Israël assembla alors ses prophètes, c'est-à-dire un tas de courtisans réunis sans cesse auprès de sa personne, et il leur dit : Dois-je partir pour aller assiéger Ramoth, ou bien dois-je rester en paix ? Et tous ses flatteurs, connaissant les désirs d'Achab, lui dirent : Allez, le Seigneur sera avec vous, et il livrera cette ville à votre force. Mais Josaphat dit au prince : N'y a-t-il point ici quelque prophète du Seigneur, afin que nous consultions le Très-Haut par son voyant? Et le roi d'Israël répondit : Il y a un prophète par qui nous pouvons consulter le Seigneur, mais je déteste cet homme ; il ne me prophétise rien de bon ; il ne me prédit que du mal : c'est Michée ; qu'on le fasse venir.

Et les hommes qui étaient allés chercher l'homme inspiré lui dirent : Tous les prophètes du roi sont là, et tous d'une voix unanime prédisent un bon succès ; que vos paroles soient conformes à leurs paroles. Michée répond : Je dirai ce que le Seigneur m'aura révélé.

Achab dit à l'envoyé de Dieu : Devons-nous faire la guerre pour reprendre Ramoth, ou devons-nous demeurer ici en paix? je vous conjure, au nom du Seigneur, de me parler selon la vérité. Le prophète lui dit : « J'ai vu tout Israël dispersé sur les montagnes, comme des brebis qui n'ont plus de pasteur; j'ai vu le Seigneur assis sur son trône, et toute l'armée du ciel rangée autour de lui. Et le Seigneur a dit : Qui séduira Achab, roi d'Israël, afin qu'il marche contre Ramoth et qu'il y périsse? L'un a proposé une chose, l'autre en a proposé une autre; et l'esprit le plus méchant, s'étant avancé, a dit : C'est moi qui séduirai Achab; je serai un esprit menteur dans la bouche de ses prophètes, c'est-à-dire dans la bouche de tous ses conseillers. Et le Seigneur lui a dit : Va, et fais ce que tu as dit. Dieu a donc mis cet esprit de mensonge dans la bouche des flatteurs qui vous entourent, et il a ainsi prononcé votre arrêt. »

Un des assistants donna un soufflet au prophète, et Achab regardant Josaphat lui dit : Je ne m'étais pas trompé; il ne m'annonce que des choses funestes. Et se tournant du côté de ses officiers, il ajouta: Prenez Michée, enfermez-le dans un cachot, ne le nourrissez que du pain de la douleur, et ne l'abreuvez que de l'eau d'affliction, jusqu'à ce que je revienne de mon entreprise. Eh bien! dit Michée, partez, et si vous revenez, le Seigneur n'aura pas parlé par ma bouche ; et que tout le monde ici entende bien ce que je dis.

Les rois d'Israël et de Juda partirent donc pour le pays de Galaad, et commencèrent bientôt après le siége de Ramoth. Mais au moment où la ville était cernée de toutes parts, un des assiégés tendit son arc et tira une flèche, qui vint frapper le roi d'Israël entre le poumon et l'estomac. Le sang coula de la plaie sur tout le chariot, et Achab mourut le soir du même jour. Avant le coucher du soleil, un héraut sonna de la trompette et dit dans toute l'armée : Que chacun s'en retourne dans son pays et dans sa ville. Achab fut porté à Samarie, et y il fut enseveli. On lava son char et les rênes de ses chevaux, et les chiens léchèrent son sang, conformément à une parole que le Seigneur avait dite.

Voilà ce que produisent les hommes patelins et faux ; voilà où aboutissent les hommes que la franchise offense. Et souvenez-vous-en , ce sera de la sorte que la flatterie vous perdra , ô vous tous qui la cherchez.

Vous prenez-vous pour un prophète, me dira quelqu'un. Non , lecteur, pas plus que je ne vous prends, vous, pour un roi d'Israël, mais ce que je vous annonce n'arrivera pas moins ; et cela par une raison bien simple : c'est que, les mêmes circonstances données, les mêmes causes produisent toujours les mêmes effets.

Vous le voyez, par l'impulsion qu'elle donne à la femme, à l'enfance, au peuple et aux grands, la flatterie, si répandue dans la société française, doit perdre notre pays.

Il vaudrait donc infiniment mieux être entouré d'ennemis déclarés, que de ces êtres faux, souples et pliants ; les plus lâches de tous les hommes, et doués cependant de la plus effrayante énergie, car ils ont le courage de leur propre faiblesse ; infâmes Protées, que les vaniteux peuvent aimer, mais que toutes les nobles âmes méprisent. Jean II, roi de Portugal, surnommé le Grand, à cause de ses éclatantes actions, répondit à quelqu'un qui lui demandait une place vacante : *Je la garde pour celui qui ne me flattera pas.*

Ah ! les flatteurs, les flatteurs, s'écrie Démosthène, voilà les hommes qui ont vendu notre liberté à Philippe ; liberté qu'ils vendent encore à Alexandre, son fils. Ce sont eux qui ont détruit parmi nous cette règle dans laquelle les anciens Grecs établissaient leur félicité, de ne point connaître de supérieur, de ne jamais souffrir de maître.

La flatterie n'a jamais produit rien que de mauvais ; je défie qui que ce soit de prouver le contraire. Voilà pourquoi, sans doute, Hugues Capet, qui, comme tous les vrais fondateurs de dynastie, connaissait les hommes et les choses, disait, au moment de mourir, à Robert, son fils, héritier de son trône : « Je t'adjure, au nom de la très-sainte Trinité, de ne jamais livrer ton cœur aux conseils des flatteurs. Que leurs louanges intéressées ne t'engagent point à leur octroyer les riches abbayes que je laisse en ta puissance. »

Et les paroles qui tombent de la bouche d'un mourant sur ceux qui restent dans la vie, doivent être regardées comme autant de jets de lumière.

Tous les grands hommes ont marqué des stigmates de la réprobation l'homme flatteur; et quand il semblait qu'il n'y avait plus rien à dire contre lui, Montesquieu est venu et lui a jeté ces paroles à la face : « Le flatteur est un esclave qui n'est bon pour aucun maître. »

Le flatteur est un traître, c'est un Judas. Il n'a pas de vertu; quand on abandonne la vérité, on ne peut plus avoir de qualités. Le flatteur est plus coupable qu'un faussaire, plus criminel qu'un assassin; car le faussaire vous laisse le droit d'appeler à votre secours les tribunaux, et l'assassin se présentant à vous comme un ennemi, vous pouvez vous défendre et lui faire payer bien cher sa tentative criminelle; mais le flatteur vous porte le coup mortel en cherchant à vous plaire. Cette conduite ne peut avoir de nom que dans la langue des démons, et le Père Massillon s'étonne que nos lois pénales n'aient pas atteint les langues adulatrices.

Voilà donc ce que produit la flatterie : le

triomphe des passions qui bouleversent l'âme et perdent les États.

VII.

A cette terrible fin de la ruine des peuples plusieurs causes contribuent, nous venons de le voir; mais celle dont je veux parler ici suffirait pour briser les empires les plus fortement constitués : c'est le *sensualisme*.

Le sensualisme, c'est la poursuite du plaisir des sens. D'une manière plus restreinte, le sensualisme, c'est la déification de la chair, le culte de la matière.

Considéré sous ce dernier rapport, il s'est identifié avec la société; il pourrit presque tous les cœurs de sa puante haleine; tout est Gomorrhe, tout est Sodome. Le riche s'est fait épicurien; il a enseigné la souillure au pauvre, et le pauvre s'est corrompu. Le libertinage de l'esprit, celui du cœur et celui du corps sont les tout-puissants despotes du monde. Des yeux dont le regard devrait être la traduction d'un intérieur noble et limpide, ne lancent, quand ils sont libres, que des rayons lascifs; des lèvres qui devraient être pures comme des feuilles de rose fraîchement écloses sous le souffle du vent de la montagne, proferent à chaque instant des discours qui corrompent les bonnes mœurs; tout le corps, ce chef-d'œuvre de la création, destiné à être le tabernacle de la divinité même, n'est qu'un instrument de débauche.

Les jeunes enfants ont perdu la robe de l'innocence, en même temps que la robe des premiers ans ; le jeune homme est expert dans les voies de la perversité, et l'âge engagé dans la société a souillé la plus belle des harmonies de Dieu : il a profané les liens les plus divins, les fins les plus sacrées. La vie humaine est une vie de dévergondage, une vie de fange. J'ai entendu l'âge courbé et décrépit, l'âge édenté et balbutiant, faire l'éloge de l'adultère ! Je l'ai vu baver des baves de volupté, lui qui aurait dû pleurer de grosses larmes de repentir, et pousser des cris de douleur retentissants comme les rugissements d'un lion la nuit au fond des forêts. J'en ai connu que le nom de pudeur faisait rire de pitié.

L'art lui-même est devenu sale ; l'art s'est fait impie : le pinceau et le crayon se sont rendus ignobles. De malheureux singes du talent, incapables de parler à la pensée un noble langage, cherchent tous les jours à porter les sens à la révolte. Et de là toutes ces immondes estampes que jai vues dans les grandes cités, placées sous les regards de l'enfance, des jeunes gens, des jeunes personnes, des femmes et de leurs maris.

L'intelligence se nourrit de la littérature la plus dégoûtante ; la sensibilité se repaît des images les plus impures ; tout l'être humain se noie dans la dissolution. Le désordre moral a tout envahi ; ce sale poison est partout, on le respire avec l'air ; le monde est un bourbier.

Oui, le siècle est salé, et toute l'eau de nos rivières ne saurait le laver. Et tous ceux qui considèrent le sensualisme dans ses effets, s'arrêtent, tremblent et frémissent maintenant.

Ce détestable vice vient de l'oisiveté, de la bonne chère, des mauvaises lectures et des mauvaises fréquentations.

On le trouve plus souvent dans l'opulence et dans la fainéantise, dans ceux qui se livrent aux mets délicats et aux vins recherchés ; rarement dans la demeure du pauvre, où la table est petite et simple, où chaque meuble est un instrument pour le travail. Et il en a toujours été de la sorte. Pline l'Ancien dit dans le dix-huitième livre de son histoire naturelle, que la classe des agriculteurs produit les hommes les plus braves, les soldats les plus actifs et qui pensent le moins au mal.

Et voilà pourquoi les anciens appelaient la paresse une porte par laquelle entrent tous les vices, et le travail la sauve-garde de toutes les vertus.

Ce vice vient des mauvaises lectures. Des écrivains impurs consacrent leur talent et leur temps à donner les couleurs du vrai et de l'honnête aux plus irréligieuses maximes, aux plus anti-sociales

7.

doctrines, aux plus révoltantes horreurs. Teintu-
riers de mauvaises actions, vos discours s'élèveront un jour contre vous, et la demande de votre
condamnation sortira de vos propres écrits. Le
sensualisme vient des mauvaises compagnies que
l'on fréquente. Que de jeunes gens, que de jeunes
personnes, que d'hommes et que de femmes qui
seraient parfaits, s'ils n'eussent entendu que d'honnêtes paroles, et qui ont aujourd'hui un pied sur
le bord des enfers, parce que dans des entretiens
particuliers, on a fait entendre à leurs oreilles des
propos libres, des discours indécents !

Eh bien, de tout cela la mesure est pleine, elle
surabonde. Que va-t-il arriver ? Ce qui arrive aux
peuples corrompus. Un coup terrible sera frappé
par celui qui règne là-haut ; et ce coup sera suivi
de cris que rien ne calmera, de larmes qu'aucune
main ne viendra essuyer.

C'est dans la raison divine, car le Seigneur a
dit : « La terre est infectée de la corruption de
ses habitants ; à cause de cela, ma malédiction dé-
vorera la terre. » C'est dans la raison des choses,
car dans l'ordre des êtres, la corruption est toujours un signe certain de destruction et de ruine.

C'est dans l'expérience offerte par les traditions
sacrées. Les villes de la Pentapole regorgeaient de
richesses ; elles étaient brillantes de beauté, elles
étaient pleines de mouvement et de vie ; mais leur
sensualisme allait croissant, et un jour les vapeurs

de ce pus s'élevant jusqu'à Dieu, le ciel lança sur ces peuples coupables cette pluie de feu et de souffre qui transforma des cités criminelles en un immense lac, dont le nom même atteste encore la malédiction. Que les peuples soient malheureux par suite de leur dissolution, c'est ce que confirment les annales de tous les États. Tant que les Romains furent austères dans leurs mœurs, les Romains furent un peuple de héros ; ils se lancèrent à la conquête du monde, et le monde fut conquis. Mais quand ils eurent perdu la pudeur, ils se laissèrent charger de chaînes, maltraiter, et ils ne furent plus, entre les mains de leurs débauchés tyrans, qu'un immense troupeau de stupides esclaves, incapables de rien de grand et d'honorable.

La mollesse de Sardanapale et la corruption de ses sujets conduisirent ce prince à se suicider, et firent du plus vaste empire qui eût encore existé, trois États, qui se combattirent sans cesse, et versèrent des fleuves de sang avant que Cyrus les réunît sous un seul sceptre. C'est ce vice qui a livré l'Espagne, dans le viiie siècle, à toute la fureur des Arabes ; c'est lui qui a fait immoler des millions d'hommes, c'est lui qui a planté l'étendard du prophète aux pieds des Pyrénées.

Pendant plusieurs années, je me suis occupé d'études historiques, et je déclare que, dans le bouleversement des États, je n'ai pas trouvé une seule nationalité périssant faute de codes, par suite de manque de chartes, mais toutes faute de morale.

Pour qu'un peuple puisse vivre à l'état de peuple, c'est-à-dire dans l'honneur et dans la force, il lui faut le courage et l'esprit des sacrifices. Or, les nations corrompues sont incapables de ces deux grandes choses : des êtres énervés et avilis par les plaisirs, des êtres devenus terre, masse de pourriture marchant sur deux jambes, ne seront jamais propres à s'élancer à de hautes conceptions, à d'extraordinaires œuvres.

Pour qu'un peuple s'élève à cette atmosphère de puissance et de renommée, dans lesquelles les nations doivent chercher à se placer, il faut souvent et presque toujours des privations, des fatigues et des souffrances de plus d'une espèce de la part des citoyens. Mais un homme croyant que le bonheur est dans la satisfaction des sens, et regardant conséquemment la privation des sensations comme le souverain mal, quel devoir, quelle vertu, quel acte honorable voudra-t-il pratiquer, s'il ne peut pratiquer sans se mettre en opposition avec ses sens ? Aucun ; c'est évident. Convenons-en donc, comme la fumée chasse les abeilles, le libertinage chasse toutes les bonnes pensées. Nulle honte, nulle infamie ne retiendront l'homme dans la recherche de ce que le sensualisme demande. Il trahira son ministère, il vendra la justice, il

perdra son rival, il sacrifiera sa fortune, il immo-
lera sa santé, il jettera sa réputation à tous les
vents, il trahira sa patrie, et il sera le premier à
incendier son pays. « Les citoyens corrompus, dit
le chevalier de Jaucourt, sont toujours prêts à
déchirer la société, en excitant les troubles et les
factions si contraires au bien public. »

Pour qu'un peuple garde une place honorable
sur la liste des États, il lui faut des chefs qui le gou-
vernent dans des sentiments de justice, de douceur,
de paternité, de bon vouloir, d'affection. Mais des
chefs sensuels ne seront jamais que des chefs
cruels, des maîtres scélérats. Chez les Tibère, les
Caligula, les Néron, les Henri d'Allemagne, les
Henri VIII d'Angleterre, et les Louis XIV en
France, l'impudicité fut toujours accompagnée
d'hypocrisie et de cruauté. « Plus les maîtres sont
dissolus, dit Virey, plus ils exigent de servitude. »
C'est dans la nature du sensualisme. Aussi Jean II,
roi de Portugal, prince accompli sous tous les rapports, dit, en apprenant la mort de son fils unique : « Ce qui me console, c'est qu'il n'était pas
propre à régner, et que Dieu, en me le prenant,
montre qu'il est le Dieu de mon peuple. » Son fils
était gâté, corrompu ; il était sensualiste.

Et voilà encore ce qui a fait dire à saint Augustin, dans le livre de la *Cité de Dieu*, que l'homme
est, par sa nature, fait pour la société, mais que
la corruption le rend insociable.

Donc, et vous le voyez, le libertinage tue infailliblement les nationalités, en immolant les générations à venir à de vaines jouissances, en vieillissant,
en énervant le génie et la valeur dans la race humaine, en tarissant dans l'être humain la source
sacrée des plus fortes vertus.

Mais, mon Dieu, les faits sont là, on ne peut pas
les révoquer en doute. Carthage, qui avait con-
trebalancé les destins de Rome, ne tomba que
parce que ses citoyens étaient corrompus. Quand
Jenséric se présenta pour faire le siége de cette
ville, il en trouva tous les habitants noyés dans le
sensualisme. Et quand le colosse Romain, qui depuis tant de temps pesait sur le monde, fut renversé, la doctrine d'Épicure contribua plus à sa
chute que toutes les armées de Lombards, d'Hé-
rules et de Goths. Et voilà ce que le sensualisme
va produire sur la France, si la France ne revient
à des sentiments de correction et d'austérité. Les
esprits sales et les cœurs gangrenés se moqueront
de ce que j'écris. Hélas ! quand j'ai dit autrefois
qu'on était criminel, qu'il fallait du repentir, des
pleurs et de l'immolation ; que la hache de l'ange
exterminateur était à la racine de l'arbre, que l'arbre allait tomber.... de pitié on a haussé les épaules bien haut par-dessus la tête. Mais qu'est-il
arrivé ? la sécheresse a rendu les terres arides ; elle
a tué l'espérance du laboureur dans les entrailles
des sillons ; une nouvelle calamité a suivi la pre-

mière, et un troisième malheur est venu frapper
de plus terribles coups encore. La mort s'est abat-
tue sur des maisons qui ne l'attendaient pas. Ici,
elle a renversé le père, soleil de la famille ; là, elle
a frappé la mère, véritable lampe de vie ; plus loin,
elle a jeté son suaire sur le front de la jeune fille,
vierge de la plus riche espérance ; et ailleurs, elle
a fauché le jeune homme, qui s'élevait au milieu
de ses sœurs et de ses frères, comme un beau lis
dans la vallée s'élève au milieu d'une belle famille
de fleurs.

Aujourd'hui, les peuples et les grands s'aveuglent et s'amusent dans leurs désordres. Ils disent
tous : « Faisons ceci, et nous aurons le bien et la
science ; faisons cela, et nous vivrons. » Et je vous
dis, moi : Vous êtes esclaves du sensualisme, et
vous mourrez ! ! ! Vous pouvez encore faire les
Phylonides et me jeter la bouffonnerie ; vous serez
applaudis avec de grands éclats de rire par ceux
qui vous ressemblent ; mais une voix criera dans
les airs ce que Posthumius Mégellus faisait entendre dans l'assemblée des Tarentins : « Riez bien
maintenant, dans peu vos rires se changeront en
pleurs, et vos taches seront lavées dans votre propre sang. »

Je sais un tas de ricaneurs et de plaisants de
mauvais goût qui diront que je suis exagéré, et
que ce que je dis peut jeter le trouble dans les
esprits. Myopes en fait de raison, cœurs et cer-

veaux étroits, je dis ce que disaient les prophètes dans des circonstances semblables. A cause de vos corruptions, vous tomberez sous le joug de chefs corrompus ; le peuple sera en tumulte ; l'homme s'élèvera contre l'homme, l'enfant se révoltera contre le vieillard, le frère contre le frère, chacun contre son semblable, et ceux qui sont au dernier rang s'élèveront contre les hommes qui sont aux emplois les plus élevés. Ce que je dis est pris du chapitre III du prophète Isaïe ; et il voyait, lui, par l'esprit de Dieu, dans le futur des siècles, ce que nous voyons maintenant, nous, des yeux du corps.

Oui, on verra encore des routes couvertes de femmes attachées avec des colliers de fer au cou ; des hommes enchaînés courront attachés à la queue d'un cheval ; des malheureux seront entassés pêle-mêle sur la paille pourrie au fond des noirs cachots, et ils y seront en proie à la vermine et à l'air corrompu.

Irritez-vous et blâmez ces prédictions, vous qui ne voulez pas que l'on parle la langue qui combat la mollesse ; mais souvenez-vous que bien souvent le marin n'annonce la tempête, que parce qu'il entend gronder la foudre.

Oui, il va venir un moment où, à cause de ses souillures, la terre sera frappée. Le riche ira mendier, et le pauvre mourra de faim. Le premier sera châtié à cause de son sensualisme, et le second sera frappé parce qu'il aura imité le premier.

Mais, va me demander quelqu'un, où iront donc
alors les richesses du monde ? — Dans ce jour, le
Dieu vengeur des bonnes mœurs méconnues en-
verra des hommes rapaces, et ces hommes aux entrailles dures s'empareront de ces richesses, et ils
les garderont comme le tigre garde sa proie. L'indigent passera devant ces biens que l'on lui pro-
mettait ; il voudra s'arrêter pour contempler cette
fortune, mais le terrible gardien lui lancera un
rayon de sa brûlante prunelle, et le mendiant tout
effrayé s'en ira en tremblant ! Et cet état durera jusqu'au moment que le ciel aura choisi pour renverser les nouveaux possesseurs. Cela s'est vu, et
cela va se renouveler, si la France ne revient à des
sentiments plus religieux et plus pudiques. Si le
grand tonnerre n'a pas encore grondé, c'est que
Dieu est patient ; et s'il est patient, c'est parce qu'il
est éternel ; et s'il est éternel, l'effet de sa justice
ne peut qu'être différé.

Je ne prétends pas sans doute, dirai-je ici avec
Donoso-Cortez, que je vais citer presque mot à mot
en cet endroit : — je ne prétends pas contester à
Dieu le droit ou le pouvoir de faire des miracles.
Je sais, comme tous les chrétiens, que tout est
possible à la bonté, que tout est facile à la puissance de celui qui a créé l'homme et qui l'a ra-
cheté ; je sais que le gouvernement de la justice
suprême et de la suprême miséricorde auquel les
peuples n'échappent point, a aussi ses coups d'état

que ne prévoient ni n'empêchent nos vaines conceptions. Je sais qu'une âme juste peut désarmer la colère qui se rit de la sagesse des sages et de la force des forts. Mais tout cela fait-il qu'il n'y ait pas une science des choses, et j'ose dire une science de Dieu, dont les données, aussi sûres qu'une opération d'algèbre, permettent d'annoncer à l'avance les destinées des sociétés humaines? Le médecin est au lit du malade ; il dit : ce corps est blessé de telle et telle façon ; voici les lésions, voici les plaies. On a essayé tels et tels remèdes qui l'ont jusqu'à ce moment soutenu ; il en a refusé tels autres qui l'auraient sauvé ; maintenant, l'art n'y peut plus rien : la maladie est incurable ; le corps tombe en pourriture ; il mourra. Le médecin dit vrai. Dieu, néanmoins, peut intervenir et dire au malade : « Lève-toi et marche. » Il peut faire plus ; il peut aller jusqu'au tombeau fermé depuis quatre jours et rendre la vie au cadavre déjà décomposé. Néanmoins, ceux qui accompagnaient le Sauveur au tombeau de Lazare n'avaient pas tort de lui dire : « Seigneur, il est mort; » car il était réellement mort. Et il faut remarquer que si Jésus a ressuscité Lazare, son ami, il n'a ouvert qu'au larron repentant les portes de la vie éternelle, et ne les a ouvertes qu'après l'expiation de la croix.

Se plaçant au chevet de la société moribonde, l'homme habitué à méditer peut donc aujourd'hui prononcer sur elle les conclusions de la science humaine et celles de la science divine. Et il peut dire : Les moments sont venus, la science des hommes est à bout d'expédients qui vous fassent vivre ; Dieu maintenant est votre unique ressource : priez-le. La misère où il vous réduit est peut-être l'indice qu'il se prépare à vous sauver ; invoquez-le, c'est le plus sûr, soit pour vivre, soit pour mourir.

Reconnaissons donc que l'immoralité rend les États brutes, cannibales, et finit par les tuer. Sortons de notre sommeil de désordre, et craignons le Dieu de la justice et des vertus. Un vaisseau périt, même en temps de calme, si le pilote s'endort ; mais il peut échapper au naufrage, même dans une nuit d'affreuse tempête, quand le pilote se tient sur ses gardes.

Après avoir traité du vice des sens physiques, je vais parler des maux du sens moral ; je vais faire le portrait des douleurs du cœur, véritable cause de perdition pour les peuples.

VIII.

Bien des fois j'ai écrit et parlé sur ce sujet, et, malgré la stérilité de mon génie, je ne me suis jamais répété. Ah ! c'est que malheureusement la matière est toujours bien abondante, et elle l'est aujourd'hui plus qu'elle ne l'a jamais été.

Maintenant, l'être humain gémit sous le poids

de la douleur, comme la tourte de raisins gémit sous la poutre du pressoir. De l'aurore au couchant, du fond du nord jusqu'aux dernières terres du midi, tous les sexes, tous les âges, tous les états et toutes les conditions sont dans des épreuves plus terribles que les chaudières d'huile bouillante dans lesquelles les tyrans précipitaient les martyrs. Oui, partout la créature humaine gémit en public et en secret.

Un jour, Marie Tudor tomba dans une mélancolie profonde, et le 17 novembre 1558, elle succomba au mal dont elle était atteinte. Dans ses derniers moments, elle criait: « On n'a pas connu mon mal ; si l'on veut le savoir, que l'on ouvre mon cœur, que l'on ouvre mon cœur. »

Hélas ! que de morts dont on ne connaît pas la cause, que de cœurs qui, si on les ouvrait, présenteraient écrits en grosses larmes et en traits de feu et de sang, des phénomènes que l'univers admirerait, mais que la voix de l'univers ne saurait exprimer !

J'ai considéré l'être humain, je l'ai suivi de l'œil, et je l'ai entendu s'écrier :

« Ce n'est qu'à la condition d'une épouvantable souffrance que le cœur jouit en ce monde de quelques moments de félicité. Que d'orages terribles qui roulent dans ses profondeurs ! Un grand désert s'est fait dans le fond de mon intérieur; la foi en l'humanité m'a été enlevée, l'espérance a disparu :

et qu'est-ce qu'une charité qui n'a pas la foi pour
sœur et pour frère l'espoir ! Pauvre cœur, tu passes
par des secousses qui t'ébranlent, par des élance-
ments qui te déchirent et par des renversements
qui te brisent.

« La nature, ce beau livre de Dieu, autrefois
source de tendres jouissances et d'extatiques élans
pour moi, n'a plus de poésie. Tous les radieux
joyaux semés sur les plis de sa robe sont tombés
ou ont été salis. Les gouttes de rosée dans lesquelles,
en d'autres temps, je ne voyais que les perles d'un
collier, ne sont maintenant que des larmes. Les
fleurs entr'ouvertes, qui étaient autrefois le symbole des plus belles vertus, des plus doux sentiments, ne représentent plus qu'un cœur déchiré !
Le vent qui soufflait jadis sur ma tête, était un
messager céleste, venant de loin, portant dans chacun de ses souffles une nouvelle heureuse, un véritable accent de vie; mais celui d'aujourd'hui n'est
plus qu'un sinistre courrier, porteur d'un message
de mort. La lumière, qui m'était si douce, pour moi
n'a plus de charmes, et mon œil, qui se plaisait
tant à regarder le soleil, reste maintenant sombre
et fixé sur la terre. Les saisons elles-mêmes, que
je trouvais autrefois si riches en suaves pensées,
ne me disent maintenant plus rien. Je trouve que
l'automne ressemble à l'hiver, et que tout le printemps se convertit en été brûlant qu'aucune pluie
bienfaisante ne viendra rafraîchir.

« Ah ! si, dans l'antiquité, les cygnes mouraient avec plaisir et en chantant, c'était parce que, doués de la connaissance de l'avenir, ils prévoyaient ce que la mort avait de bon.

« Il semble vraiment qu'une puissance supérieure passe dans les airs, tenant dans ses mains la coupe des angoisses, la déversant sur les natures les plus riches, sur les âmes coloriées des flammes les plus divines. On est libre de ne pas entrer dans une route qui conduit d'une ville à une autre ; mais une force invisible saisit toute créature, la pousse dans la voie de la douleur et la contraint d'y marcher ; bon gré, mal gré, il faut qu'elle la suive toute : si ce n'est le matin, c'est à midi ; et si le milieu du jour s'écoule calme et serein, l'orage éclate sur le soir. Aussi, je regarde d'un œil de pitié ceux qui se livrent aux jeux et aux banquets, à la joie et aux plaisirs, et ne les considère que comme des victimes qui s'engraissent pour le jour d'une grande immolation.

« Malades de maladies morales, allez à Luchon et à Bigorre, à Saint-Sauveur et à Cotterets, vous pourrez trouver une fin à la douleur de vos bras et à celle de vos jambes, et revenir avec un sang renouvelé, mais, nulle part, vous ne trouverez le calme aux tiraillements de votre cœur. Les monts pyrénéens renferment dans leur sein des eaux qui refont les corps qui s'éteignent, mais, sur leur crête, j'ai vu les plus grandes douleurs mo-

rales, inconsolables dans leur malheur, se traîner
çà et là sans espérance de guérison.

« Pour moi, je ne considère que les tiges flétries,
parce qu'elles sont l'image de mon âme ; je ne
m'arrête que devant la feuille que le vent emporte, parce que cette fille des bois est errante
comme moi.

> « Quand je reçus la vie au milieu des alarmes,
> Et qu'aux cris maternels répondant par mes larmes,
> J'entrai dans l'univers escorté de douleurs,
> J'y vins pour y marcher de malheurs en malheurs.

« Je suis dans les besoins inquiets ; mes aspira-
tions de souffrances sont nombreuses comme les
gouttes d'eau de l'océan ; mon rire est toujours
mouillé de larmes !

« J'ai été en quête du bonheur, je l'ai appelé, et
mes yeux se sont lassés à force de regarder. Mon
corps se courbe vers la terre, mais mon âme
habite les plus sublimes régions de la douleur.
J'ai plus de nuages sur mon esprit que je n'en ai
sur mon front. Plus corrosive que l'arsenic, une
peine ronge mon cœur jusqu'au dernier tissu ;
le tourment que j'endure est semblable à celui
que cause le scorpion par sa piqûre. O vous tous
qui m'avez connu, si poignantes que soient vos
peines, elles n'égalent pas les miennes, et si
plaintif que soit votre gémissement, il ne sera
jamais aussi douloureux que le mien.

« Le jour, la nourriture que je prends me devient dégoûtante, et les réjouissances que je vois me sont douloureuses. Ma distraction, c'est le travail, et mon repos la lassitude. Mes nuits d'été sont longues comme mes nuits d'hiver, et les avenues qui conduisent le sommeil sont toutes fermées pour moi.

« Mon âme, garde le silence ; mon cœur, roule-toi sur toi-même. Pourquoi parler à ceux que tu rencontres sur ta route ? Le bêlement de l'agneau ne touche pas le boucher, le cri du matelot est impuissant devant la tempête. Le rocher du rivage repousse la vague timide qui vient s'incliner et mourir à ses pieds. Oh ! oui, garde le silence, car les paroles qu'on t'adresse ne trahissent aucune émotion intérieure.

« Bientôt arrivera pour moi l'heure dernière ; bientôt une respiration lourde soulèvera péniblement ma poitrine ; autour de mon chevet je chercherai des regards que je ne trouverai pas ; dans le vide je tendrai une main que personne ne prendra, et, dans l'affreuse consolation que ma mort ne sera un sujet de peine pour personne, je mourrai seul, tout seul, et inconnu. »

J'ai été sur une nouvelle terre, et j'ai trouvé un nouveau fiancé de la tristesse, qui m'a dit en répandant sa douleur :

« Je sèche, je languis au milieu des alarmes ;
Je me nourris de fiel, je m'abreuve de larmes ;

J'invoque le sommeil, et le sommeil me fuit :
Mon œil, blessé du jour, voit à regret la nuit.

« Pilote dégoûté de la mer, quand pourrai-je dresser ma tente à une grande distance du rivage !

« Le bonheur passe sur la terre comme le soleil au firmament lorsque les nuages sont en grand nombre ; il nous sourit un instant et il se cache aussitôt sous un voile obscur. J'ai vu un enfant appuyé sur le sein de sa mère, tout inondé des rayons d'amour qui tombaient des yeux de cette compagne de l'homme ; j'admirais le bonheur de l'un et celui de l'autre, et la mort avait déjà moissonné cette fleur naissante et porté le plus terrible coup à la tige.

« Jeune fille, que vos couleurs si belles et si riches ne vous flattent point : il tombe plus de fleurs qu'il ne se cueille de fruits ; il s'arrache plus de jeunes plantes qu'il ne s'abat de vieux arbres ; on enterre plus d'enfants que de vieillards : le premier mort fut un jeune homme. La mort ne se laisse pas vaincre par les charmes de la jeunesse ; elle fauche les plus belles roses comme les plus insignifiantes herbes des champs.

« Mon âme est dans un découragement sombre, dans un vide effrayant ; mon humeur, naturellement gaie, est devenue mélancolique. Il n'y a plus pour moi de sentiments doux, il n'y a plus d'espérance radieuse. Dans mes songes, les anges au front riant, aux ailes diaprées ne viennent plus. Pour moi, que

8.

de projets non-accomplis, que d'espérances déçues!
Ma vie sera toujours agitée; toujours mon âme sera
brisée par la douleur. Mes forces m'ont abandonné;
mon cœur se roule sur lui-même, et il me cause les
plus incroyables tourments! Sur tous mes os, je
sens un froid semblable à celui que causerait une
barre de fer! Ma bouche, la nuit, est desséchée et
brûlante, mes yeux sont tout noyés par les pleurs,
et le jour, toute société me déplaît et la solitude
me tue. Certains souvenirs montent mon âme
comme l'artiste monte sa harpe, et alors mon âme
donne des sons qui attendriraient les bêtes des déserts, qui feraient verser des pleurs aux tigres dans
le fond de leur antre. Alors je dis à mon Dieu:
Quand verrai-je le terme de mon sort? Oh! heureux
les habitants de la poussière, ceux qui dorment
dans la sépulture! Ils sont dans un repos profond,
et moi, Seigneur, je suis sur un grabat que j'arrose
de larmes; je veille, je languis, je soupire, je pleure.
Seigneur, tout repose, mes yeux seuls sont ouverts!
Seul je pousse des cris. Ah! tendez-moi la main.
Auriez-vous écrit dans votre livre de là-haut, que
je dois passer une vie de tristes jours dans la vallée
des larmes?

« O mort! je t'invoque; viens, tu seras le vaisseau qui me fera toucher au rivage tant désiré! tu
seras le char d'Élie qui me portera de cette terre
jusqu'au ciel.

« Ah! je ne souhaite pas la grandeur; sur les hauteurs la tête tourne, on tombe, et la chute est terrible. Je ne souhaite pas la jeunesse, je vois bien que le fruit vert a des insectes qui le rongent ; je sais bien que le bouton qui est encore fermé, a des épines comme la rose épanouie.

« Je souffre de toutes souffrances, parce que j'ai cru à la justice, parce que j'ai voulu laver mes mains parmi les innocents. Pour cela, tout le long du jour, j'ai été battu par la douleur, et chaque matin j'ai vu recommencer ma peine. Cœurs vertueux, quelque heureux que vous soyez aujourd'hui, vous aurez bientôt un sort semblable au mien ! car, comme il n'y a pas de flamme si claire qui n'ait sa fumée, il n'y a pas de position si pompeuse qui n'ait ses agitations ; comme les mites s'attachent aux plus riches étoffes, les soucis travaillent les plus belles âmes, les chagrins rongent les cœurs les plus nobles. »

Plus loin, j'ai prêté l'oreille et j'ai entendu un troisième patient qui troublait le silence des solitudes par ces lugubres paroles :

« Je pleure, et mes ennemis sont dans la joie ; je porte des habits de bure, et ils portent les tissus de fine soie ; je suis dans les ténèbres, et ils marchent au grand soleil et aux mille flambeaux.

« Je suis travaillé par des douleurs épouvantables ; mon esprit a été brisé par la tristesse, mes os ont été consumés par l'amertume. Des flèches empoisonnées m'ont percé de tous côtés ; mon âme

en a sucé tout le venin, et mes ennemis m'ont déchiré dans leur colère. Toutes les frayeurs se sont
rangées en bataille contre moi; mes jours sont des
jours d'affliction et d'angoisses, et mes nuits, des
nuits de gêne et de tourments. Je suis comme le
condamné sur la roue, comme le martyr sur le
brasier ardent: un feu me dévore, un ver me ronge.
Hélas! combien de fois le jour me suis-je retiré
dans le silence pour pleurer; combien de fois la
nuit ai-je arrosé mon lit de mes larmes !

« Et dans ma grande détresse, dans ma nécessité
pressante, dans mes combats violents, je suis des-
titué d'assistance. J'ai le cœur fendu et les entrailles
déchirées; ce qui me reste de vie n'est plus qu'une
langueur. Que le soleil se lève ou qu'il se couche,
je suis toujours dans les ténèbres; que le printemps embellisse la campagne ou que l'automne
la dépouille de ses grâces, je suis enveloppé dans
le deuil comme le mort dans son drap funéraire.
Le malheur s'est abattu sur moi avec plus de vitesse
que l'aigle dans les airs ne s'abat sur sa proie; il
m'a poursuivi sur les montagnes, et il m'a posé des
embûches dans les déserts. J'ai mangé des fruits d'a-
mertume et j'ai bu de l'eau d'angoisse; j'ai rencon-
tré plus de ronces que je n'ai trouvé de fleurs. Ceux
qui devaient m'encourager au milieu de mes travaux m'ont rendu le fardeau pesant; ils sont venus
près de moi pour affliger mon cœur. Ils devaient
être la cause de ma plus grande joie et de mes douces

consolations, et ils sont devenus le sujet de mes tristesses les plus profondes et de mes ennuis les plus cuisants. Ma vie n'est qu'une nuit. Du fond de cette nuit, je crie sans cesse ; le temps me dure, il me tarde que l'aube paraisse : *Custos, quid de nocte?*

« Comme une vague en pousse une autre, une douleur pour moi n'est pas plus tôt passée, qu'une douleur nouvelle me menace. Toutes sortes de flots passent sur ma tête, toutes sortes d'orages éclatent dans mon intérieur. Comme les étincelles s'élèvent pour s'éteindre, je suis né pour pleurer et pour mourir. Eh ! que je meure donc ! mes jours ne sauraient être trop courts. J'ai assez vu les saisons se renouveler et le monde rouler autour de moi. Je ne suis plus que comme un navire à l'ancre : que le vent vienne et je partirai. Je ne suis plus que comme un soldat qui attend le signal du combat : que la trompette sonne, et je volerai à la mort, comme le héros vole à la gloire. Hélas ! que pourrais-je faire ici-bas ? Ici, chaque chose a ce qu'il lui faut ; mais moi, tout me manque ! Les fleuves ont leur lit, les arbres leurs racines, le cormoran l'onde des mers, et l'aigle altier la neige des grandes montagnes ; et moi, pour vivre de la véritable vie, je n'ai rien.... Et pour cela, oui pour cela, la mort avec son voile hideux et son lourd manteau de ténèbres, la mort est pour moi la messagère porteuse des plus heureuses nouvelles ! »

Or, ce déchirement moral, état d'une multitude d'âmes d'élite, a les suites les plus alarmantes; car dans cette position on se laisse aller au découragement, au dégoût de tout; on n'est plus capable de rien de grand. Le dévouement et l'immolation sont des plages qui paraissent intraversables, des monts que l'on se croit incapable de gravir. On ne s'estime tenu à rien envers l'humanité, parce qu'on a perdu la foi en elle. De là les scandales affreux, les morts lentes. On arrive au bord d'un précipice, on glisse, la vie de la vie disparaît, et l'on est mort quoique vivant. On est tombé dans le vague et indéfinissable ennui.

IX.

Ce sujet est plein d'importance et d'intérêt, et l'on peut le regarder aujourd'hui comme une des plus terribles plaies qui rongent l'ordre social.

Comme à certains symptômes physiques, le médecin dit d'une manière sûre l'état de la santé du corps, à certains symptômes d'un autre ordre, le moraliste dit infailliblement l'état des vertus et des vices, l'état de calme et de tempête dans le monde de l'âme. J'ai examiné ces symptômes, et j'ai vu qu'un grand ennui faisait le fond de l'être humain, et j'ai dit : Malheur à la société, parce que l'ennui tarit la sève de tous les principes sociaux.

Il y a dans les replis intérieurs d'une immense multitude un effroyable penchant à changer de sentiments et de conduite sur le pays qu'on habite et l'emploi que l'on a, sur les amis qu'on s'était faits et les lois que l'on s'était données, sur Dieu qu'on a servi et sur la vie que l'on tient de lui.

Les uns s'ennuient du pays qu'ils habitent : les eaux qu'ils ont trouvées cristallines leur paraissent bourbeuses ; les plaines qui leur inspiraient les plus larges pensées leur font mal à la vue ; les vallées silencieuses, dans les contours desquelles ils trouvaient les plus suaves rêveries, ne leur paraissent plus que des abîmes perdus, où l'on n'entend que le vent de la tristesse ; le ciel à l'horizon si vaste qui, le soir, leur paraissait si poétique, ne leur semble plus qu'un grand voile de plomb qui pèse sur leur tête. A les en croire, l'air qui les environne ne vaut plus rien pour leurs poumons : il faut aller rester ailleurs.

Remarquez bien, je vous prie, que je ne fais pas ici le procès à une femme qui quitte le lieu de sa naissance pour aller au pays qui a vu naître son mari, car cette femme va chez elle. Elle, c'est son époux, et son époux c'est elle : ces deux êtres n'en font qu'un. Pour la même raison, je ne parle pas de cet homme qui quitte le pays témoin des jeux de son enfance, pour aller habiter aux terres de sa femme ; car ce voyageur nouveau se dirige chez lui. En agissant ainsi, il ne fait que ce qu'il

doit, puisqu'il a été dit par une bouche divine :
« L'homme quittera son père et sa mère pour rester
avec celle que le ciel lui aura donnée. » Je ne parle
pas non plus de ces fonctionnaires qui, par la nature même de leurs places, se trouvent dans l'obligation de lever les tentes de leur pèlerinage et d'aller les dresser ailleurs.

Je parle de celui qui, sans une nécessité rigoureuse, quitte le bord de ses rivières pour des rives
inconnues, ses anciens coteaux pour des coteaux
nouveaux, la paix de sa petite localité pour le bruit
des grandes villes.

Et je dis que cette tendance est, sous une infinité de rapports, une véritable cause de ruine;
l'attrait du sol et l'agriculture y perdent grandement. Cette tendance s'oppose aux liaisons entre
les familles, ou du moins elle les empêche de se
fortifier; et la vie morale se trouve alors sans
sève : l'arbre transplanté tantôt dans un endroit,
tantôt dans un autre, n'aura jamais de magnifiques fruits.

Il en est qui se dégoûtent de l'emploi qu'ils occupent; tous les postes sont admirables, le leur
seul doit nécessairement faire des malheureux.
Aussi rien de plus ordinaire que de voir le même
homme pratiquer d'abord une branche des connaissances, puis la quitter, pour en prendre une
autre, faire ensuite un éternel adieu à cette dernière, pour se livrer à l'exploitation d'une branche

nouvelle, et abandonner ensuite cette troisième pour en prendre une quatrième.

Ce mécontentement de son sort est un véritable malheur : par là toutes les traditions de famille se trouvent perdues, du moins quant à leur valeur réelle. Les connaissances des pères ne sont rien pour leurs enfants. Le père lègue quelques arpents de terre qu'il a achetés, et il ne peut léguer une idée qu'il a acquise, idée qui vaut plus que la terre, idée qui est sa propriété rigoureuse, idée qui est le produit du champ de son expérience, comme le fruit est le produit de l'arbre de son jardin. Et cette idée, qui eût été un principe sauveur pour une portion de l'humanité, personne ne l'aura peut-être après lui.

Et je rends ce que je dis sensible par un exemple : Un homme de l'art fait de la médecine pratique au milieu d'un pauvre peuple de la campagne. Par une longue série d'observations, il connaît le sang de chaque famille, l'influence des eaux dont elle s'abreuve, la nourriture dont elle fait usage, et les travaux auxquels chacune se livre; il a la clef de tous les secrets des âmes et n'ignore aucune des peines particulières que chacun peut avoir, et par là, dès qu'il entre chez son malade, il sait ce qu'il convient de dire et tout ce qu'il convient de faire.

Eh bien, si l'enfant de cet homme embrasse l'état de son père, longtemps avant de mourir, le

vieillard l'initie à toutes ses connaissances particulières, résultat de sa longue expérience; et ainsi
la localité a toujours un ami, un père, un secours
dans ses douleurs. Mais que, dégoûté de la science
qui enseigne à guérir les infirmités du corps, ce
médecin ait dirigé son fils vers la magistrature,
son savoir médical sera tout entier enseveli avec
lui. Un nouveau disciple d'Hippocrate vient prendre la clientèle de son prédécesseur dans cet endroit. Ce dernier est un homme plus qu'ordinaire,
plus qu'extraordinaire même : il résume en lui tout
le savoir des facultés de Montpellier et de Paris, il
connaît sur tous les cas l'enseignement des docteurs les plus célèbres. — Je ne puis lui faire une
plus large part. — Eh bien, avec ses vastes connaissances, il peut fort bien être inutile à ceux qui
auront réclamé le secours de son art, parce que
les maladies du peuple chez lequel il se trouve,
tiennent toutes à des causes de localité qu'il n'a
pas encore étudiées. Cet exemple fait, selon moi,
parfaitement sentir que le dégoût de son état dé-
place les vocations et rend nulles les grandes connaissances acquises.

Il y en a qui se dégoûtent de l'ami qu'ils possé-
daient, et d'autres qui ne veulent pas des lois qu'ils
s'étaient faites.

Des êtres extraordinairement nobles et aimants
ont senti leur main serrée par une main qu'ils ché-
rissaient, et d'une bouche qu'ils croyaient amie,

ils ont entendu ces paroles : Tant que les nuits ramèneront les étoiles, tant que les fleuves iront se jeter dans la mer, tant que le printemps fera naître des fleurs nouvelles, tant que les hivers dépouilleront les arbres de leur feuillage, et tant que le soleil se lèvera du côté de l'orient, ah ! comptez sur mes sentiments les plus tendres, sur mon amitié la plus vive.

Quelques jours se sont passés, et sur la page mystérieuse du serment ont été effacés tous les mots de la promesse. L'image que l'on disait devoir être indélébile a disparu ! Et celui qui disait, il n'y a que quelques jours : Je n'ai plus rien à demander au ciel, tant mon bonheur est grand, dit aujourd'hui : Je n'ai plus rien à demander au ciel, tant mon malheur est maintenant extrême ! Dans ma peine se trouvent toutes les peines ; quand mes ennemis voudraient me faire plus de mal, ils ne le pourraient : l'excès de ma douleur ne me laisse plus rien à redouter.

Mais de ce manque de foi, de cette inconstance, de cette infidélité dans les liaisons de la vie, sortent des agitations intérieures, qui sillonnent le cœur d'une manière plus profonde que les orages ne sillonnent la mer sur la côte d'Afrique ! Et de tout cela sort une suite d'effroyables malaises qui soulèvent, déplacent, ballottent et brisent l'individu, et ont les suites les plus funestes sur le bonheur social.

Il y a une autre espèce de caractères avides de changement ; et ceux-ci ne sont pas moins dangereux. Ce sont les novateurs audacieux, Apollons sur leurs trépieds, qui se considèrent tous comme des oracles infaillibles. Ils se croient les dépositaires nés de la vraie science, ne respectent aucune des institutions existantes, et veulent que toutes les belles traditions, qui ont fait la lumière, la gloire et la force de notre beau pays de France, ne soient qu'un tas de vieilleries qui doit s'effacer devant le soleil de leurs pensées. Ils voudraient chaque jour mettre à bas le grand édifice de la législation, et le remplacer par un édifice nouveau ; et pour établir leurs rêveries, ils mettraient le feu aux quatre coins du monde. Aussi le sol français gémit sous des montagnes de lois, de décrets et d'ordonnances ; il y en a sur le pour et sur le contre : il y en a pour tout. Et ceux qui ont mission de les expliquer, et ceux qui sont chargés de les faire exécuter, n'en savent ni le nom ni le nombre ! et chaque jour cependant nous en apporte de nouvelles !

Cette disposition des esprits doit être regardée comme une calamité digne de fixer l'attention des hommes sages. L'amour des innovations en matière de lois peut et doit être regardé comme un signe de décadence chez un peuple ; car il y a décadence quand il y a mépris de la loi, et les peuples perdent toujours le respect et l'amour des lois, quand ils voient qu'on les change si facilement. Dès-lors elles ne sont plus regardées comme le fruit du savoir et de la sagesse. Voilà pourquoi Isaïe a dit : La terre est dans les larmes, elle fond, elle tombe dans la défaillance, et le peuple est dans l'abaissement, et le monde périt, parce qu'on a changé le droit.

Et le peuple, en effet, qui aura le plus de lois sera toujours le plus malheureux ; car il sera celui qui aura le plus de préposés à l'exécution des lois, et partant le plus de fonctionnaires à salarier ; il sera celui chez lequel se trouvera nécessairement le plus de transgressions, et par conséquent le plus de châtiments à infliger. On peut dire qu'il sera le plus malheureux, parce que celui-là est le plus malheureux qui a les lois les plus imparfaites, et celui-là a les lois les plus imparfaites qui a les lois les plus nombreuses ; car quand les lois sont bonnes, elles sont en petit nombre : l'histoire est là pour le prouver. Les peuples soumis à la domination de Charlemagne étaient les *Romains,* les *Francs,* les *Allemands,* les *Bavarois,* les *Saxons,* les *Thuringiens* et les *Frisons,* les *Gaulois,* les *Burgondes,* les *Bretons,* les *Lombards,* les *Wascons,* les *Bénéventins,* les *Goths* et les *Espagnols !* Et le roi de l'Europe, comme on l'appelait alors, laissant survivre chez les différentes nations ce que le temps avait fait de bon, — avec quelques Capitulaires, — faisait fonctionner dans un cercle d'unité et d'harmonie tous ces peuples qui se trouvaient de l'Èbre à la Baltique, de l'Océan à la Theïs, et de la mer du Nord jusqu'au Vulturne!

Mais ce n'est pas tout : on se dégoûte de Dieu même. On oublie le jour de son baptême, et celui de sa première communion. Cependant, au souvenir du premier de ces sacrements, Constantin et saint Louis sentaient leur âme s'envoler vers le ciel; et à la pensée du second, Napoléon et le général Drouot se prenaient à pleurer! On oublie le jour de sa confirmation et celui de son mariage. Cependant le retour de ces grands jours jetait les premiers chrétiens dans des transports extatiques et inspirait des pensées d'une reconnaissance sainte à Philippe Dupin, bâtonnier de l'ordre des avocats de Paris. L'image de Dieu, dans d'autres temps, toute douce, souriante, émoussant la douleur, assoupissant les chagrins, n'est qu'un objet sans vertu, un objet mort, un néant.

Les processions et les prières publiques, la messe et les chants du soir, le dimanche, le confessionnal et la table eucharistique, qui, en d'autres jours, jetaient notre cœur tout entier dans le ciel et ne laissaient de nous que le corps sur la terre, ne sont plus que des signes devant lesquels nous restons sans élan, sans émotion, indifférents, insensibles, béants et hébétés! Et le ciel, le ciel lui-même, jadis doux objet d'espérance, de consolation et de joie, n'est plus qu'un vague se perdant par delà la région des nuages!

Et qu'arrive-t-il alors? Tout ce qui peut arriver de plus déplorable, de plus effrayant, de plus déchirant! La créature humaine tombe dans la tristesse, non pas dans cette tristesse, douce rêverie qui,

Sauvage et se cachant à la foule indiscrète,
Ne veut qu'un demi-jour dans sa douce retraite :

Oh! non, la tristesse qui vient de l'oubli de Dieu, du dégoût des choses de la foi, n'est pas cette mélancolie qui, pensive et laissant sa tête appuyée sur une de ses mains, fait d'un tendre souvenir un véritable jour de fête. La tristesse qu'enfante l'éloignement des choses de la foi est une tristesse profonde, qui épuise la moelle des os comme le soleil brûlant épuise les petits réservoirs des fontaines; une tristesse qui déchire le cerveau comme le lion affamé déchire sa proie; une tristesse qui ronge le cœur comme le ver ronge le vêtement, et la pourriture le bois; une tristesse qui dissipe la vie comme l'aquilon dissipe la pluie; une tristesse qui fait tourner l'être humain sur lui-même comme l'enfant fait tourner sa toupie.

Eh bien! vous le voyez donc, l'inclination à changer de pays, à prendre un nouvel état, à abandonner ses amis pour s'en faire d'autres, les anciennes lois pour s'en créer de nouvelles, et son Dieu pour suivre le monde et les passions, est une inclination malheureuse et radicalement anti-sociale et anti-chrétienne. Sous tous les rapports, ce mal est aujourd'hui bien grand, et il fait, nous ne pouvons en douter, de bien tristes ravages.

Et ce terrible fléau est soutenu et poussé par l'esprit des plus révoltantes utopies.

X.

Il n'est pas une absurdité possible qui, de nos jours, n'ait été dite par quelqu'un de ceux qui se disent philosophes! et il semble vraiment qu'il ait été réservé à notre époque de l'emporter en fait d'extravagances sur tous les temps anciens.

Il y a aujourd'hui en France une foule de systèmes, véritable honte de l'esprit humain, qui se disputent la société tout entière.

Dans cette grande cohue d'apôtres d'espèce nouvelle, chacun se regarde comme le sauveur de l'univers. Chacun promet à la pauvre humanité des plaisirs, des jouissances, un bonheur à côté duquel pâlirait tout le bonheur des anciens empereurs romains, quoique ces brutaux potentats possédassent le monde connu d'alors, et que le monde connu d'alors fût toujours disposé à s'incliner devant le moindre de leurs caprices.

A les entendre, on dirait que si l'on met à exécution leurs doctrines, les bêtes féroces ne seront plus malfaisantes, les fleuves ne sortiront plus de leurs lits ; que l'air sera toujours tempéré ; que dans les nuées il ne se formera plus de grêle, et que l'hiver n'aura plus de rudesse.

On a dit que les utopistes modernes n'étaient pas les inventeurs de leurs doctrines, que les pères de cet enseignement étaient les Esséniens et les Thérapeutes d'Égypte. J'ai examiné cette question, et je ne partage pas cette façon de voir.

Les anciens dont on parle étaient des hommes désintéressés, vaquant presque continuellement à la prière, et travaillant pour leurs frères. D'après ces données, je ne vois pas quel est le point de contact entre les Esséniens, les Thérapeutes et les réformateurs du jour. Mais Muncer et Storek à la tête de quarante mille hommes, mettant tout à feu et à sang en Allemagne, n'enseignant en dernière analyse que ce que les prétendus régénérateurs de la société actuelle propagent parmi nous avec la plus révoltante impudence, me paraissent les véritables auteurs de ces exécrables systèmes, qui tendent tous à ramener la société française à l'état de barbarie.

Il est de ces rêveurs qui nient le droit d'héritage, le droit de propriété, le droit de possession ; et voulant l'irréalisable, ils enseignent que l'homme doit travailler en commun, vivre en commun, jouir en commun, et qu'il ne doit jamais lui être permis de dire : *le mien*. Pour arriver à leurs fins, ils se présentent affublés de différents costumes et

9.

avec des moyens de réalisation remarquables par leurs dénominations nouvelles.

Et ces anti-sociales théories, on les prêche au nom de l'intérêt du peuple ! Ah ! ici l'intérêt du peuple, c'est le désir de la fortune du riche, c'est l'aversion pour celui qui commande, c'est la douce pensée que l'on pourra dire à son créancier : Je ne te dois rien !...

Et qu'ils disent donc, ces hommes si zélés pour le bien du peuple, ce qu'ils ont fait pour l'humanité ! Où sont les petits enfants qu'ils ont vêtus, les infirmes qu'ils sont allés consoler, les malades qu'ils ont visités. Où sont-ils ces austères républicains ? Je les cherche partout, je ne les trouve nulle part.

Quand j'entends tous ces hâbleurs, dont la vie est en opposition continuelle avec les discours, il me semble vraiment entendre un professeur de grammaire qui ne connaît pas sa langue, ou un maître de musique qui ne saurait monter une gamme sans faire faux. Ah ! ces annonciateurs d'un nouvel âge d'or ne sont qu'une multitude de modernes Phaétons, voulant conduire le char de la République à travers des régions qu'ils ne connaissent pas, et qu'ils sont incapables de parcourir.

Quand on ne veut que le bien du peuple, on ne recherche pas les emplois pour soi-même ; l'amour du pays l'emporte sur les inclinations et sur les intérêts personnels. Quand on ne

veut que le bien du peuple, on veut que celui-
là domine, qui peut procurer au plus grand
nombre possible, sur la plus grande échelle possible, le plus de liberté et de bien-être possible.
Quand on n'a en vue que le bien du pays, on
imite la franchise, la générosité, la vertu et le patriotisme de ce noble Conrad Iᵉʳ qui, des portes du
trépas, disait à Eberhard son frère : « Je me sens
mourir ; je te recommande les intérêts de nos
Francs. Mon frère, nous sommes une nation assez
nombreuse. Nous pouvons mettre sur pied de grandes armées, nous possédons des villes et des armes
et tout ce qui est nécessaire pour la grandeur royale;
ce qui nous manque, c'est le bonheur et l'adresse.
Henri de Saxe les possède à un degré éminent; les
Saxons seuls peuvent sauver l'État. Prends donc
ces emblêmes de la dignité royale, le manteau,
la lance, l'épée et la couronne des anciens rois ; va
les porter au duc de Saxe, gagne son amitié, et dis-
lui que je l'ai recommandé pour me succéder. »

Or, le duc de Saxe était l'ennemi de Conrad, il
avait porté les armes contre lui ! Voilà l'hommage
rendu au mérite, voilà l'amour pour le peuple,
voilà tous les intérêts particuliers immolés au pied
de la statue de la patrie ! Méditez bien ce fait, sec-
tateurs encroûtés et passionnés des différentes
opinions; vous qui aimeriez mieux voir la France
malheureuse par l'application de vos principes,
que de la contempler radieuse de gloire et de bon-

heur sous le gouvernement de vos adversaires!

Oui, le pays est rempli d'esprits remuants et cabaleurs, d'hommes dévorés, les uns par la faim du bien d'autrui, et les autres par la soif des honneurs et des places. Et par suite de ces dispositions, je vois, moi, là-bas, bien loin à l'horizon, je vois un calice de colère soutenu par une main invisible. La coupe se penche, se penche encore, et elle va bientôt être déversée sur la terre; et les hommes et les femmes, et les petits enfants et les vieillards pousseront des hurlements capables d'attendrir les bêtes des déserts, mais qui ne toucheront peut-être pas les monstres à figure humaine, qui, se nourrissant de viol et de pillage, chanteront devant le malheur et traiteront leurs semblables comme les enfants traitent les mouches qu'ils ont prises : ils les écraseront en s'amusant!

Un peuple ne peut pas vivre sans liberté et sans fraternité, et les dogmes dont je viens de parler étouffent l'indépendance et irritent continuellement les citoyens les uns contre les autres.

Ai-je l'intention de dire qu'il n'y a rien à faire pour améliorer le sort des souffrants? A Dieu ne plaise. Il y a à faire, et beaucoup, et je le dirai avant de finir; mais maintenant je poursuis mon sujet.

Il est d'autres intrigants qui disent que, céder aux plus sales et aux plus dégoûtantes passions, c'est la véritable sagesse; que les liens les plus

tendres et les plus chers ne sont que des chimères :
et ces accents de mort sont écoutés avec délire !
Les feuilletons et les livres ignobles qui les ont
recueillis sont dans presque toutes les biblio-
thèques, sur toutes les tables, entre toutes les
mains ! On voit des pères et des mères de famille
assez aveugles pour jeter tout cela sous les yeux de
leurs fils et de leurs filles. On trouve des femmes
assez étourdies pour voir avec indifférence ces
œuvres de perdition faire le sujet des lectures et
des éclats de rire de leurs maris. On rencontre des
maris assez stupides pour voir sans frémir ces
écrits, qui ne devraient trouver accès que dans les
lieux publics, faire le continuel sujet des distrac-
tions de celles qui, par leurs mœurs chastes et
leur pudeur, devaient faire leur bonheur à eux
dans le pèlerinage de la vie.

O pères et mères ! dans vos douleurs, ne vous
en prenez qu'à vous ; femmes, sous le ciel brouil-
lardé qui pèse sur vos têtes, n'accusez que vous ;
époux, dans les terribles déchirements de votre
cœur, sachez que vous êtes les premiers auteurs
de vos tourments.

Aussi, et je voudrais l'écrire avec du sang, le
lieu qui devait être le paradis terrestre se convertit
en Spielberg ! Presque partout, la feuille de rose a
des épines, l'étoile est couverte de taches et le soleil
apporte les ténèbres ! A chaque instant, vient un
flot qui jette une tempête ; et à chaque instant

passe un reflux qui emporte une vertu. La famille s'en va : il faut que la société périsse. C'est écrit par une main qui n'a jamais tenu la plume du mensonge. « Parce que, dit l'Esprit-Saint dans les oracles prophétiques, parce que vous avez rejeté le cri de l'honneur, parce que vous vous êtes retirés dans les lieux écartés, parce que vous vous êtes souillés, j'assemblerai malheurs sur malheurs sur votre tête. Je vous susciterai des ennemis de loin et des ennemis de près; j'en placerai autour de vous et au-dedans de vous; et vous saurez alors que je suis le Seigneur. »

Il est une troisième classe de prétendus sages, qui montent insulter Dieu jusque dans le fond de son éternité. Sublimes criminels, ils s'enveloppent de nuages, se jettent dans le vague, dans l'inconnu; ils attaquent le catholicisme, se mettent à la place de l'Évangile, et n'admettent le Christ qu'autant qu'ils croient que le Sauveur peut servir au triomphe de leur cause. Et le peuple les écoute, il sourit à leurs blasphèmes, il les approuve. Eh bien! ce Christ, pierre descendue des montagnes éternelles, écrasera et les réformateurs, et les peuples qui se laissent séduire! Ils seront traités les uns et les autres comme la nation qui cria la première : *Nous ne voulons pas qu'il règne sur nous.*

Et ce que j'annonce en ce chapitre n'est pas établi sur le vol des oiseaux, ni sur l'examen des entrailles des victimes. Mes prédictions, à moi, sont basées sur des considérations d'un ordre plus élevé : elles reposent sur la comparaison des temps présents avec les temps antérieurs. Cette manière de procéder, quand il s'agit de prononcer sur l'avenir, ne trompe jamais. Par ce procédé, on expérimente dans la connaissance des passions humaines et dans les résultats de leurs effets, comme dans un cabinet de physique on expérimente sur les choses de la nature. Or, quand les hommes ont voulu faire marcher l'humanité et la faire arriver au bonheur par la possession de la fortune, par les plaisirs des sens, par l'impiété, ils n'ont produit que des ruines, et à mesure que leurs idées ont avancé dans les siècles, la terre s'est partout couverte de décombres !

Mes tristes prévisions à moi, reposent sur l'idée de justice divine. Dieu est juste, Dieu est pur, Dieu est providence, Dieu est grand mainteneur de l'ordre. Il ne peut pas voir avec indifférence que nous soyons avides des biens créés, amateurs de dissolutions et railleurs de ses révélations; il faut donc que nous soyons châtiés, et nous le serons : et cela, d'un châtiment qui glacera d'effroi tout être doué de la plus petite valeur morale.

D'après cette confrontation des temps anciens avec les temps postérieurs, et ces raisons de justice divine sur lesquelles je m'appuie aujourd'hui, bien jeune encore, j'annonçais à mes condisciples le terrible ébranlement qui jeta Charles X, des rives de la Seine, derrière les montagnes de l'Écosse. Et quelques années avant 1848, j'annonçai que tous les ressorts de l'État craquaient, et que, quoique environné de la plus brillante famille de princesses magnifiques et de princes guerriers, et au milieu de l'entente cordiale de toutes les nations voisines, le roi du premier peuple de l'univers marchait à sa ruine, et était à la veille de sa chute. Et après le 24 février, plusieurs de ceux qui étaient présents quand j'affirmais ces choses, vinrent me dire: la *prophétie s'est accomplie.*

Depuis 1848, j'ai vu, avant qu'elles ne se réalisassent, les secousses qui ont failli engloutir les dernières espérances de la paix. Je les ai vues, et je les ai dites. Et aujourd'hui, sans me croire éminemment doué du noir génie des noires prévisions, je dis que va bientôt venir le moment où, par suite d'événements sociaux, vous serez, vous qui contemplez impassibles ce qui se passe maintenant, vous serez comme le malade qui agonise : il se débat et cherche à vivre, mais il meurt : et de même, vous lutterez, vous réclamerez la vie, mais vous mourrez. Votre ambition vous sera un piége, votre corruption déposera contre vous et votre impiété vous perdra pour toujours.

On compte, pour sauver la France, sur l'éloquence de ses orateurs. Mais, mon Dieu! croit-on que les peuples qui ont été brisés par les révolutions fussent sans littérateurs, sans hommes éloquents? Ils en avaient, et ils en avaient beaucoup. Sylla et Marius étaient entourés d'hommes de lettres, et cela n'empêcha pas la terre de la république romaine d'être arrosée de sang humain. Cicéron possédait au premier degré la puissance oratoire, la royauté de la parole. Par ses harangues, il soulevait le Sénat et le peuple, et puis, il les jetait l'un et l'autre, tout frémissants d'enthousiasme dans un monde nouveau ; et cependant, Cicéron ne put ni sauver son pays, ni se sauver lui-même. Ah ! quand le salut d'un peuple dépend d'un discours débité à la tribune, on peut dire que l'État est perdu.

D'autres, pour enlever le pays à la tourmente, espèrent en la bravoure et la fidélité de l'armée ; ils s'endorment dans leur foi aux brillantes phalanges. Mais que l'on se souvienne donc que ceux qui sont tombés avaient de très-vaillants soldats ; qu'à leur disposition étaient des bataillons avec lesquels ils pouvaient traverser l'Europe, et conquérir le monde ! Avec ses soldats, Charles X av ai fait flotter son drapeau sur les côtes barbaresques ; avec ses soldats, Louis-Philippe avait escaladé la citadelle d'Anvers sous les boulets de Chassé ; et tous ces hommes si forts sous les armes n'ont pas sauvé ces monarques auxquels ils soumettaient les peuples de l'Europe et les peuples de l'Afrique. Et les vôtres ne vous sauveront pas, si Dieu, du haut du ciel, ne dresse leurs mains, n'éclaire leur esprit, n'enflamme leur cœur, et ne les guide lui-même.

On se repose pour garantir la prospérité de l'avenir, sur les ressources matérielles du pays, sur les provisions d'armes et de munitions. C'est marcher dans l'erreur, c'est courir à sa perte. Rome riche fut brisée par un peuple qui ne savait pas ce que c'était que la richesse; la puissance de l'Autriche et la puissance des ducs de Bourgogne furent écrasées par une poignée de montagnards qui n'avaient que quelques peaux de mouton pour se couvrir; et Philippe II, avec tous les trésors du nouveau monde et les immenses ressources de toutes les Espagnes, se vit vaincu par quelques pêcheurs de harengs! Non, non, les trompettes d'argent ne mènent pas les soldats à la victoire; la force des nations n'est que dans la vertu et dans l'union; et chez nous, la vertu s'en va, et l'union abandonne les cœurs qui devaient être son plus bel asile!

En France, on se rassure beaucoup trop d'après la hausse des fonds. Le vent de la bourse brise quelquefois le vaisseau de l'État. Eh bien! lisez l'histoire qui suit et comprenez.

En communication avec Dieu, qui tirait devant lui le rideau de l'avenir, et lui permettait de prendre connaissance des futurs, un prophète s'écriait un jour, en contemplant la richesse et la puissance de Tyr:

« Vos vaisseaux, ô grande Tyr, vos vaisseaux sont

construits des sapins de Jahir; le Liban vous donne
ses cèdres pour faire les mâts, Bazan ses richesses
pour les rames, et l'Inde vous fournit l'ivoire pour
vos bancs; le fin lin de l'Égypte, tissu en brode-
rie, compose vos voiles, et l'hyacinthe et la pourpre
des îles d'Élisa font vos magnifiques pavillons.

« Les habitants de Sidon et d'Arad sont vos ra-
meurs, les plus habiles de Gébal vos mariniers, et
vos sages sont vos pilotes; les Perses, les Lydiens
et ceux de Lybie servent dans votre armée, et les
Arcadiens montent la garde autour de vos mu-
railles !

« Les Carthaginois remplissent vos marchés d'argent, de fer, d'étain et de plomb; la Grèce, Tubal
et Moloch vous amènent des esclaves et vous apportent de l'airain. Thogorma vous envoie des chevaux, et les enfants de Didon vous donnent de
l'ébène et des housses magnifiques. Les Syriens
apportent sur vos places les perles, la pourpre et la
soie ; les peuples de Juda et d'Israël vous apportent
le pur froment, le baume, le miel et l'huile de leur
pays. Damas vous fournit ses vins excellents et ses
laines à la couleur si éclatante et si vive; la Grèce
étale au milieu de vous ses ouvrages de fer poli,
sa casse et ses cannes à l'odeur excellente; l'Arabie
et les princes de Cédar vous font conduire leurs
troupeaux de toutes espèces; Réema et Saba vous
donnent leurs parfums et leurs pierres précieuses;
et Aram, Assur, Eden et Chelmod entretiennent

avec vous le plus brillant commerce ! Vous êtes
comblée de tous les biens, et élevée à la plus haute
gloire au milieu des mers, ô Tyr ! ô grande ville ! »

Cette ville était donc la plus florissante cité du
monde ; son activité, son industrie la rendaient
maîtresse des ondes et le centre du commerce de
l'univers ! Depuis les extrémités de l'Arabie, de la
Perse et des Indes jusqu'aux côtes les plus reculées
de l'occident, depuis la Scythie et les contrées sep-
tentrionales jusqu'à l'Égypte, l'Éthiopie et les pays
méridionaux, toutes les nations contribuaient à
augmenter son commerce, son éclat et sa puissance. Non seulement tout ce qui se trouvait dans
ces diverses régions de nécessaire et d'utile à la
société, mais ce que l'on y voyait de rare, de cu-
rieux, de magnifique, de précieux et de plus propre à nourrir les désirs et le faste, tout se portait à
ses marchés ! et elle, de son côté, comme d'une
source, répandait toutes ces richesses dans tous les
royaumes.

Eh bien ! c'est en face de ce magnifique tableau
qu'Ézéchiel jette sur Tyr l'anathème de désolation
et de ruines. « Reine des mers, s'écrie le voyant,
vos gens de guerre et la grande multitude de peuples qui est en vous vont déplorer votre malheur !
Le jour de votre perte est arrivé ! Le Seigneur va
vous désoler comme une ville que l'on n'habite
plus ; vous allez être réduite à rien : on vous cher-
chera, et l'on ne vous trouvera jamais ! »

Et la capitale de la première des républiques fut brûlée ! Et Tyr ne se compose encore aujourd'hui que d'une quarantaine de pauvres familles vivant d'un peu de pêche, dans de chétives huttes prêtes à s'écrouler ! Elles sont là, ces familles, comme pour dire au voyageur qui passe, et à tous les peuples de la terre jusqu'à la fin des temps : *Ici fut la grande Tyr ; ici s'est accomplie la parole de colère que le Très-Haut fit entendre contre nos pères.*

Donc, ce ne sont pas les richesses, ce n'est pas le grand commerce, ce n'est pas la civilisation, comme l'entend la majorité des Français, qui font la stabilité des États : ce sont les idées d'ordre, de morale, de foi. Or, les idées du jour, chez nous, ne sont ni les idées de l'ordre, ni celles de la morale, ni celles de la foi. Un vent sorti de je ne sais quel désert pousse la majorité des esprits vers le vide des utopies. Et voilà pourquoi celui-ci court à la recherche de la richesse, et trouve, pour en faire la conquête, tous les moyens égaux ; voilà pourquoi celui-là s'est fait de la dissolution une seconde nature : de l'image de la divinité dans lui, il ne reste plus rien. Voilà pourquoi les écrivassiers et les bavards, charlatans ès-mérite, viennent présenter leur forme de gouvernement et demandent à l'imposer par la terreur ! Et de là les inimitiés et les haines, qui doivent infailliblement déchirer un pays et le perdre.

XI.

La société est travaillée par les plus implacables rancunes. Les hommes se détestent, se poursuivent et cherchent à se perdre. Il y en a qui voudraient marcher à la lueur des incendies et danser autour de la guillotine. Il en est qui, comme dans *Les Frères ennemis*, disent tout haut :

> Et moi je ne veux plus, tant tu m'es odieux,
> Partager avec toi la lumière des cieux.

Il en est qui font brûler leur maison pour incendier celle de leur voisin ! Il en est qui ne rougissent pas de se déshonorer, pour ternir la réputation de ceux qu'ils détestent ! Et avec mensonge, — le bras tendu vers le Christ, — ils proclament leur honte, pourvu qu'ils puissent afficher la honte au front de leur ennemi...

On hait celui-ci à cause de la supériorité de ses talents, celui-là à cause de la place qu'il occupe, cet autre à cause de ses grandes et rares qualités. On déteste l'un pour sa fortune, l'autre pour la réputation dont il jouit, et un troisième bien souvent parce qu'il s'est montré ami trop noble et trop généreux. Oui, la vertu est cause que l'on est haï : l'homme qui, par son travail et ses économies, a ramassé du bien, est à charge au fainéant et au dissipateur ; l'homme chaste est détesté du libertin; l'homme courageux est maudit par le lâche : les vices ne peuvent supporter de voir les vertus se complaire en elles-mêmes.

Oui, je vous le dis, moi, il y a des abîmes de haine dans le fond des cœurs, et la présence de celui qui en est l'objet est une insupportable présence. On s'attriste de tout ce qui l'élève et l'on se réjouit de tout le mal que l'on entend dire de lui : apprendre sa mort serait une heureuse nouvelle! et par les moyens les plus infâmes, sous prétexte même de probité et de vertu, on cherche quelquefois à le perdre! Souvent on dissimule, mais le diable n'y perd rien : la rancune, comme une terrible et dévorante fièvre, n'en est pas moins à l'intérieur. On serre des mains que l'on voudrait voir se sécher et tomber; on sourit à des yeux que l'on voudrait voir frappés d'une incurable cécité; on s'incline devant un corps que l'on voudrait voir porter à sa dernière demeure.

> Saints et premiers chrétiens, ô mortels admirables!
> Sommes-nous aujourd'hui vos enfants véritables?
> Vous n'aviez qu'un trésor et qu'un cœur entre vous,
> Et sous la même loi nous nous haïssons tous!
> Haine affreuse, ou plutôt impitoyable rage,
> Quand, par elle aveuglés, nous croyons rendre hommage
> A ce Dieu qui ne veut qu'amour et que pardon :
> Liberté! que de sang a coulé sous ton nom!

On parle tous les jours de faire des lois qui étendent la *fraternité* jusqu'aux animaux; et, quand il s'agit des hommes, on est sans miséricorde et sans pardon ! Bientôt il ne sera plus permis de tuer les poux dont on sera couvert; et, parce qu'on n'aura pas la couleur politique de son voisin, on sera, à coups de crosse de fusil, poussé vers le bûcher ou vers l'échafaud ! En me rendant de Thenon à Périgueux, il y a déjà quelques mois, je me trouvai sur l'impériale avec un homme porteur d'une barbe image d'un bois taillis, qui, en très-beau style, avec l'accent le plus pur et aussi avec un à-plomb qui égalait son style et son accent, essaya de me prouver que cette doctrine était la seule applicable maintenant, et m'affirma que cinquante mille de ses amis prêchaient le même enseignement sur tous les points du pays.

Lecteur, si je pouvais vous faire monter sur une haute montagne d'où nous vissions le monde tel qu'il est, vous seriez effrayé ! Les grands chemins sont remplis de voleurs, les mers sont couvertes de pirates, les villes toutes remplies d'espions, et dans les angles des maisons sont cachés des assassins.

Sur les champs de bataille, où se décident les causes des nations, le fer et le bronze suffisent; mais dans les combats que les fils de la même patrie se livrent entre eux, les sabres et la mitraille sont trouvés insuffisants; on empoisonne les lances, on empoisonne les balles. Ah ! les animaux connaissent les poisons; les précautions qu'ils prennent avant de combattre les serpents, et les remèdes auxquels ils ont recours quand ils les ont combattus en sont la preuve ; et nul cependant, parmi les animaux, ne s'arme d'un venin étranger !

Oui, haïr est la seule jouissance de certains êtres ! L'histoire rapporte plusieurs traits de la sensibilité des ours, des panthères, des tigres et des lions. Dans les amphithéâtres, on a vu des bêtes féroces, auxquelles on n'avait rien servi depuis trois jours pour les rendre plus terribles, se montrer pleines de compassion pour les martyrs, les respecter, lécher les plaies que les bourreaux leur avaient faites. C'est consigné dans les fastes consulaires ! On me dira peut-être : c'est un miracle. Eh bien ! soit ; mais ce qu'il y a de terrible, d'écrasant, de bien capable de faire pousser des hurlements, c'est que Dieu ne peut pas produire ce miracle sur certains hommes de nos jours ! J'ai vu de ces êtres méchants ayant la rancune dans le cœur, la malice dans la parole, la menace dans le regard, se roulant intérieurement et sans cesse dans des pensées de vengeance et d'immolation, ne pardonnant pas même les vertus ! Et cette terrible affirmation est appuyée sur les faits les plus irrécusables et les plus démonstratifs. Je n'en cite qu'un : Il y a quelques mois, une contestation s'élève entre deux hommes, tous les deux dans une position honorable, tous les deux ayant fait des études sérieuses. Des do-

10.

cuments de l'autorité la plus puissante, forts de raison comme un volcan de chaleur, établissent les droits de l'un. L'affaire s'arrête. Quelques jours s'écoulent, celui qui a attaqué se trouve dans une grande peine, celui qui a eu de si fortes raisons dans sa cause lui écrit pour lui dire qu'il prend part à sa douleur, le prier de croire à ses sympathies, et le supplier d'agréer ses sincères condoléances. Eh bien! la réponse que ce dernier reçoit se compose de six lignes, où l'orgueil et la sottise, la haine et l'aigreur se disputent la première place!

Encore une dernière fois, oui, le monde est plein de ces hommes, monstres stupidement cruels, faisant revivre le souvenir de ces tyrans de Rome, qui, pour les choses les plus innocentes, disaient: les très-*cléments empereurs défendent, sous peine de mort...*

Mais que ces amis de la *bête* apprennent que personne aujourd'hui n'est disposé à faire comme César, à se couvrir la tête de son manteau et à se livrer à ses assassins; que chacun, au contraire, est déterminé à vendre son dernier souffle à son bourreau, et à le lui faire payer bien cher.

Et maintenant, que chacun sache, et que nul n'oublie, que le sort d'une société qui persiste à marcher dans cette voie est un sort décidé : c'est un sort de destruction.

Oui, si ce mur de séparation qui se trouve entre

les citoyens et les citoyens, ne vient à être démoli,
si les esprits ne se calment, si les cœurs ne se rap-
prochent, je vois déjà les rues pleines de troubles,
et sur les places publiques les épées qui brillent,
les lances qui étincellent. J'entends des cris épouvantables, des hurlements affreux ! Je vois des multitudes d'hommes percés de coups, et des monceaux
de morts qui tombent les uns sur les autres. La
défaite est sanglante et cruelle, et le carnage n'a
pas de fin....

Je sais bien que ce que j'écris ne plaira pas à
tous ceux qui liront cette page, et je les vois déjà
faire une grimace de pitié en jetant la bouche sur
l'épaule ; mais ce mépris et ce jugement n'empê-
cheront pas la chose d'arriver. L'oracle fatal est
sorti de la bouche de celui qui ne trompe jamais, de la bouche dont la parole a posé les fondements de l'univers, de la bouche dont le souffle
agite, fait bondir et bouleverse les nations : « Si
un royaume est divisé contre lui-même, il est impossible que ce royaume subsiste. » Tous les
projets des hommes s'évanouiront, mais cette
parole ne passera jamais ; toujours elle aura son
effet. Or, vous êtes divisés, vous vous haïssez, vous
ne voulez pas vous unir, vous ne voulez pas fra-
terniser ; vous auriez plus tôt appris le persan et
l'iroquois que vous n'auriez appris à pardonner et
à vous réconcilier : il faut donc que vous portiez
la peine prédite par le Verbe éternel ; il faut donc

que la nation pleure sur ses propres débris. Oui,
il le faut : son égoïsme seul l'exigerait.

XII.

L'égoïsme, c'est l'amour de soi devenu exclusif,
c'est l'affection de soi débordant toutes les autres
affections, c'est la recherche du bien pour soi au
détriment du bien de tous les autres.

L'égoïsme est le père de toutes les mauvaises
passions ; et l'égoïsme aujourd'hui s'est répandu
dans toutes les artères de la société, comme le
souffle empoisonné d'un énorme et sale reptile se
répand dans le calice d'une fleur.

Celui-ci fait le diseur de bons mots dans une
réunion pour s'attirer l'attention et l'approbation
du cercle ; il craint que le cercle ne donne de son
admiration à un autre. Et voilà de l'égoïsme.

Celui-là ne veut pas se marier, parce qu'il craint
certaines peines inséparables des alliances de la
terre, et il vit dans ses aises et ses fantaisies. Et
voilà de l'égoïsme.

Un troisième refuse de lier son existence à une
autre existence, parce que celle qui devait l'aider
à porter le joug de la vie a quelques milliers de
francs de moins qu'il croyait. Et voilà du sale et
hideux égoïsme.

Un autre, croyant faire l'esprit fort, quand il ne
fait que prouver sa faiblesse, met fin à ses jours,

parce que l'existence lui est pénible et nébuleuse. Et voilà du plus lâche et du plus vil égoïsme.

Il en est qui, dans leurs douleurs, se figurent toujours qu'ils souffrent injustement, qu'ils souffrent tout seuls ; que tous les autres se portent bien et que les autres méritent bien plus qu'eux de passer par la voie de l'épreuve. Ils croient que tous ceux qui les connaissent devraient souffrir de leurs souffrances, quoiqu'ils ne veuillent, eux, compatir aux peines de personne. Et voilà de l'ignoble, du dégoûtant égoïsme.

J'en connais qui, sachant certaines choses dont la communication pourrait être utile au prochain, s'observent mystérieusement pour ne pas laisser paraître les découvertes qu'ils ont faites ; ils les tiennent cachées avec soin, et cela afin de pouvoir, dans la circonstance donnée, faire seuls preuve d'un grand savoir. Ce sont des accapareurs d'espèce nouvelle, de misérables égoïstes.

Aujourd'hui, l'égoïsme est le dieu du monde. Comme au temps d'orage il sort de la terre une multitude de reptiles qui menacent de s'emparer de l'empire de la nature, dans chaque perturbation nationale il surgit de tous les points du globe des hommes qui s'agitent, crient, beuglent et se disent les défenseurs de l'intérêt du peuple. Mais l'amour des intérêts du peuple n'est pour rien dans leurs démarches. Vrais histrions, ils jouent des rôles de théâtre. Cohue d'ambitieux, ils cherchent les honneurs et les places. Je les ai suivis, examinés, et je les ai vus se précipiter sur les emplois comme les bêtes féroces sur leur proie. Et pour cela, je crie, moi : Voilà des égoïstes !

Tous ces misérables disent agir pour le bien du peuple et le bien de la patrie. Détestables bavards, ne pourra-t-on jamais vous faire connaître comme vous le méritez ! Pendant qu'Henri IV assiégeait Paris, le peuple fut réduit à la plus grande misère. Aussitôt on se trouva sans pain, on brouta l'herbe des rues, on mangea les bêtes domestiques, même les plus immondes. On imagina de faire une espèce de pain avec de l'ardoise pulvérisée, du son et de la paille pilés ensemble ; puis avec les os des animaux dont on avait dévoré la chair, et des cadavres qu'on arrachait au cimetière des Innocents. On l'appela le pain de madame de Montpensier, parce qu'elle en louait beaucoup l'invention ; mais cette horrible nourriture donna la mort à tous ceux qui en essayèrent. On fit la chasse aux enfants ; on en mangea plusieurs. Une mère renouvela les horreurs du siége de Jérusalem ; elle fit rôtir les membres de son enfant mort, et, de douleur, elle rendit l'âme devant cet affreux repas !! Eh bien ! quelques misérables ligueurs causaient toutes ces horreurs pour avoir des places et des dignités, et ils appelaient leur exécrable conduite *leur amour pour le peuple !* Et de même aujourd'hui, les noms de liberté et de patrie ne sont que des

manteaux sous lesquels cherchent à cacher la difformité de leur égoïsme certains hommes de toutes
les couleurs. Ces beaux noms de peuple et d'intérêt public se salissent en passant par la bouche de
tous ces infâmes égoïstes. Ils parlent du peuple
et de la patrie, les uns comme Marius et Sylla pour
faire tomber des têtes, les autres comme César
pour satisfaire leur ambition. Ils parlent du peuple
et de la patrie, ceux-ci comme Lucullus pour avoir
de beaux palais, ceux-là comme Vitellius pour as-
souvir leur débauche. Ils parlent du peuple et de
la patrie comme Verrès pour piller et s'enrichir!
Et je vous dis, moi : Jetez le mépris le plus so-
lennel à la face de tous ces hommes; ce sont des
égoïstes!

Ils se disent républicains. Les malheureux!
Grandes ombres de Publicola et de Fabricius, pla-
cez-vous tous les soirs, debout au chevet de leur
lit; et votre aspect sera, durant la nuit tout entière, le plus terrible cauchemar pour eux. Le
premier, après quatre consulats et deux triomphes,
meurt si pauvre, que le public est obligé de payer
ses obsèques; et le second renonce à une partie de
l'Épire, pour rester fidèle citoyen de sa patrie.

Ah! vantards du pays de France, vous êtes ivres
d'orgueil et hydropiques d'égoïsme, et les véritables républicains étaient simples et désintéressés.
Cincinnatus labourait son petit champ sur le mont
Vatican, lorsqu'un messager d'État vint lui ap-

porter la dictature. On dit même qu'il avait quitté son habit pour travailler, et qu'il avait le visage tout couvert de poussière. Prenez un vêtement, lui dit l'envoyé, afin que je vous déclare les ordres du Sénat et du peuple romain.

Eh bien ! de ces austères défenseurs de la chose publique, qu'avez-vous, prétendus démocrates modernes ? Rien, non, rien, mais absolument rien.

Le budget ! le budget ! Ah ! voilà le point vers lequel vos yeux sont braqués ; voilà la citadelle vers laquelle, rangés en bon ordre de bataille, vous marchez tous d'un pas ferme et assuré ! Voilà l'île fortunée vers laquelle voguent vos grands vaisseaux et vos frêles embarcations. Tous vous voulez plonger la main dans la caisse du trésor. Et je dis : Qu'on maudisse ces hommes, le ciel les a maudits ; ce sont les rois de l'égoïsme.

Je n'en dirai pas davantage, car je dirais des choses incroyables, des choses condamnées par la raison et par la foi.

Mais cette disposition des esprits, où nous conduira-t-elle ? A notre perte, soyez-en sûrs. L'égoïsme veut le pouvoir, mais il le veut pour lui seul ; il réclame la liberté, mais il la veut pour lui seulement. Si, pour arriver à son but, il faut des immolations, il sait immoler ; et si, pour conserver, il lui faut de nouvelles victimes, il se montre aussi barbare dans ses moyens de conservation qu'il l'a été dans ses voies d'acquisition.

L'égoïste est un être dur, décidé à voir périr en souriant l'humanité tout entière ; c'est un vampire disposé à nourrir son existence de toutes les autres existences.

L'égoïsme flétrit les cœurs, gangrène les intelligences, laisse les hommes sans religion, sans moralité, sans aucun sentiment du juste et de l'honnête, et plonge par conséquent la société dans la sécheresse et dans la dureté, c'est-à-dire dans la mort.

A entendre certains, on croirait que les causes des révolutions sont toujours dans les misères du peuple et dans les tyrannies des gouvernements. C'est une grave erreur. Les révolutions sont presque toujours dans l'égoïsme, dans l'ambition. On dit qu'on les fait pour venger les lois violées et améliorer le sort du peuple : et, en dernière analyse, elles sont pour le malheur du peuple et dans les intérêts de quelques ambitieux seulement. Les révolutions, dit Donoso Cortez, une des plus belles gloires de la tribune espagnole, « les révolutions sont l'effet des désirs surexcités. On dit aux riches : vous serez comme des rois, et ils cherchent aussitôt à se faire rois ; on dit au peuple : vous serez comme les riches, et le peuple s'agite, renverse et cherche à devenir riche. Telles sont, en général, les formules de toutes les révolutions. »

Mais par cette soif de l'élévation, et cette faim des fonds de l'État, amis de la paix, on vous conduira bientôt au fond du gouffre, à la terrible et épouvantable banqueroute, si une main adroite et vigoureuse, et un esprit de forte trempe et de désintéressement ne viennent museler tous ces ogres affamés et voraces.

Et parce que la patrie et la gloire reposent sur le sacrifice et l'immolation, — car ce sont ceux qui meurent et qui se dévouent qui sauvent leurs frères, — et parce que l'égoïsme fuit le sacrifice et l'immolation, je proclame l'égoïste ennemi de la patrie et de la gloire du pays. Et tout homme qui n'a pas encore juré de ne pas voir et de ne pas entendre, confessera que l'égoïste, cherchant à satisfaire en tout ses intérêts, sans se mettre en peine de l'intérêt des autres, ne peut être qu'un fléau pour la société.

Comme les vertus, les vices s'enchaînent, et ils produisent d'une manière indéfinie. L'égoïsme enfante l'ingratitude, et l'ingratitude immole les sociétés.

XIII.

L'ingratitude est la méconnaissance des bienfaits reçus ; elle est de toutes les hontes la plus odieuse et la plus méprisable. L'ivrognerie et la rapine, l'ambition et l'impudicité peuvent être éclairées, vaincues et corrigées ; mais l'ingratitude fuit la lumière, elle n'accepte aucune discussion ; les plus terribles argumentateurs perdraient leur temps à discuter avec elle : le premier aveu qu'elle serait forcée de faire la couvrirait d'une mortelle confusion.

Croyez-vous qu'un argument ébranlerait une âme sur laquelle le dévouement le plus absolu, les bienfaits les plus multipliés, et l'amour le plus ardent sont tombés comme une goutte d'eau sur une toiture de marbre ? Si vous le croyez, j'admire la robusticité de votre croyance et je vous plains, car vous êtes destiné à travailler en vain.

Et le monde, pourtant, est aujourd'hui rempli de ces modernes lépreux.

L'ingratitude est chez les égaux : celui à qui l'on avait serré la main avec tant d'effusion, celui à qui, en l'embrassant, on avait dit, d'une voix pleine de larmes : Je t'aimerai toujours ! est délaissé, trahi, persécuté, calomnié ! Qu'a-t-il fait depuis le jour où on l'enrichissait de tendres promesses ? — Il a rendu des services immenses, des services mille fois plus précieux que la vie... Son existence entière a été un composé de sacrifices et d'immolations : il a donné son temps, ses veilles, son argent, son sang ! Et ces choses d'un si grand prix, d'un si grand poids, ont été trouvées nulles au jugement de l'ingrat.

Oui, il y a partout des êtres humains animalisés, qui laissent dans le malheur ceux qui sont allés les chercher dans leurs afflictions pour les consoler ; il y a des personnes avilies, qui rient de ceux qui ont pleuré sur elles. Il en est qui abandonnent le malade dont ils ont causé la douleur, et qui entendent déchirer, sans éprouver aucun sentiment pénible, ceux qui se seraient bien volontiers fait tuer pour les défendre ! J'en connais qui sont heureux de pouvoir nuire à ceux qui se faisaient une vraie joie de pouvoir les servir, et qui auraient trouvé le bonheur à les servir toujours ! J'en connais qui ont signé la condamnation de ceux à qui ils doivent la position élevée dans laquelle ils se trouvent, et la réputation d'honnêtes gens dont ils jouissent ! J'en connais sur qui n'ont rien pu ni les bienfaits incroyables, ni le pardon de mille injures !

Ah ! les bienfaits, les bienfaits aujourd'hui sont écrits sur le sable ; ils disparaissent au moindre vent ; ils s'effacent sous les eaux de la plus faible vague.

L'ingratitude est chez le peuple : Lamartine a sauvé la France après le vingt-quatre février ; dans ce jour-là, volcanisé par son grand nom, le peuple en eût fait le premier magistrat de la république ! Mais quelques jours se passent, et Alphonse de Lamartine est effacé de la liste des législateurs du peuple ! Bugeaud a enseigné à ses voisins à cultiver leurs champs, il les a aidés à placer leurs enfants ; et ses voisins l'ont exclu de leur conseil municipal ! Auguste Dupont, dans son département, a été le premier à la brèche, quand il a fallu défendre le droit et l'exercice du droit attaqués. Quelle couronne a-t-on mise pour cela sur le front de Dupont ? On lui a fermé la porte de l'assemblée législative.

L'ingratitude est chez les grands. Ils se servent des petits tant que les petits leur sont utiles ; durant tout ce temps, les grands leur sourient, les embrassent, leur donnent des poignées de mains, et leur envoient des bouquets, des compliments dont le parfum ébranlerait les têtes les plus fortes. Mais au jour où les petits ne sont plus nécessaires, les grands ne les caressent plus ; à peine si on leur fait un petit salut de grâce ; on détourne même bien souvent la tête pour ne pas les voir passer ! Ainsi le voyageur, arrivant aux portes de la ville, jette dans un jardin voisin le bâton qu'il avait coupé et poli et sur lequel il s'était appuyé durant toute la route ; ainsi le passager, ayant atteint la rive vers laquelle il soupirait, donne un fort coup de pied à la nacelle et l'envoie se briser sur un rocher.

Oui, l'ingratitude est partout ! Et chaque jour, j'entends les plaintes de ceux qu'elle blesse, de ceux qu'elle torture et qu'elle brise ; et vous, qui me lisez, et qui ne voulez pas croire à ce que j'écris, si vous saviez de quelle manière ceux qui vous doivent tant vous ont trahis, ridiculisés, vous demanderiez le sépulcre! Que tel qui me lira comprenne...

Eh bien! un pays ainsi habité marche à sa ruine; car, dans l'état actuel du monde, la société ne peut se soutenir, ou plutôt se régénérer, que par la proclamation du mérite; or, cette proclamation, l'ingrat ne la fera pas. Pour se soutenir, la société a besoin de l'aveu des bienfaits reçus, et l'ingrat ne les avouera pas.

L'ingrat a la sensibilité bestiale, mais il n'a pas la sensibilité du cœur, qui est la mère des grandes choses. Aussi, étudiez la conduite de l'ingrat, et vous la trouvez toujours vide de ces actes extraordinaires qui consolident les nations et font vivre les États. Voilà pourquoi les Athéniens et les Romains, ces peuples dont le fond était l'amour de la patrie, avaient fait des lois qui frappaient des peines les plus sévères les hommes ingrats.

Non, l'ingrat ne peut être qu'un mauvais citoyen. Car, dans bien des circonstances venues, il faut donner de son bien pour substanter le citoyen qui n'a pas; il faut donner de son sang pour sauver son pays. Mais pensez-vous que celui qui croit ne rien devoir, fera le sacrifice de sa fortune et de sa vie? Ah! soyez-en sûr, il ne se détachera ni de l'une ni de l'autre. Il verra les petits enfants mourir d'inanition sur le sein de leurs mères, et la jeunesse périr par la guerre; il verra les hommes d'armes, défenseurs de la patrie, fa-

tigués, tomber en défaillance ; il entendra la chute
des maisons et les gémissements des vieillards, et,
— s'en allant jouir de ses biens et de sa santé, —
il passera, lui, en disant, comme le premier des
fratricides : *Je ne suis pas le gardien de mon frère.*

O serpents, qui cherchez à piquer celui qui
vous a réchauffés sur son sein, souvenez-vous-en,
vous périrez par votre propre vice : l'ingratitude
est un vent brûlant qui dessèche la source de toute
vie. De toutes les choses exécrables, l'ingratitude
est la plus hideuse! Pour moi, je le déclare, j'ai-
merais tout autant passer ma vie avec les ours de
Russie ou les tigres d'Hircanie qu'avec certains ingrats que je connais. Je n'éprouverais pas plus de
répugnance à regarder la gueule et le nez des uns,
que le visage des autres.

Je quitte cette espèce d'êtres, pour passer à une
seconde qui est peut-être tout aussi vile encore. Je
veux parler ici de quelques-uns de ceux qui s'inti-
tulent *hommes d'ordre.*

XIV.

Il y a des individus qui ne voudraient ni tuer,
ni frapper, ni piller, ni insulter, mais qui n'osent
se montrer contre aucun de ces forfaits : et ils se
disent *hommes d'ordre.*

Il y a des individus qui désapprouvent intérieurement le mal qui se fait, mais qui craignent de

se compromettre en se rangeant du côté des persé-
cutés. Aussi ils les évitent avec soin, et pour se
faire épargner, ils saluent les buveurs de sang humain, les fabricateurs de cadavres, de toute la lon-
gueur de leur bras; ils leur donnent des poignées
de mains, ils leur offrent leurs services, ils leur
grimacent toutes sortes de gentillesses; et ils se
disent *hommes d'ordre.*

Il y a des individus qui se barricadent dans
leurs maisons, quand l'émeute sauvage hurle
dans la rue. Ils se cachent quand les autorités s'ex-
posent à se faire éventrer pour la défense du
juste et de l'honnête ; et ils se disent *hommes
d'ordre.*

Ces chiens muets au jour du grand péril, ces
crapauds qui s'étaient cachés dans la fange au moment du danger, se montrent quand la tempête
s'est calmée. Les uns félicitent le parti vainqueur,
et les autres le déchirent, parce que ce parti les a
sauvés malgré eux ; et tous se disent *hommes
d'ordre.*

Eh bien! tous ces êtres qui ont l'immense et
étonnant courage de leur lâcheté, je les dénonce,
moi, comme la cause de la ruine d'un pays.

Par leur coupable mutisme, ils laissent naître
les pensées désastreuses ; par leur poltronnerie, ils
enhardissent les brigands; par leur fuite du théâtre
sur lequel se décide le sort des nations, ils livrent
les bons à la douleur et à l'immolation.

Voulez-vous avoir une idée de ces pénibles vérités, lisez les colonnes de l'*Echo de Vesone*, révélant dans son numéro du 20 janvier 1852, une partie des abominations de Bédarieux.

« Désespérant d'enfoncer les portes de la caserne, les émeutiers y mettent le feu. Chassés par l'incendie, épuisés par la lutte, les gendames Sirc, Flacon et Lamm escaladent une maison voisine et s'y réfugient. Les émeutiers envahissent la caserne; ils trouvent le gendarme Bruguière étendu sur le pavé de la cour et blessé; *ils l'assassinent* lâchement.

« Une corde appendue au mur de la maison voisine (la maison Mical), les porte à soupçonner que cette maison a pu servir d'asile aux autres gendarmes. Ils s'y précipitent; le gendarme Lamm, caché dans une écurie, est découvert. On lui lie les pieds et les mains, et on le traîne jusque sur la porte extérieure de l'hôtel. Là un émeutier lui assène sur la figure un coup de poing qui le renverse. *D'autres déchargent sur lui leurs fusils à bout portant.*

« Rentrés dans la maison Mical, les émeutiers continuent leurs recherches. Ils découvrent le gendarme Sirc et s'apprêtent à le tuer. Malaterre le sauve par cette exclamation : *C'est un frère !* Flacon, caché sous un lit, échappe miraculeusement aux recherches des émeutiers.

« Le maréchal-des-logis s'était aussi réfugié au

11.

deuxième étage de la caserne en feu. Vers trois heures du matin, cinq insurgés viennent jusqu'à lui. Léotard engage avec eux une lutte inégale et *succombe sous leurs coups.*

« *Le sang de quatre victimes n'a pas assouvi la rage de ces forcenés ; on les voit s'acharner sur les cadavres. L'un brûle les moustaches de l'infortuné maréchal-des-logis, l'autre urine dans sa bouche ; un autre, dit-on, attente à l'honneur de sa femme. Tous se livrent au pillage des appartements de la caserne et improvisent un festin ou plutôt une orgie à côté des cadavres.*

« Tandis que ces horribles scènes s'accomplissent à la lueur de l'incendie, *sans une seule protestation de la part des honnêtes citoyens d'une ville de douze mille habitants,* la commission municipale, acclamée par l'émeute, fonctionne à l'hôtel-de-ville. Bonnal rédige des proclamations que Caux doit publier le lendemain. Belugou préside aux actes de l'état civil. Les insurgés montent la garde autour des édifices publics et organisent des rondes de nuit. La ville et l'administration restent pendant six jours en leur pouvoir.

« C'est durant ce régime insurrectionnel que se sont produits des faits tenus secrets jusqu'à ce jour, et qui attestent jusqu'à quel degré d'abaissement peut tomber une population dominée par une profonde terreur. Voici ces faits dans l'ordre chronologique :

« La commission municipale convoque à l'hôtel-de-ville négociants et fabricants. Elle exige que les journées consacrées à l'émeute soient rétribuées, et fixe le taux de la rétribution. *Chacun s'exécute et courbe la tête devant le pouvoir insurrectionnel.* Le chiffre de cette contribution forcée a atteint, dit-on, dix mille francs.

« Il faut procéder à l'inhumation des trois gendarmes ; *on ne trouve pas d'abord de porteurs*, et *l'on propose de les transporter pêle-mêle dans un tombereau.* Enfin, douze porteurs se présentent : la foule exige que l'on découvre les bières et qu'on les promène ainsi dans les rues pour les donner en spectacle. *Pas un citoyen honnête n'a le courage de suivre le convoi de ces infortunés gendarmes. Un seul prêtre les accompagne au champ du repos.*

« Quand vient, au contraire, le moment d'inhumer l'insurgé tué à l'attaque de la caserne de la gendarmerie, deux mille ouvriers se pressent au convoi ; *plusieurs centaines d'honnêtes et riches citoyens vont, par peur, grossir les rangs de la multitude. Des discours sont prononcés sur la tombe.* »

Toutes les horreurs, toutes les lâchetés que nous venons de raconter soulèvent à la fois l'indignation de l'homme de cœur et de l'homme de bien.

Et voilà comment le manque d'énergie chez les

uns fait l'audace chez les autres; voilà comment a
faiblesse autorise le crime; voilà comment un
grand nombre de ceux qui se disent *honnêtes gens*,
se trouvent criminels. Car, pour être coupable, il
n'est pas requis de faire le mal, il suffit de refuser
de faire le bien. Quand on peut empêcher la mort,
laisser mourir, c'est tuer; laisser assassiner, c'est
être assassin !

Pour vivre, les hommes d'ordre dont je parle
fraternisent avec les criminels. Mais qu'ils ne s'y
trompent pas; ainsi faisant, ils courent à leur
perte. Jeter une riche cargaison dans l'océan est
chose facile, mais apaiser les grandes eaux soule-
vées ne l'est pas.

Aussi, prétendus défenseurs du trône et de l'autel, — qui laissez tomber le trône et qui insultez
tous les jours à l'autel par votre conduite, — esclaves de vieux préjugés, de la vanité, de la jalousie et du dépit de n'être rien, un jour viendra où
vous porterez la peine de votre incroyable entêtement. Oui, le silence de ceux qui laissent faire
aux méchants tout ce que l'enfer leur révèle, a
quelque chose de révoltant, quelque chose qui
appelle le mépris du monde et les malédictions de
Dieu

Je finis. Je ne suis donc qu'un faible écho du
son des grandes âmes et de la vérité, quand je dis
que les prétendus hommes d'ordre de nos jours
sont, *pour la plupart,* de mauvais chrétiens, de

mauvais voisins, de mauvais citoyens, une plaie mortelle pour la France !

XV.

La dernière de ces plaies, je vais la signaler ; c'est le dégoût du travail des champs.

Je n'entends pas dire ici, et je ne dis point, que les enfants des pauvres aient tous été destinés à la culture de la terre ; qu'il n'y en ait pas, parmi eux, de capables d'arriver aux emplois les plus élevés. Il faudrait être fou, ou ne rien savoir des annales de notre nation, pour émettre de pareilles affirmations. C'est du sein de l'indigence, du fond même du pénible labeur que sont sortis, en grande partie, les illustrations de nos cohortes, les gloires de l'Église et les plus grands bienfaiteurs de l'humanité.

Et je crois qu'il y aurait crime véritable, de chercher à étouffer, dans l'enfant du laboureur, les signes avant-coureurs des dispositions aux grandes choses, les rayons révélateurs du génie.

Je dis seulement que, depuis quelque temps, beaucoup trop de jeunes gens de la campagne s'ennuient de tracer des sillons, de creuser des fossés, de planter des haies, de bécher la vigne, de couper le blé.

Il leur semble qu'il y a dans leur position quelque chose d'humiliant, quelque chose qui les em-

pêche d'être à la place qui leur convient; et chacun dit : *Je veux être quelque chose de plus.* Ceci
est un fait.

Eh bien ! ce fait est un malheur; car, dès que
ces tendances sont arrivées à un certain degré, ces
hommes courent aux professions qu'ils ambition-
nent. Mais, pour apprendre ces arts et ces métiers,
il faut quitter le village où l'on a reçu le jour; il
faut abandonner le temple rustique où, de la bouche d'un pasteur bon et vénérable, on a appris à
aimer son père et sa mère, à obéir aux lois de son
pays, à respecter toutes les autorités, et à craindre
d'offenser Dieu.

On arrive dans une des grandes cités de la
France. Sur ce nouveau théâtre, ce que l'on voit,
ce que l'on dit, ce que l'on entend, ce que l'on
fait, ne ressemble en rien à ce que l'on voyait, à
ce que l'on disait, à ce que l'on entendait, à ce que
l'on faisait aux lieux témoins des premiers jours.

Les conseils du curé, les avis d'un père attristé,
les recommandations d'une mère en larmes sont
bientôt oubliés. Fruits des sueurs et des économies de bons et pauvres parents, les ressources
que l'on avait diminuent, s'abaissent et disparaissent tout-à-fait dans l'étourderie et le désordre.

Cependant, le besoin se fait sentir; le produit
du travail ne couvre pas les dépenses; quelquefois,
même, le travail est suspendu pour un temps.

Dans cet état de choses, les ouvriers murmurent, se plaignent, s'irritent, courent aux armes.

L'insurrection est faite, le sang coule. Par suite de cette rébellion et de ce sang versé, le Gouvernement est quelquefois changé ! Mais qu'il se tienne debout, ou qu'il soit renversé, les magasins se ferment, la confiance disparaît, les capitaux se cachent, et ceux qui n'ont rien et ceux qui possèdent sont également malheureux.

Voilà ce qui a eu lieu, nul ne peut le contester ; et voilà ce qui peut arriver encore ; il est permis de le craindre sans cesser d'être homme d'une haute intelligence et d'une remarquable énergie.

Une autre source de mécontentement et de troubles prochains, dans un État, si le Gouvernement n'y prend garde, c'est la fâcheuse augmentation de l'impôt.

A chaque révolution, on promet un Gouvernement à bon marché ; et le Gouvernement qui vient après chaque révolution est toujours celui qui coûte le plus cher.

Dès leur début, tous les pouvoirs nouveaux sont un peu étonnés de leur puissance ; ils ont des ennemis de leur origine ; ils veulent se faire des appuis : ils croient y réussir avec de l'argent, et ils demandent ce que l'on n'avait pas encore demandé.

Il faut que les nouvelles sommes soient fournies au trésor. Qu'arrive-t-il alors ? Comme c'est à l'impôt qu'on s'adresse pour avoir ces sommes,

il arrive que le petit propriétaire, le pauvre travailleur, le malheureux ouvrier patenté, — qui
avaient eu peine à remplir les prescriptions du
rôle de l'année précédente, — se trouvent, l'année d'après, atteints par une incaractérisable augmentation !

Ces hommes, cependant, aiment le Pouvoir ; ils
voudraient le voir florissant et béni. Mais, parce
qu'ils voient que le Pouvoir les délaisse, qu'il ne
s'occupe d'eux que pour les faire servir à ses fins
de profusions et de caprices, ces hommes s'attris-
tent et ne parlent plus en faveur du Pouvoir.

Dans cette espèce, ô tristesse d'une nation, que
tu es effroyable ! Silence d'un peuple, que tu es
une grande leçon pour un Pouvoir, quand le
Pouvoir veut te comprendre !

Et en effet, c'est que ces hommes ainsi maltrai-
tés, disent : « Je ne ferai rien contre, mais je ne
veux rien faire pour. Il faut qu'ils sachent, *ces
messieurs*, ce qu'ils peuvent sans nous. »

Et aussitôt, les roués qui sont aux aguets, eux
qui savent comment il faut opérer pour changer
la face des choses, disent dans l'ombre : « Le moment d'agir est venu. Le peuple est mécontent.
Crions bien haut : A bas ! »

Dans le moment, quelques centaines de gamins
s'insurgent, et le Pouvoir s'enfuit ! qu'on dise que
ce n'est pas vrai.

Le gouvernement comprend alors que frapper

sur le peuple un impôt trop onéreux, c'est courir à sa propre ruine : il le comprend, mais il est trop tard.

Les excessifs salaires qui sont faits à certains fonctionnaires, mis en rapport avec l'obole qui est envoyée à quelques autres, sont encore une cause de troubles chez un peuple, et une cause de chute pour un gouvernement. Et il ne saurait vraiment en être autrement.

Je ne veux pas dire ici que les employés d'un pays doivent tous être également rétribués ; non sans doute. Mais je dis qu'ajouter, — et surtout d'une manière incroyable, — aux appointements les plus forts, et laisser tels qu'ils sont les traitements insuffisants, c'est irriter. Je dis que donner encore aux fonctionnaires qui regorgent de tout, et laisser dans leur état ceux qui n'ont rien, ou presque rien, c'est irriter.

C'est là un tort qu'ont eu en France tous les gouvernements tombés. Par suite de cette conduite de leur part, il y a eu irritation entre les citoyens et irritation contre le pouvoir. Et les résultats de cette disposition ont été effrayants : car, plus d'une fois, il est arrivé que l'autorité a été obligée de faire appel à la force, à cette force qui, en fonctionnant sur les derniers degrés de l'échelle sociale, donne cependant à tout le mouvement et la vie. Mais cette force se voyant dans la pauvreté, et cela à côté des fortunes princières de ceux qui lui commandaient, a dit : « Quoi qu'il advienne, je ne porterai ni double bât, ni double charge. » A l'appel de l'autorité elle n'a pas voulu répondre, ou elle n'a répondu que faiblement! Dès lors, le manteau de l'autorité a été déchiré, et l'on a vu la révolution sortir de la disproportion des salaires, qui étaient richesses royales chez les uns, et deniers de miséricorde chez les autres.

Mais le mal si multiple qui ronge la société est-il sans remède? Non. Peut-on refaire la société mourante? Oui. Quels sont les moyens à employer pour arriver à cette noble fin? Je vais les exposer dans le livre suivant.

FIN DU LIVRE PREMIER.

LIVRE SECOND.

———◦❂◦———

J'observe, avant de commencer ce second livre, qu'ici, comme dans ce que je viens de dire, j'appellerai l'idée religieuse à l'appui de ma doctrine. Il le faut. Sur la mer où nous sommes, la tourmente est grande, les ténèbres de notre nuit sont profondes; Dieu seul peut faire cesser la tempête et ramener le jour.

L'idée religieuse est la seule puissance réelle; toute doctrine qui ne repose pas sur cette base est un monument bâti sur le sable, une doctrine impuissante à produire la paix dont le monde a besoin; car un peu plus tôt ou un peu plus tard, par le cri de ses besoins ou par suite de ses désirs satisfaits, par son ignorance du monde ou par la connaissance qu'il en a, l'homme se trouve malheureux. En dehors de l'influence qu'exerce la doctrine révélée, dans une infinité de circonstances, l'être malheureux peut se jeter impunément dans les extrémités dernières. Or, pour son malheur et pour celui des autres, cette détermination terrible, il la prendra; car sa règle, ce sera sa passion, et sa passion lui dira : Va !

Que faire pour arrêter ce bandit altéré de domination et d'argent, de sang et de crapule? Vous vous opposerez à ses furibonds élans ; mais il luttera. S'il a le dessus, vous êtes perdu ; et si vous remportez la victoire, vous l'aurez vaincu, mais il sortira du combat insoumis et furieux. Un jour, il brisera les chaînes que vous lui aurez rivées ; il vous attaquera de nouveau, et sa seconde attaque sera cent fois plus terrible que la première! S'il triomphe, malheur à vous!... Si vous le faites mourir, il se trouvera quelqu'un qui prendra de son sang; et ce sang sera pour vous ce que fut celui de Nessus pour Hercule !

Que faut-il donc faire? Il faut travailler à changer l'être humain, en opérant la correction dans sa pensée et dans ses affections, en le faisant sortir des vices dans lesquels il est enfoncé, en le portant à pratiquer les vertus qu'il méprise, qu'il outrage, qu'il blasphème.

Ce travail est grand, immense, géant, presque surhumain ; mais il n'est pas impossible. Pour moi,

je ne suis pas de ceux qui professent l'incorrigibi-
lité de l'être humain. Je crois que le faible peut se
fortifier, que le malade peut guérir, que le mort
peut ressusciter! Mais ai-je la prétention d'opérer
seul ce changement? Non, sans doute; mais je puis
y contribuer. Dieu se sert quelquefois de ce qu'il
y a de plus simple en apparence, pour opérer les
choses les plus élevées : c'est un enfant qui a ter-
rassé le géant des Philistins, c'est un obscur berger du pays de Madian qui a délivré le peuple
hébreu de l'esclavage des Pharaons. Un soldat
ignorant peut fournir quelquefois à son général
une idée très-précieuse, et un pauvre bûcheron,
vivant dans la forêt, peut conduire un héros jusqu'au champ de la victoire. Entre les mains de
Dieu rien n'est petit, tout est immensément fort ;
entre les mains de Dieu, un obscur Génois fait sortir l'Amérique du fond des mers ; et entre les mains
de Dieu, un ver à soie fait la fortune de tout un
peuple.

Bien convaincu de ma faiblesse, je vais essayer
de servir mon pays, en lui disant ici ce qui peut
l'empêcher de périr. Mon amour pour mes compatriotes est, en cet endroit, mon seul talent; mais
celui-là bien souvent vaut plus que tous les autres.

I.

Puisque l'orgueil est une cause de mort pour les sociétés, il faut appliquer à fortes doses le céleste onguent de l'humilité à la société malade; par là on introduit dans elle un efficace élément de vie.

L'humilité est une douce et aimable timidité, qui nous porte à attribuer aux autres ce que nous méritons, quand il est question de faveurs, et nous pousse à nous croire les plus dignes d'abaissement quand il s'agit d'humiliation.

Elle naît de la considération habituelle sur soi-même, de la méditation de notre propre faiblesse, de l'aveu des écarts réels ou possibles, et enfin d'une juste appréciation des choses d'ici-bas.

Celui qui est véritablement humble, l'est dans sa chambre, tout seul, comme il l'est au milieu du monde et dans les cercles nombreux.

« Cette vertu, disait un conseiller de Cour royale, est la vertu des sots. » La définition est fausse, et la preuve, c'est qu'il ne l'avait pas. L'humilité, c'est la vertu de la raison, la vertu qui fait le bonheur du monde. Je dis que c'est la vertu de la raison. Et de quoi, en effet, l'être humain peut-il s'énorgueillir? Parmi les choses qui peuvent flatter, sans contredit, la première est la célébrité; mais hélas! à la célébrité n'arrive pas qui veut, et tel croit la tenir qui en est encore bien loin!

Revenant de sa questure de Sicile, Cicéron retournait à Rome, plein de confiance en lui-même, après tant de succès. En traversant la Campanie, il rencontra un homme qu'il croyait un de ses amis. Persuadé que Rome était remplie du bruit de sa renommée, il lui demande ce qu'on y pensait de lui et de ce qu'il avait fait. Et cet homme lui répond par cette foudroyante question : *Et où donc avez-vous été, Cicéron, pendant ces derniers jours ?* Cette question abattit le questeur de la Sicile, et fit comprendre à ce grand homme que sa réputation s'était perdue dans Rome comme dans une immense mer. Voilà la célébrité des emplois.

Il en est qui veulent la célébrité des combats, la gloire des batailles. Je ne leur dirai qu'un mot. A mon sens, ce mot vaut tout un livre : L'épée de Gonzalve de Cordoue, surnommé le Grand-Capitaine, cette épée victorieuse des Portugais, des Maures, des Italiens et des Français ! cette glorieuse épée qui avait emporté tant de places, fait tomber tant de forts et jeté l'épouvante dans les plus intrépides bataillons, cette épée, il n'y a que quelques années encore, *a été vendue trois francs de notre monnaie !* Courez ensuite les dangers de la guerre, seulement pour avoir de la gloire ! Voilà ce que devient la célébrité des enfants de Mars et de Bellone !

Parmi les réputations, la plus brillante est, sans contredit, celle que donne la parole. Car, par la parole, on exalte les âmes, on fait vibrer les cœurs,

on excite la haine, on inspire l'amitié, on flétrit
le parjure, on magnifie la vertu , on soulève les
peuples, on entraîne les sénats et les rois, on fait
marcher les armées, on pavoise les flottes, on gouverne le monde! Mais à l'homme qui, par la parole, opère ces merveilles, de tout cela que re-
vient-il? Rien. Reverseaux, Degennes, Lenormand,
Cochin ont été l'ornement et la lumière du barreau français. Ils s'éloignèrent de toutes les routes
battues, s'en frayèrent de nouvelles et firent du
langage du barreau, dit La Harpe, le langage de
la raison. Mais qui sait aujourd'hui qu'il y a eu
des Reverseaux, des Degennes, des Lenormand,
des Cochin ? — Quelques hommes qui suivent la
même carrière ; le reste de la société n'en sait
rien. Il est constant, dit l'écrivain que je viens de
citer, que l'intérêt des causes privées, quelque
bruit qu'elles fassent un moment, ne s'étend jamais au-delà de la durée du procès.

Il faut que je rapporte ici un fait qui pèse sur
ma poitrine comme une montagne! La biblio-
thèque d'O'Connell, le grand avocat de sa nation,
a été vendue à un bouquiniste! Ces livres, que
l'ange protecteur de la patrie avait feuilletés et an-
notés de sa main, ont été vendus moins cher
qu'ils n'auraient coûté sur les quais!

Hommes du barreau, oracles de l'éloquence,
rois de la parole, livrez-vous après cela aux longs
travaux, polissez vos mémoires et les repolissez,

séquestrez-vous du monde, blanchissez dans le travail, pâlissez dans les veilles, pour arriver à l'immortalité! Voilà ce qui attend la célébrité de la parole humaine!

Et s'il était un apôtre du Christ désireux de faire parler de lui à cause de sa puissance dans la parole sacrée, — ce qui serait crime, si ce n'était folie, — je lui dirais : En 1235, l'Occident était déchiré par les horreurs de la guerre civile. Parmi les prédicateurs envoyés pour pacifier les États, un homme se faisait remarquer par les prodiges qu'opérait sa parole. Dans tous les pays qu'il parcourait, les nobles, les paysans, les bourgeois, les guerriers couraient pour l'entendre, juraient d'oublier leurs injures, de terminer leurs querelles. Dans une infinité de villes, il rétablit la paix troublée par l'esprit de jalousie et par toutes les orageuses passions de la liberté. Mais les temples ne sont plus assez grands! Il annonce qu'il va prêcher en plein air. On lui dresse une chaire au milieu de l'immense plaine de Pesquiera. Tous les habitants des contrées voisines, ayant à leur tête leur clergé et leurs magistrats, se rendent au lieu indiqué pour entendre l'ange de la concorde, le grand orateur de la paix publique! L'homme à la bouche d'or paraît au milieu d'une multitude de plus de quarante mille assistants! Il parle; sa parole semble descendue du ciel. Il ordonne aux villes lombardes de renoncer à leurs inimitiés. Les assistants fondent en

12.

larmes, et jurent d'oublier le sujet de leurs longues divisions. L'humble prêtre leur dicte un traité de pacification universelle ; et l'Italie rentre ainsi dans le calme. Cet homme s'appelait *Jean de Vicence*.

Voilà la puissance de la parole portée à son plus haut degré ; voilà le plus beau triomphe oratoire que l'éloquence humaine ait jamais obtenu ; voilà le plus beau laurier dont orateur ait jamais ceint son noble front ! Mais, je le demande, qui sait aujourd'hui qu'il y a eu dans le xiii⁰ siècle un homme que l'on appelait *Jean de Vicence ?* Eh, mon Dieu ! presque personne. Ses contemporains oublièrent son image, et la postérité a perdu le souvenir de son nom.

Ici, tout cœur noble se serre, toute grande âme devient triste. Par ce fait, l'humanité reçoit une leçon terrible : elle apprend que la célébrité acquise par le discours n'est qu'une pincée de poussière que le vent emporte, qu'un peu de fumée qui disparaît. Elle apprend que l'on oublie bien vite ce qu'on n'a plus, et que bien facilement on s'accommode de ce que l'on a.

Non, la célébrité n'a pas la réalité que l'on croit. Non, aucune espèce de gloire ne vaut ce qu'elle coûte. Aussi, Démosthènes, bien bon juge de l'opinion publique, détournait les jeunes gens qui venaient le voir de l'idée de prendre un jour part aux affaires. « Si, dès le commencement que je m'en suis occupé, leur disait-il, on m'eût présenté deux chemins, celui de la tribune aux harangues et celui d'une mort certaine, et que j'eusse pu prévoir tous les maux qui m'attendaient, les craintes, les jalousies, les calomnies et les combats qui en sont inséparables, je me serais jeté tête baissée dans le chemin de la mort. »

L'homme n'a donc rien qui puisse le porter à s'enorgueillir, puisque les choses les plus magiques ne sont que de sublimes misères. L'humilité est donc la vertu de la raison.

Et l'humilité est la base de l'ordre, de la paix, de la belle harmonie et de la prospérité chez les nations. Car l'homme véritablement humble n'est point jaloux du bien de son voisin ; pour obtenir des places, il ne commet point d'iniquités, il ne démoralise point son semblable ; rarement il s'offense de ce que l'on fait contre lui ; si l'injure monte jusqu'à son cœur, elle s'en retire aussitôt n'y trouvant point de place : lorsqu'elle s'y présente, le cœur a déjà pardonné.

Mais que dis-je ? le disciple de l'humilité évite de manifester son mérite. Un étranger étant allé consulter le savant Ducange, celui-ci l'envoya à Mabillon, son rival en érudition. « On vous trompe quand on vous adresse à moi, lui répond Mabillon ; allez voir M. Ducange, il répondra à toutes vos questions. — Mais, c'est lui-même qui m'adresse à vous, dit l'étranger. — Hélas ! réplique

Mabillon, il est mon maître; mais, puisque vous m'honorez de vos visites, je vous communiquerai le peu que je sais. » Voilà l'humilité.

Avec de tels hommes, il n'y a point de rivalité possible; ils ne disputent que pour se renvoyer l'honneur qui se présente. Avec de tels hommes, la tranquillité est assurée. Ah! si nos hommes d'État avaient été animés de cet esprit, nous n'aurions été victimes d'aucune des grandes catastrophes qui ont fait verser tant de sang et élever de si hauts murs de séparation parmi nous, au milieu d'un pays qui ne devrait connaître que des frères.

Le disciple de l'humilité fuit la grandeur et les titres pompeux. Après la prise de Jérusalem, Godefroi de Bouillon refusa le nom de roi, repoussa les ornements royaux et s'écria : « Oh, non! il ne sera jamais dit que Godefroi ait été couronné d'or dans une ville où le Christ a eu le front ceint d'une couronne d'épines. » Et il ne voulut d'autre dénomination que celle d'avocat du Saint-Sépulcre. Voilà le fruit de l'humilité. Mais de cette belle vertu vous ne voyez chez Godefroi que le début. Aussitôt après la conquête, le patriarche, homme superbe et entêté, insolent et ignorant, réclame Jérusalem et ses dépendances. Devant cette stupide exigence, l'intrépide Godefroi sent l'indignation bondir dans son âme; il voit la guerre civile éclater dans le camp des chrétiens; son humilité vient à son secours; il s'incline, il cède! Lui qui a fait tomber à ses pieds tous les Émirs des montagnes de Samarie, lui qui a brandi sa glorieuse et redoutable épée dans les champs de l'Asie, s'humilie devant les prétentions les plus révoltantes et les plus sottes, et, par son humilité, le fervent héros de la première croisade empêche la division parmi les peuples chrétiens en Palestine, évite de faire couler des fleuves de sang, et préserve la terre sainte de retomber sous la servitude musulmane.

Voilà l'irrésistible ascendant de l'humilité sur l'homme : elle le porte à faire le sacrifice de son intérêt propre et de ses inclinations naturelles pour l'intérêt public, pour l'avantage des autres. Ah ! qu'en France les hauts emplois soient occupés par des hommes semblables, et l'on n'aura plus rien à craindre pour l'ordre : dès ce jour, le pays change de face, tout prospère, tout fleurit, et la France est sauvée !

Mais cette céleste abnégation de soi-même, que ne produit-elle pas sur la femme ? C'est elle qui la porte à s'incliner sous le coup des orages domestiques avec cette ineffable douceur qui lui ramène les natures les plus ingrates ; c'est elle qui la porte à s'attendrir sur le sort du pauvre, à venir à son secours et à le consoler. Car, croyez-vous qu'une femme orgueilleuse adoucira son mari violent et emporté ? Non, elle ne le fera pas. Croyez-vous qu'une femme hautaine s'occupera

du mendiant, ira s'asseoir auprès de son lit de souffrance, lui dira quelques paroles bonnes, quelques-
unes de ces paroles qui portent le cachet du cœur?
Non, et je vous le jure, moi, non elle ne le fera
pas. Mais ces œuvres, plus dignes d'admiration
que des miracles, sont le partage de la femme
véritablement humble. Et les faits sont là pour le
prouver. Sainte Catherine de Gênes a un mari dur
et dépensier, brutal et adonné à tous les vices.
Elle pleure et elle prie ; elle évite tout ce qui peut
causer de la peine à cet époux indigne, prévoit
tout ce qui peut lui être agréable et s'empresse de
le réaliser. Quand les dames, ses voisines, viennent lui témoigner combien grande est la part
qu'elles prennent à sa douleur, elle leur répond :
« Mais, je ne me plains de personne ; mon mari
n'est peut-être pas tout ce que vous croyez ; c'est
bien souvent notre faute, si nous n'avons pas le
bonheur que nous voudrions avoir. Si j'ai quelques peines, c'est parce que le bon Dieu veut me
faire expier des fragilités que j'aurais peut-être
sans cela oubliées. » Témoin de tant de vertus
réunies à tant de grâces, Adarno fait un retour
sur lui-même ; il rougit de sa propre conduite,
tombe aux pieds de sa femme, fond en larmes, la
prie de lui pardonner, et passe le reste de ses
jours à faire oublier à sa noble compagne des
écarts qu'il voudrait effacer par l'immolation de
mille vies s'il les avait ! Une femme pédante aurait-

elle obtenu de si beaux résultats? Non. Se serait-
elle ainsi conduite? Non.

Témoin des misères publiques et des infirmités
humaines, la belle dame de Chantal se fait la
nourricière des pauvres. De toute la Bourgogne
les malheureux se rendent auprès de cette femme
qui brilla dans le monde comme une belle étoile
au fond d'une nuit sombre; femme à laquelle il
n'a rien manqué pour être digne d'un culte, puisqu'elle a eu la désapprobation d'hommes dont
on ne peut se rappeler le souvenir sans se sentir
mal au cœur. La jeune baronne distribuait elle-
même les revenus de ses vastes domaines; elle
parlait à chacun de ces hommes, à chacune de ces
femmes tout couverts de haillons et de crasse.
Elle se faisait apporter les lépreux que tout le
monde fuyait, et ses servantes, refusant de les
soigner à cause de la puanteur qui sortait du
corps de ces malheureux que l'on avait ramassés
sur les routes, elle les soignait elle-même, lavait
leurs pieds et essuyait le pus qui en sortait, les
aidait à manger, s'asseyait à côté de leur lit, les
consolait; et, lorsqu'elle voyait que dans une
chambre de son château un lépreux allait mourir,
elle lui donnait sa bénédiction et lui disait : « Va,
mon frère, avec confiance au Seigneur qui t'appelle; tu as ressemblé à Lazare dans ce monde, et
tu vas maintenant être porté, comme lui, par la
main des anges dans le ciel. » Et puis elle réglait

tout ce qui était nécessaire pour la cérémonie des funérailles. Mais une femme fière aurait-elle tenu cette conduite ? Non. Aurait-elle fait éprouver ces douces émotions aux malheureux ? Non. C'est donc l'humilité qui fait de la femme le bon génie de la famille, c'est donc l'humilité qui fait de la femme l'ange de la consolation.

Voilà pourquoi le Christ, qui venait sauver le monde, a cherché, depuis son apparition dans la vie jusqu'au moment où il a rendu le dernier souffle, à inculquer cette vertu dans l'esprit et dans le cœur humain. Il veut naître pauvre, dans un endroit pauvre, enveloppé dans des langes pauvres, et avoir des pauvres pour premiers courtisans ; il veut vivre pauvre et fréquenter des pauvres. Avant de mourir il veut laver les pieds à ses apôtres, et c'est là le testament de son humilité ; et trouvant que ce n'est pas assez, il veut mourir d'une mort qui est pour lui la plus terrible humiliation qui ait jamais été. Pourquoi tant d'abaissements dans l'homme-Dieu ? Pour faire comprendre à la créature que l'humilité est le grand échelon qui fait monter à toutes les vertus. Et en effet, on ne saurait en atteindre une seule sans elle, et par elle on arrive aux plus sublimes. Et voilà pourquoi saint Grégoire dit : « Que comme une fleur tire toute sa fraîcheur et toute sa beauté de sa racine, et qu'elle se fane bientôt dès qu'elle est cueillie, de même toute vertu tire ses grâces de l'humilité, et si on l'en détache, elle se détruit bientôt et se perd entièrement. »

On demandait autrefois à Démosthènes quelle était la première qualité de l'orateur, et il répondit : l'action ; on lui demanda quelle était la seconde, et il répondit : l'action ; et la troisième? lui dit-on, quelle sera-t-elle? et il répondit encore : l'action et toujours l'action ! Et si l'on me demandait quelle est la vertu sociale qui doit occuper la première, la seconde et la troisième place, je répondrais : l'humilité, et je donnerais la même réponse toutes les fois qu'on me ferait la même question.

Je n'ai donc fait qu'affirmer une vérité grave, quand j'ai donné l'humilité comme une vertu qui fait fleurir les nations.

Riches et pauvres, dépouillez-vous donc dès maintenant de toute votre arrogance. Si vous le faites, pauvres, il n'y aura plus de despotisme contre vous, parce qu'on ne trouvera plus dans vos actes la rébellion, fille de l'orgueil ; si vous le faites, riches, il n'y aura plus de rébellion contre vous, parce qu'on ne trouvera plus dans votre conduite le despotisme, enfant des révoltantes prétentions.

C'est ce sentiment de notre propre faiblesse qui nous mène à la vérité : et la vérité fait le salut des peuples.

II.

La vérité peut être envisagée sous une infinité de rapports ; mais il me semble que, telle que je la considère ici, elle doit être définie : *la conformité de notre pensée avec la proposition que nous énonçons.*

La vérité mérite la première place dans tous les cœurs : elle est ce qu'il y a de meilleur ; elle est ce qu'il y a de plus beau. Elle donne le bonheur ; entre toutes les grâces, elle est la grâce par essence ; toutes les félicités et tous les charmes tirent d'elle leur éclat.

Au jour du paganisme, les philosophes, ne la voyant encore que comme à travers un voile, l'appelaient déjà la mère de la vertu, c'est-à-dire la mère de tout bien ; et ils sentaient que leurs soupirs s'envolaient vers elle.

Dans le christianisme, les natures extraordinaires, dominées par l'irrésistible empire de la vérité, disaient aux bourreaux des despotes : Nous savons braver les supplices, mais nous ne savons pas mentir. Nous sommes les soldats de la vérité ; nous luttons pour sa défense ; nous sortirons invaincus du grand combat que vous lui livrez. Notre amour pour elle sera plus fort que vos tourments. Vous pouvez nous torturer, vous ne nous ferez pas par-

ler contre elle. Il en coûte pour soutenir sa cause ;
mais notre sang lui appartient, et elle l'aura jusqu'à la dernière goutte. Le répandre pour elle,
c'est la faire triompher ; elle triomphera ! Et le
cœur brûlant, la tête haute, le regard imposant,
ils volaient au martyre !

Mais pourquoi cette passion dominante pour ce
que l'on appelle la vérité ? Pourquoi ! parce que
ces hommes voulaient, les uns le bonheur dans
cette vie, et les autres le bonheur dans l'autre ; nul
ne saurait en douter ; et ils croyaient que la vérité
était un gage de félicité matérielle, et une garantie
de salut éternel ; et ils avaient raison.

L'ami de la vérité est un homme de bonne foi,
et il porte cette bonne foi dans tous les actes de sa
vie ; dans les ventes, dans les achats, dans les
échanges ; avec lui on n'a besoin ni de notaire, ni
d'écrits sous seing-privé, ni de témoins. Il donne
sa parole, et sa parole c'est assez ; il n'en faut pas
davantage. Sa fortune peut s'amoindrir, ses goûts
peuvent changer, mais l'obligation qu'il a con-
tractée ne se rapetisse pas ; à ses yeux elle ne
change jamais.

Mais si cet homme n'est pas esclave de la vérité,
il viendra et dira qu'il a fait réflexion, qu'il y a
eu précipitation dans ses premières démarches,
qu'il a contracté des obligations depuis, qu'il pensait qu'il lui serait loisible de revenir là-dessus ;
il disputera contre les clauses les plus minutieuse-

ment détaillées; il niera le sérieux de sa propre signature! Dans lui, l'intérêt l'emportera sur le devoir! Dans lui, le cri de la conscience sera étouffé par le cri de la cupidité, par le cri de l'amour de l'argent! Mais portez dans cet homme l'amour de la vérité dans les affaires, et toutes ses promesses se trouvent des prophéties qui ont leur réalisation en leur temps.

Que la vérité soit au foyer de la famille; qu'une parole douce y exprime un sentiment, et qu'un regard d'amour y trahisse un élan du cœur; qu'une démarche faite y dise une douleur, une crainte, un besoin de l'affection; que tout soit vrai, bien vrai, très-vrai, et la somme de bonheur que l'être humain peut trouver ici-bas, existera dans toute sa plénitude! Mais cette félicité n'aura lieu qu'à la condition de la préexistence de la vérité. Une croyance erronée ne la donnerait même pas, car l'erreur ne donnera jamais le vrai. A la place de cette vérité, mettez le soupçon, le doute, la découverte de la fausseté, qu'avez-vous alors? La fièvre, les sueurs, la maladie, les cris, les larmes, les hurlements, la folie, la mort! La mort qui déchire sourdement les veines par le poison, ou la mort qui passe terrible comme la détonnation d'une arme à feu! ou, plus terrible encore, la mort qui mine silencieusement les sources de la vie! Mais portez l'amour de la vérité dans les mariages, et les époux sont ce qu'ils doivent être, des couples de pèlerins amis, de frères tendres, d'anges de Dieu voyageurs ici-bas.

Dans les relations de sentiment et de tendresse, le disciple de la vérité n'est pas seulement constant, il est fidèle. Sur lui le temps et la distance sont impuissants. Il sait qu'il a fait un serment; et pour celui qui l'a reçu, ce serment est un titre qui ne prescrit jamais; pour celui qui l'a fait, les grâces nouvelles sont toujours sans appas. Pour prouver son affection, il ne se plaint que d'une chose : que les sacrifices qu'il fait ne sont pas assez grands, qu'ils lui coûtent trop peu. Dans les circonstances les plus périlleuses de la vie, sa parole donnée le tient au cœur qui l'a reçue, comme le câble tient le vaisseau à son ancre au milieu des tempêtes et des orages des grandes mers.

Mais si sa parole n'a été qu'un mensonge, ou s'il ne tient plus à la vérité qu'il aimait dans d'autres temps, et qu'il vienne à se parjurer, il chante, il danse, il mange, il boit, il rit, fait de nouvelles connaissances, s'avilit, se dégrade, prend son plaisir où il le trouve, et pour qu'il ne manque rien à son ignominie, il dévoile les confidences qui lui ont été faites ! Il calomnie et tourne en ridicule la sensibilité qu'il a trompée. Mais dans ces unions, soutien de l'existence, établissez l'amour de la sincérité, et les amis restent amis ; ils continuent de s'aimer quoiqu'ils ne se voient pas, et alors même qu'ils ne devraient jamais se revoir ! Si vous doutez de ce que je dis, c'est que vous avez menti dans vos promesses; car si vous n'aviez fait que trouver des menteurs dans ce qui vous a été promis, vous me croiriez encore.

La vérité est une Ève nouvelle, qui seule peut écraser la tête de toutes les rebellions. Mettez dans tous les cœurs l'amour pour cette fille du ciel, et vous verrez aussitôt tous les pèlerins de la pensée et du labeur se rapprocher et n'avoir qu'une même âme. Dès lors les pauvres seront secourus sans se croire humiliés, et les riches feront le bien sans s'en prévaloir, parce que la vérité veut qu'il en soit ainsi. Le peuple sera patient, comprenant que l'on ne peut pas réaliser dans quelques jours tout le bien que l'on désire lui faire; c'est une vérité. Et les hommes qui prennent une part active aux affaires, seront vigilants, désintéressés, travailleurs et modestes, sachant qu'ils ne sont ce qu'ils sont que par le peuple et pour le peuple.

Si la société va mal, ah! soyez-en sûr, c'est que la vérité est chassée des esprits où elle devrait régner; c'est parce que tous les partis ont eu leurs exagérations, leurs passions, leurs emportements, leurs mensonges. Oui, chacun s'est dit le restaurateur de l'ordre, et chacun a fait ce qu'il fallait faire pour compromettre l'ordre et pour le perdre. Si nous n'avons pas péri, c'est que Dieu nous a empêchés de périr.

Par l'amour de la vérité, le matériel de la vie se trouve donc assis sur une base solide, et l'union des cœurs a des garanties infrangibles. Et voilà pourquoi Jéthro disait autrefois à Moïse son gendre : « Pour gouverner le peuple, prenez des hommes sages et courageux, mais surtout des hommes amis de la vérité. » Samuel disait à la même nation : « Craignez le Seigneur, et surtout remplissez vos devoirs dans la vérité. » Et un roi de France disait que si la vérité était chassée du cœur de tous les hommes, elle devrait se trouver dans le cœur des rois. Ce prince parlait ainsi, parce qu'il était convaincu de la nécessité et de la puissance de la vérité pour faire le bonheur des peuples.

Ce n'est pas tout, l'homme vrai peut aller frapper aux portes du ciel et mettre Dieu dans sa cause. J'ai lu dans le vingtième chapitre du quatrième livre des Rois : « En ce temps-là, Ezéchias fut malade, et malade jusqu'à la mort. Le prophète Isaïe, fils d'Amos, vint le trouver, et l'aborda en ces termes : Voici ce que dit le Seigneur : Mettez ordre aux affaires de votre maison, car vous allez mourir, et vous ne pouvez pas vivre davantage. Ezéchias, tournant aussitôt le visage du côté de la muraille, s'adressa au maître de la vie et lui fit cette prière : Seigneur, je vous prie de vous souvenir que j'ai fait ce qui vous était agréable ; je vous prie de vous souvenir de quelle manière j'ai marché devant vous dans la *vérité*. Ensuite, Ezéchias se prit à pleurer.

« Et avant qu'Isaïe eût traversé la moitié du vestibule, le Seigneur lui parla et lui dit : Retournez, et dites au roi, chef de mon peuple : J'ai entendu votre demande; vous allez être guéri, et dans trois jours vous irez au temple. J'ajouterai encore des années aux jours de votre vie, et je vous délivrerai de la main du roi des Assyriens. » Voilà, auprès de Dieu, la force de la vérité parlée.

Quand la vérité sort de la terre, la justice regarde du haut du ciel; le soleil d'en haut et la lumière d'en bas se donnent le baiser de la fraternité, et une alliance d'amour se fait entre la beauté éternelle et l'être humain voyageur ici-bas.

Soyez donc vrai; soyez vrai envers vous-même. N'étouffez pas la vérité dans les profondeurs du sanctuaire de votre âme; donnez-lui un libre passage, lorsqu'elle s'agite pour faire explosion au-dehors. La retenir captive, c'est la tuer, et le meurtrier de la vérité mérite la mort.

Jusqu'à ce jour, vous avez cherché à vous tromper; vous vous êtes séduit vous-même. Vous avez laissé votre esprit se livrer à ce qui le flattait, et vous avez poussé votre cœur aux illusions qu'il aimait. On vous a présenté un flambeau, et vous avez fermé les yeux pour ne point voir. Vous avez été comme ces malades en délire, qui ne croient jamais aux objets réels, et qui croient toujours aux ombres et aux fantômes de leur imagination désordonnée.

Souvenez-vous que votre pèlerinage sur la terre a pour objet l'expiation du mensonge. Soyez vrai envers vos semblables, rendez justice à leurs mérites et à leurs vertus, alors même qu'ils auraient manqué de justice à votre égard. Si devant vous, des bouches de vipères viennent les déchirer injustement, protestez contre ces lâches attaques : croire le bien et garder le silence dans ces circonstances, c'est accuser, c'est calomnier, c'est mentir.

Qu'en toutes rencontres, vos paroles et vos actes soient autant de manifestations de votre intérieur. Dans vos relations particulières et dans les austères solennités de la justice, souvenez-vous de rendre témoignage à la vérité; surtout, gardez-vous bien de convertir en poison les pensées de vos frères et de leur attribuer des actes qu'ils n'ont jamais faits et qu'ils n'auraient jamais voulu faire. Dieu s'est réservé à lui seul la connaissance des replis du cœur. Vous pourrez oublier vos paroles en cet endroit, mais le vengeur de toute innocence flétrie ne les oubliera pas; elles seront gravées dans le livre d'où dépendra votre sort au dernier jour.

> Ce livre où sont écrits tous les forfaits du monde,
> S'ouvrira, redoutable aux yeux de l'univers,
> Et vos crimes, cachés dans une nuit profonde,
> Y seront, malgré vous, au grand jour découverts.

13.

Soyez vrai envers Dieu; que le culte que vous lui rendez soit un culte profondément senti, que votre présence dans son temple soit le fruit d'un désir de salut, que vos prières soient le produit de vos convictions. La foi aux manifestations de ce Dieu est la mer sur laquelle vogue sans crainte le vaisseau d'une nationalité.

III.

Oui, pour éviter la ruine que l'incrédulité laisse toujours après elle, prenez le flambeau de la foi, et marchez à sa clarté. Laissez-vous illuminer par cette lumière, laissez-vous échauffer par cette flamme.

Croyez en Dieu, véritable père céleste, entre les mains duquel vous êtes, et qui doit décider de vos éternelles destinées. Croyez en Jésus-Christ, qui est la porte du ciel, la voie qui conduit à la possession des biens futurs. Quiconque ne passera pas par cette voie, n'arrivera pas à la félicité; son bâton de pèlerin se brisera dans sa main, et son vaisseau de marinier fera naufrage dans la traversée. Croyez à l'Esprit Saint, souffle ineffable qui vole au secours de l'être humain, l'attire, s'empare des intimités de son âme, et change tout sous lui et autour de lui. Croyez aux signes divins établis pour la sanctification des alliances, la consolation des cœurs brisés, la perpétuité du sacerdoce et l'adoucissement de l'agonie.

Croyez à l'Église, vierge du temps, possédant la Foi, l'Espérance, la Charité et la douleur, — tout ce qu'il faut pour être aimée; à l'Église, par laquelle se réalise sur la terre tout le peu de bien que nous voyons faire. Croyez à ses pratiques pieuses qui entretiennent le commerce du sentiment entre les absents, conservent la vie intérieure, et la ramènent quelquefois lorsqu'on l'a perdue. Ne dites plus: je ne comprends pas; cette réponse est celle des imbécilles. Il est une foule de vérités que l'on ne peut comprendre et que l'on est tout fier d'admettre. Vous avez la foi aux mathématiques, ou plutôt vous dites que par elles vous savez. Eh, mon Dieu! elles ont des démonstrations qui sont aussi incompréhensibles que celles que la foi vous propose. Voilà pourquoi Voltaire a dit : La théologie n'a pas de mystères plus profonds que l'opération des asymptotes ; opération dans laquelle une ligne droite s'approchant continuellement et à l'infini d'une ligne courbe, ne la rencontrera jamais !

Que la sublimité de la foi ne la fasse donc pas rejeter ; que la supériorité d'objets soit, au contraire, une raison pour que nous courions à elle: c'est ainsi que se sont comportés les génies de premier ordre.

« Il y avait un homme, dit Châteaubriand, un homme qui, à douze ans, avec des barres et des ronds, avait créé les mathématiques ; qui, à seize, avait fait le plus savant traité des coniques qu'on eût vu depuis l'antiquité ; qui, à dix-neuf, réduisit en machine une science qui existe tout entière dans l'entendement ; qui, à vingt-trois, démontra les phénomènes de la pesanteur de l'air et détruisit une des grandes erreurs de l'ancienne physique ; qui, à cet âge où les autres hommes commencent à peine de naître, ayant achevé de parcourir le cercle des sciences humaines, s'aperçut de leur néant, et tourna ses pensées vers la religion ; qui, depuis ce moment jusqu'à sa mort, arrivée dans sa trente-neuvième année, toujours infirme et souffrant, fixa la langue que parlèrent Bossuet et Racine ; enfin, qui, dans les courts intervalles de ses maux, résolut, par abstraction, un des plus hauts problèmes de géométrie, et jeta sur le papier des pensées qui tiennent autant de Dieu que de l'homme : cet effrayant génie se nommait Blaise Pascal ! »

Mais savez-vous quelle était la foi de cet homme si grand parmi les plus grands ? Il n'avait pas encore vingt-quatre ans, quand il prit le parti de ne vivre que pour Dieu. « L'amour de la perfection chrétienne l'enflamma de telle sorte, dit sa sœur, qu'il le répandait sur toute la maison. Mon père même, n'ayant pas honte de se rendre aux enseignements de son fils, embrassa pour lors une manière de vie plus exacte, par la pratique continuelle des vertus jusqu'à sa mort, qui a été tout-à-fait chrétienne; et ma sœur, qui avait des talents d'esprit extraordinaires, et qui était, dès son enfance, dans une réputation où peu de filles parviennent, fut tellement touchée des discours de mon frère, qu'elle résolut de renoncer à tous les avantages qu'elle avait tant aimés jusqu'alors, pour se consacrer à Dieu tout entière. »

Réduit, par des infirmités, à ne pouvoir ni lire, ni écrire, ce roi de la science passait son temps à prier et à méditer. Malgré ses souffrances, il s'imposait les plus rudes privations. Il engageait ses amis à se consacrer au service des pauvres, et leur assurait que c'était le moyen le plus efficace de plaire à Dieu.

Lorsque, dans sa dernière maladie, le prêtre se présenta pour lui administrer les derniers sacrements, il lui dit, en entrant dans sa chambre : « Voici celui que vous avez tant désiré. » Il fit un dernier effort, et se leva seul à moitié, pour recevoir l'hostie avec plus de respect. Le prêtre l'ayant interrogé, selon la coutume, sur les principaux mystères de la foi, il répondit distinctement : « Oui, monsieur, *je crois tout cela, et je le crois de tout mon cœur.* » Et après il reçut le viatique et l'extrême-onction avec des sentiments si tendres, qu'il arrosait sa prière de ses larmes. Il remercia le prêtre, et quand celui-ci le bénit avec le ciboire, il dit : « Que Dieu ne m'abandonne jamais. » Quelques heures après, ce grand génie s'envolait vers le Dieu créateur !

En voilà de la foi ; de la foi qui vient de profond et qui monte haut ; de la foi qui écrase tout être tenté de se faire rebelle et de s'arrêter seulement devant le doute.

Et que dirai-je ici de cet immortel *René Descartes*, l'auteur de la grande révolution dans la philosophie moderne ? Cette âme ardente et sublime ne l'a cédé en rien à Pascal lui-même. Il ne parlait de Dieu qu'avec un saint respect, et une noblesse qui faisait comprendre à ceux qui l'entendaient, la grandeur de la majesté divine. Sa foi était entière. *Jamais la foi n'a été si fortement appuyée par la raison humaine*, disait-il, *si l'on suit mes principes*. Sa docilité aux décisions de l'Église était sans limite. « M. *Descartes*, a dit Bossuet, a toujours craint d'être noté par l'Église, et il prenait, pour cela, des précautions qui allaient jusqu'à l'excès. » Il ne négligea aucune des pratiques du christianisme ; non seulement il assistait à la messe les dimanches et les fêtes, mais il se faisait un bonheur de l'entendre chaque jour de la semaine. On le voyait assidu aux plus petits exercices de piété, comme à l'examen de conscience et aux prières qui se faisaient en commun. Quand la mort se présenta, il voulut être entouré des secours de la religion, ne voulant plus entendre parler d'autre chose que de son Dieu. Seul avec son confesseur, il ne cessait de répéter les prières qui consolent. L'ambassadeur de France à Stockholm voulut assister avec sa famille aux derniers moments de cet homme que la Suède enviait à la France; il ne put retenir ses larmes à la vue du calme élevé et de la résignation religieuse de l'illustre mourant, qui, après avoir prononcé d'une voix faible une humble prière, leva vers le ciel un dernier regard d'amour, et fut se reposer dans le sein du Dieu des sciences !

Je ne ferai pas d'autres citations. Je serais infini, si je voulais seulement dire les noms des hautes intelligences qui, dans tous les temps, sont venues s'abriter sous les ailes de la foi. Mais on ne sera pas fâché, sans doute, que j'aie rappelé les deux illustrations dont la France est si fière. A ces citations est peut-être attaché le salut de quelqu'un de mes lecteurs. Car on se pique d'aimer le savoir, d'être logicien : eh bien ! avec le savoir que je crois que l'on a, avec la raison que je reconnais à plusieurs, il est impossible que l'on considère les deux grands tableaux de la vie et de la mort de Pascal et de Descartes, sans que l'on se sente ébranlé dans son incrédulité; sans que l'on se sente porté à se jeter dans les bras de la foi. Et si Pascal et Descartes étaient au milieu de nous, y pratiquant ce qu'ils pratiquaient en leur vie, à leur suite ils en entraîneraient plusieurs. Par quoi serait-on donc retenu aujourd'hui ? Par les quelques jours qui séparent notre existence de l'existence de ces grandes gloires ? Eh bien ! cette différence va disparaître pour jamais ; car, encore quelques instants, et vous allez être fauchés par la mort comme ils l'ont été : puissiez-vous être bénis d'en haut comme ils ont été bénis !

Il y en a qui disent : « Mais il ne dépend pas de moi de croire ou de ne pas croire. » Quoi ! répond le père Bourdaloue, il ne dépend pas de vous de croire ou de ne pas croire ? Et pourquoi donc le Sauveur du monde a-t-il reproché à ses disciples que leurs cœurs étaient lents et tardifs à croire ? Pourquoi s'est-il offensé de leur incrédulité, en leur disant avec indignation : « Jusques à quand vous souffrirai-je ? » Pourquoi a-t-il repris saint Pierre d'être un homme de peu de foi ? Car si notre foi n'est pas en notre pouvoir, toutes les observations de Jésus-Christ étaient sans fondement. Il devait supporter ses apôtres tout incrédules qu'ils étaient ; il ne devait point les condamner de ce que leur foi était imparfaite ; il devait remédier à l'impuissance où ils étaient de croire à sa parole, et non pas leur en faire des reproches. « Or, poursuit l'aigle de la chaire, de dire que Jésus-Christ leur ait fait des reproches sans sujet, c'est ce que personne n'osera lui imputer. Il dépend donc abso·

lument de vous d'avoir la foi et de persévérer dans
la foi. »

Oui, il dépend de nous de croire, non pas par
nos propres forces, mais par une grâce ; grâce que
Dieu ne refuse jamais à celui qui la lui demande.
Et je suis si convaincu de ce que j'écris, que je me
fais fort, s'il veut observer ce que je lui prescrirai
pendant quarante jours, de rendre croyant l'esprit
le plus indifférent et le plus rebelle !

Humiliez votre esprit, étudiez votre Dieu, ex-
pulsez de votre âme la crainte du monde, purifiez
votre cœur et purifiez-le bien, et la foi viendra en
vous ; elle viendra, abondante et parfaite, c'est-à-
dire profonde, inébranlable, robuste, courageuse,
vous faisant entreprendre les guerres intérieures
et la pratique des actes saints et héroïques !

Alors, le renouvellement social s'opèrera; alors,
vous ferez de grandes choses ; car la foi est le fleuve
qui apporte les grandes inspirations. Pour s'en convaincre, il n'y a qu'à considérer la grande supériorité des nations chrétiennes sur les nations infidèles. Il suffit d'un catéchisme catholique pour
réduire au silence les plus grands philosophes de
la Chine et de l'Inde.

La foi, c'est l'égide du guerrier, l'étoile polaire
du plus hardi navigateur : Godefroi de Bouillon et
Colomb sont là pour le prouver. Elle est la fille
tendre et douce qui console le vieillard : les vierges
de nos hôpitaux le démontrent. Elle est la compa-

gne fidèle qui suit l'homme partout, le soutient, l'encourage, et lui fait trouver du plaisir dans ses douleurs : le clergé français l'a senti au jour de son exil. Elle est la noble directrice des magistrats, la vierge des pures amours pour les littérateurs, et la déesse de la science pour les hommes savants.

C'est elle qui agrandit et divinise la bienfaisance. Un homme riche, voyageant avec moi, me disait, la nuit, dans une voiture : « J'ai donné, l'hiver dernier, pour six cents francs de blé aux pauvres de ma paroisse, pensant que ces charités seraient agréables et fructueuses à celle que j'ai perdue depuis bientôt cinq ans. »

Si la foi catholique n'eût pas été au cœur de cet homme, la faim aurait crié chez les pauvres de son voisinage, et les appels de la faim n'auraient pas été entendus.

La bienfaisance est le résultat de la compatissance sur la souffrance des autres ; mais rien ne sensibilise l'esprit et le cœur comme les charmes de la foi : et l'on peut dire, en toute vérité, qu'une réelle bienfaisance et la foi marchent toujours ensemble et se donnent la main. C'est la foi qui fait naître les grandes pensées, les pousse et les réalise. On n'a jamais trouvé une forte tête, un noble cœur, sans une grande foi. Les faits que l'on alléguerait pour réfuter cette assertion, seraient facilement réfutés eux-mêmes. C'est la foi qui triomphe de tout : *et hæc est victoria quæ vincit mundum fides nostra.*

Oui, c'est dans la foi que repose maintenant la possibilité de l'ordre. L'ordre dépend du bon esprit de l'ouvrier et de la fidélité du soldat au serment militaire. Mais l'ouvrier ne se résignera à porter le poids du jour et de la chaleur, à respirer dans une atmosphère malsaine ou à exposer sa vie sur des échafaudages placés au milieu des airs, à vivre dans des nuages de poussière ou à rester dans la boue et sous la pluie, qu'autant qu'il verra le paradis au bout de ses souffrances. Et voilà pourquoi on a écrit dans un journal cette phrase qui vaut à elle seule tout un livre : « Quand l'ouvrier croyait, en souffrant, il portait avec plus de résignation sa souffrance; la réduction de ses profits n'était plus qu'une retenue remboursable, à sa mort, des mains du Sauveur. »

Et qu'est-ce que le serment que fait l'enfant des combats? C'est un acte par lequel il prend Dieu à témoin de la sincérité d'une promesse, voulant que Dieu venge l'imposture ou le manque de foi à cette promesse. Or, pour l'homme sans foi, ce serment, dans une multitude de circonstances données, sera évidemment une chimère, une absurde et ridicule pasquinade, un véritable rien, une bêtise. Et dans le moment critique et périlleux, quand la patrie comptant sur l'appui de cet homme, l'appellera à son secours, ce citoyen se lèvera, abandonnera le drapeau auquel il a promis dévouement et amour, et passera sous les étendards des ennemis de l'ordre et du pays. On me dira que pour être fidèle à son serment, il n'est pas nécessaire d'avoir la foi que je viens d'enseigner, que les histoires de la Grèce et de l'ancienne Rome sont là pour l'établir. Je pourrais nier l'assertion ; mais je la laisse passer et je dis : Pour être fidèle à son serment, il faut avoir foi à un Dieu témoin des promesses, vengeur du parjure et rémunérateur de la fidélité. Et j'affirme que, pour la France, il n'y a de Dieu possible que le Dieu de *Clovis* et de *Charlemagne*, le Dieu dont *Napoléon* vint relever les autels, et dont la *République* a rétabli sur son trône de paix et de bénédiction le pontife suprême.

Et pour cela je regarde comme une des œuvres les plus éminemment régénératrices le rétablissement des aumôniers dans les armées de terre et de mer, afin que nos soldats entendent flétrir chaque jour par un homme tenant sa mission du ciel, l'incrédulité qui enfante les pervers, et afin qu'ils sentent vibrer dans leurs cœurs les principes de la foi qui fait les bons citoyens et les héros.

Confiée à des hommes esclaves des devoirs de leur état et de l'amour du pays, la charge d'aumônier dans les armées est un poste de foi et de patriotisme ; et si le gouvernement réalise un jour mon vœu, j'irai lui demander une place dans cette œuvre nouvelle, afin de prêcher aux soldats français, par la parole et par l'exemple, la nécessité de la foi pour être fidèle aux serments faits à Dieu, et la nécessité de la foi pour être fidèle au serment fait à la patrie.

Oui, croyez-le, la foi est la source de la gloire des sociétés, et surtout quand les sociétés ont la forme de gouvernement que nous avons : car la foi inspire le désintéressement, et le désintéressement est la condition d'existence d'un peuple républicain. La foi est le progrès final par lequel l'humanité a été mise en possession des principes de la vraie civilisation, et tout État qui repousse la foi est un État qui se suicide. La foi est la vie de l'esprit ; par elle, on a l'enivrement de la pensée, qui donne, lui seul, et abondamment tout le reste. Par la foi, le bonheur s'exhale de la conscience comme un nuage aromatique s'exhale du calice des fleurs, et la vie, sous l'œil de Dieu, s'écoule limpide et poétique comme un chant de fauvette en un soir de printemps ! « Par la foi, dit Eckstein, l'homme mène cette vie sublime qui élargit la route de l'existence, fait pénétrer l'infini dans le cœur humain et fait que le ciel et la terre s'embrassent dans les solitudes de l'âme. » C'est ce qui a fait dire au poète :

Heureux le seul croyant, car il a l'âme pure,
Il a, sans la chercher, la parfaite beauté,

Et les trésors divins de la sérénité.
Puis, il voit devant lui la vie immense et pleine,
Comme un divin soupir s'écouler d'une haleine.
Et lorsque sur son front la mort pose ses doigts,
Les anges près de lui descendent à la fois.
Au sortir de sa bouche, ils recueillent son âme,
Et croisant par dessus leurs deux ailes de flamme,
L'emportent toute blanche au céleste séjour,
Comme un petit enfant qui meurt sitôt le jour.

Voilà l'objet de la foi, sa rationalité, sa puissance à sauver les nations, et sa vertu à édifier les âmes. Cherchez donc cette foi, cherchez-la comme on cherche les perles précieuses. Appelez-la à votre secours, adressez-vous à celui qui la donne, et, du ciel, elle viendra renouveler en vous vos facultés malades, comme la pluie et le soleil viennent faire repousser les tiges des bois, décorer les coteaux de longs et frais tapis de verdure, couvrir d'un froment doré les sillons de vos plaines et faire revivre dans les parterres et dans les vallées des fleurs qui étaient déjà mortes. Et quand vous l'aurez retrouvée, cette foi depuis trop longtemps perdue, dites-lui avec effusion : Vous êtes ma sœur et mon amie ; pour être avec vous, je consentirais à passer l'hiver sans manteau et à n'avoir pour nourriture que des herbes sèches. Votre robe est d'un tissu magnifique ; elle est toute parée de pierreries et de perles prises dans les eaux amères du fleuve de vie. La trace de vos pas embellit le chemin par où vous passez, le souffle de votre

bouche est comme un parfum d'Arabie, les émi-
nences de votre visage sont comme deux pommes
d'or sur un beau lit d'argent, vos yeux sont
comme deux mélancoliques étoiles au firmament,
et l'éclat de votre front est plus brillant que celui
du soleil, quand le soleil est dans sa force. Votre
dignité et votre grâce, votre majesté et votre ascendant me captivent et m'enchaînent; et sur mon
esprit et sur mon cœur, jusqu'à mon dernier
souffle, vous régnerez en maîtresse absolue, en
véritable souveraine.

La foi! la foi! voilà le grand bien dont nous
devons chercher à faire la conquête, et que nous
devons enseigner aux enfants de la France, dont
l'éducation est loin d'être en raison des besoins de
la société parmi nous. De cette éducation considé-
rée comme cause de salut public, je vais parler en
cet endroit, et je commence par celle des filles. Que
faut-il donc leur apprendre? me demandera une
maîtresse de pension offensée de ce que je trouve
son enseignement incomplet. Que faut-il leur apprendre? me demandera une mère de famille avec
une gravité pleine d'irritation. Que faut-il leur
apprendre? me demandera une femme mondaine
avec un sourire de suffisance, qui est bien loin
d'être suffisant. Ce qu'il faut leur apprendre? Eh
bien! je vais vous le dire.

IV.

Apprenez-leur à parler et à écrire correctement leur langue ; enseignez-leur de l'histoire de leur nation et de celle des autres peuples tout ce qui peut être un ornement pour leur esprit, tout ce qui peut opérer dans leurs cœurs l'horreur du vice et l'amour de la vertu.

Faites-leur connaître la terre, en leur faisant admirer la bonté et la sagesse du Dieu qui la couvre de beaux tapis de verdure et de riches moissons, d'arbres de toutes espèces et de fleurs de différentes couleurs, de productions si variées et toujours en raison des besoins des peuples qui habitent les différentes régions du globe. Faites-leur connaître les grandes mers, en leur montrant la puissance et la majesté de celui qui soulève les tempêtes et les apaise comme il lui plaît.

Apprenez-leur à connaître le Seigneur de toutes choses, sa religion de sentiment et de consolations, son Église, mère si bonne et si calomniée, ses sacrements, œuvre d'amour, et le sens de toutes les cérémonies sacrées.

Dites-leur bien souvent la vie qui est au-delà de la tombe, avec sa justice si terrible et ses espérances si consolantes et si douces.

Enseignez-leur à bien tenir une maison. Per-

suadez-leur que, par cette partie de leur mission,
elles décident de tout ce qui touche de plus près
à tout le genre humain.

Et croyez-vous, me dira-t-on, que l'on ne les
forme pas sur toutes ces choses? — Non, d'une
manière sérieuse, large et profonde, non, on ne
le fait pas. Et si on le faisait, il n'y aurait pas autant de femmes sachant des romances et des co-
médies, mais ne sachant pas un mot du catéchisme;
si on le faisait, il n'y aurait pas autant de femmes
s'occupant d'une manière révoltante du soin de
leur parure, s'avisant de juger du mérite et du
prix des auteurs, connaissant toutes les modes,
toutes les danses, et ne sachant pas soigner un malade; si on le faisait, on ne verrait pas autant
d'enfants mal élevés et mal tenus; si on le faisait,
il n'y aurait pas autant de maisons ruinées et sans
ressource aucune; si on le faisait, on ne serait pas
sans élans vers le ciel au milieu du spectacle de la
nature, ni sans résignation au jour de la douleur
et de l'épreuve; si on le faisait, l'univers serait un
temple, chaque phénomène une voix sainte; la vie
s'écoulerait sans trouble et sans nuage, douce et
parfumée, et l'avenir se déroulerait devant nous
consolant et angélique.

Femmes, ce que vous devez savoir de plus est
trop beau pour que je laisse à quelque autre le soin
de vous l'apprendre, je veux vous l'écrire ici moi-
même.

14.

Jeunes personnes, il faut qué vous sachiez qu'un temps va bientôt venir où les bracelets d'argent seront laissés par vous, et les chaînes d'or déposées. Dans ce jour, vous chercherez la solitude et vous pleurerez : votre bonheur alors aura passé comme passent les heures, et votre joie aura disparu comme disparaissent les ombres.

> Ah ! ne comptez point tant sur vos belles couleurs,
> Un jour peut les flétrir, un jour flétrit les fleurs.

La beauté de la figure n'est qu'un miroir auquel le moindre souffle enlève tout son éclat; c'est une perle de rosée que le soleil du matin va faire disparaître; c'est un parfum qu'un vent venu du désert doit emporter. La beauté de la vertu peut seule jeter des charmes ineffables sur une existence de femme. La femme sans vertu est une fleur sans arôme, un corps dégradé par l'âme, une âme dégradée par le corps, un livre de terre et tout écrit en prose.

Compagnes de l'homme, souvenez-vous que la vie retirée est votre plus beau titre à la royauté que vous pouvez exercer sur la société et sur le monde. Vous êtes ces violettes qui gardent leur parfum et la vivacité de leurs couleurs à l'ombre des buissons et des orties, mais qui se dessèchent en plein soleil. Par conséquent vous devez fuir les réunions tumultueuses et mondaines, parce que les grâces du cœur, qui sont les plus belles, s'effacent en passant par le monde, comme l'empreinte des pièces de monnaie s'efface par l'usage. On vous dira que vous êtes des soleils ; mais il faut que vous sachiez qu'il suffit d'un nuage pour obscurcir la lumière de ces soleils. On vous dira que vous êtes des fleurs ; mais retenez bien que les fleurs des solitudes ont une délicatesse de grâce et une suavité d'odeur que n'ont jamais celles qui sont cultivées dans les parterres. Oui, votre vie doit être une vie de retraite et de silence, car elle doit être une vie de vertu ; et la vertu, dit sainte Synclétique, est un trésor qui n'est en sûreté qu'autant qu'il est caché : au jour où il est découvert, on l'enlève. C'est ainsi qu'il en va de votre mérite ; il est hors de danger tant qu'il reste secret, mais si vous l'exposez témérairement, il s'évapore, il se perd : c'est une fleur que flétrit le bruit le plus léger, que blesse le simple frôlement de l'aile d'un papillon. Cultivez-le donc dans le recueillement, votre mérite, et alimentez-le de la méditation des bons livres, émanations du ciel ; alimentez-le de l'entretien avec ces œuvres après la lecture desquelles les yeux de l'esprit s'ouvrent et voient un monde nouveau, le cœur s'enflamme et brûle d'un feu inconnu jusqu'alors, et la créature humaine se sent meilleure et presque intégralement renouvelée.

Femmes de ménage, vivez d'une vie occupée, si vous ne voulez vous réserver l'avenir le plus amer, et rendre malheureux ceux qui seront forcés de vivre avec vous. Car comme un ruisseau bien encaissé dans ses bords a un cours déterminé et s'en va réjouissant les campagnes, de même, bien enfermée dans les occupations, la vie de la femme s'écoule pleine et tranquille, donnant une grâce sublime à tout ce qui l'entoure. Mais comme le ruisseau sorti de son lit, ne roulant plus dans son canal, n'offre qu'un immense lac, ou de petites mares répandant l'infection sur tous leurs alentours, la femme se répandant hors d'elle-même n'a plus de charmes, plus de belle poésie dans sa conduite ; elle a le cerveau sillonné par les noires pensées, le cœur tout meurtri par des coups qu'il se porte lui-même, et ses jours ne sont plus qu'un long tissu de troubles. Et ce que je dis n'est pas la pensée d'un moine ignorant ou d'un prêtre ne connaissant rien des choses du monde, c'est la doctrine des philosophes et des poëtes, des hommes d'État et des moralistes.

En cet endroit, je rappellerai qu'Olympias et les princesses ses filles, la mère et les sœurs d'Alexandre-le-Grand, faisaient de leurs mains les habits que portait le héros macédonien. Et la femme de Charlemagne, reine de presque toute l'Europe, avait soin des meubles de son palais, de la garde-robe de son mari, payait les domestiques, réglait les dépenses et faisait à temps les provisions nécessaires à sa maison. Et le roi ne portait que des habits faits avec la laine filée par l'impératrice et ses filles. Et si, plus tard, une idée de bassesse a été attachée à ces usages anciens, ce n'a été, dit Rollin, que par l'esprit de frivolité et par l'esprit de corruption. Car où le travail n'est pas, la vertu ne saurait être ; là où se trouve l'oisiveté, là se trouve aussi la source des tentations qui surprennent le cœur, souillent l'âme, et les brûlent tous deux comme le feu ordinaire brûle la paille sèche.

Femmes qui êtes mères de famille, je ne saurais mieux faire que de vous rapporter ici les paroles d'une des premières femmes de ce siècle. Je veux parler de madame de Rémusat, qui, avec l'ascendant que donnent la naissance et l'esprit, la haute position et la fortune, la beauté et les vertus, vous dit : « O mères, entourez-vous de bonne heure de vos enfants. Dès qu'ils sont au monde, osez vous dire que votre jeunesse va passer dans la leur ! O mères, soyez véritablement mères, et vous serez sages et heureuses. »

Quand elle le disait, elle n'avait pas trente ans. Et à cet âge, elle savait dérober de nombreux instants au bruit du monde, aux réjouissances de la grandeur et aux fêtes de plaisirs, pour aller répandre son âme dans le temple saint. Et là, les yeux fixés sur le sanctuaire, elle disait : « C'est vous, ô mon Dieu, qui avez permis que je vinsse un instant dans ce monde, où nous sommes tous appelés pour y faire un court et pénible voyage. Quand il sera terminé, alors nous reviendrons vers vous. Comment me recevrez-vous, Seigneur, quand j'apporterai aux pieds de votre tribunal le récit craintif d'une vie à peu près vide de bonnes œuvres? Oserai-je vous parler de ces faibles vertus dont les hommes insensés me louaient, parce qu'ils ignoraient qu'elles n'étaient point accompagnées de sacrifices? Me vanterai-je d'avoir été sage, quand vous me direz que j'étais si heureuse? Pourrai-je vous raconter quelques légères aumônes qui ne me coûtaient aucune privation? Dirai-je que je ne haïssais point mes ennemis, lorsque vous aviez permis que mon cœur fût occupé par les sentiments les plus doux? Que deviendrai-je, quand vous me répondrez de m'être enorgueillie de ma félicité, et d'avoir été fière d'être si heureuse fille, si heureuse épouse, et si heureuse mère? Je me souviendrai alors avec amertume, que je négligeais de rendre grâces à mon Créateur de tous les biens qu'il m'avait départis. »

Et le célèbre abbé Duval, son confesseur, trouvait à peine dans son savoir profond et dans sa douce piété de quoi la rassurer contre la crainte des jugements de Dieu, alors que Dieu la comblait de faveurs et de bénédictions!

Femmes chrétiennes, pour que vous puissiez passer à travers le monde avec une certaine dignité, avoir la paix de la conscience et voir le ciel s'ouvrir devant vous à votre dernière heure, il faut que votre foi soit vive, votre espérance profonde, votre charité brûlante et courageuse; c'est-à-dire qu'il faut que vos pensées soient sans reproche, et toute votre vie comme un divin tableau réjouissant les regards du Dieu qui vous a créées et relevées d'un état d'abjection. Souvenez-vous que, comme une seule mouche morte dans une fleur en gâte tout le parfum, ainsi l'oubli d'un devoir corrompt toute une vie de femme. Ce serait en vain que la femme coupable essaierait de se donner le calme par les plaisirs, elle n'y réussirait jamais : les fleuves remonteraient plutôt vers leurs sources, le flambeau du jour ramènerait plutôt la nuit, et le vent ferait plutôt un traité de paix avec la mer au Cap des Tourmentes, que la femme criminelle ne ferait taire pour toujours le cri de sa conscience!

Voilà ce que j'avais à dire. Par la mise en pratique de cette doctrine, la société aura des jeunes personnes pieuses et modestes, des épouses accomplies, des mères parfaites, des chrétiennes excellentes; des femmes qui connaîtront les pauvres, viendront à leur secours, sentant bien que c'est là, et non pas au théâtre, qu'il faut venir s'attendrir et pleurer; des femmes qui trouveront dans leur piété, dans le témoignage de leur conduite, les moyens de se soutenir et de se résigner dans leurs douleurs. Et, croyez-moi, cela vaut mieux que des femmes capricieuses, boudeuses, pédantes, légères, inconstantes et sans foi.

Oui, si les facultés de la femme sont dirigées selon ce que je viens de dire, et si la femme vit conformément à la nouvelle direction donnée à ses facultés, la femme sera la joie de sa maison, l'amour de sa localité, la gloire de la religion ; les ménages seront heureux, les familles régénérées, et la société tout entière dans la prospérité et le bonheur. C'est aux directrices des établissements de filles, aux mères de famille et aux pasteurs des peuples, chargés d'avoir l'œil ouvert sur l'enseignement que l'on donne aux jeunes personnes, c'est à eux de faire que l'éducation des filles soit plus profonde, plus grave, plus large, plus religieuse et plus morale. J'ai fini, mais il est une autre éducation qui ne mérite pas moins l'attention de tous ceux qui tiennent à la conservation de la société en France. Je veux parler de l'éducation des jeunes gens.

V.

Il faut donner à la jeunesse une instruction accommodée aux besoins de son temps ; et il faut faire que cette instruction soit toujours patriotique, morale et religieuse.

Après avoir enseigné aux enfants les choses ordinaires et communes, les choses que tout homme doit posséder, il faut les faire travailler sur ce qu'ils doivent plus tard mettre en pratique, et sur ce point, les tenir longtemps et d'une manière sérieuse.

Mais, dit-on, il faut bien donner aux vocations le temps de se dessiner. — Mais les vocations se seront manifestées avant que le jeune homme ait acquis ce que les convenances veulent qu'il sache dans un état de vie quel qu'il puisse être : les vocations se révèlent dès les plus tendres années.

Un enfant arrête les eaux pluviales qui coulent sur un chemin; quand le magasin des eaux se trouve à ses yeux assez considérable, il lance sur cette surface liquide un morceau d'écorce d'arbre ou une petite planche; au milieu il assujettit le bout d'une tige surmontée d'un petit chiffon qu'il s'est fait donner par sa mère ou qu'il a ramassé dans la boue du chemin, et à l'aide d'un fil qu'il a attaché sur l'une des extrémités de l'embarcation, sur cette mer tranquille il dirige son vaisseau dans tous les sens. C'est le génie pour la navigation qui se révèle.

Un autre ramasse des pierres, bâtit de petites maisons, y ménage différents compartiments, y pratique diverses ouvertures; il a remarqué par où arrivait le soleil, de quel côté le vent portait la pluie. C'est le talent de l'architecture qui se fait jour.

Un troisième fait des sabres de bois et des armes

à feu avec des morceaux de roseau ; il regarde un fusil avec plaisir, le touche avec transport et tressaille de joie au bruit d'une détonnation. C'est l'ardeur des combats qui se fait pressentir.

Celui-ci, avec son pied, trace un carré et l'enferme dans une palissade de petits morceaux de bois qu'il ramasse, de petites branches qu'il polit ; puis, sur cette terre, il fait des plantations à sa manière. C'est l'amour de l'agriculture qui commence à poindre.

Celui-là écoute gravement deux petits camarades qui se disputent. Après un certain temps, il prend la parole d'une manière calme et dit à l'un : Tu as tort ; et à l'autre : Ne l'écoute pas, va-t'en. C'est le juge en herbe. Ce sont des dispositions à distribuer la justice et à calmer les différends qui se font jour. Il en va de même pour tout le reste, et ces divers actes sont, en général, des indices certains de l'avenir, de véritables voix du ciel. La petite fille âgée de trois ou quatre ans fait des poupées, les déshabille, les couche, les berce, les endort, les lève, les habille, les fait se promener, les caresse, les gronde, les récompense, les met en pénitence. De toutes ces choses j'ai été souvent témoin, et vous les avez vues, vous aussi. Mais quiconque, dans ces premiers actes de la petite fille, ne voit pas l'avenir de la femme, la vie d'une mère, est un aveugle, un ignorant qui ne sait pas lire dans le livre de la nature. Et par les mêmes raisons, la même chose a lieu dans les actes des petits garçons.

Ainsi les vocations sont, en général, faciles à connaître dès les premières années.

Mais les parents vicient les vocations et les détournent de leurs fins. Ils veulent décider de l'avenir de leurs familles. Considérant ses enfants encore tout petits, un père dit : Je veux que Paul entre dans les Eaux et forêts et qu'Adrien soit soldat. Et Paul, bon, compatissant, énergique et dévoué, était fait pour être prêtre, évêque : prêtre comme ces missionnaires qui portent chaque jour la lumière de la foi aux peuples sauvages des régions lointaines ; évêque, tribun de son peuple, comme Grégoire de Nazianze ; ange protecteur de ses enfants comme cet archevêque de Paris qui est allé mourir sur les barricades, pour empêcher l'effusion du sang de ses diocésains. Et Adrien, par ses goûts simples et son amour des champs, était naturellement destiné à faire faire des progrès à cette science si belle, si utile, si nécessaire, qu'on appelle l'agriculture. Un autre dit : Mes enfants ne prendront jamais l'état de leur père, je ne le veux pas. Gustave étudiera le droit, Henri entrera dans la marine et Étienne dans le commerce. Le premier, caractère bouillant et intrépide, était fait pour les armes ; le second, sage, calculateur, devait trouver son élément dans le négoce ; et le troisième, sentimental, rêveur, imagination prompte à saisir et à s'enflammer, aimant la vie retirée, devait poétiser la science et scientifier les lettres.

Voilà des ruisseaux qui, suivant les lits qui leur étaient ouverts, roulant sur une terre argileuse destinée à les recevoir, allaient embellir les vallons, réjouir les prairies; mais, parce que des mains ignorantes et maladroites les détournent de leur pente naturelle, ils vont se perdre dans des terrains stériles et sablonneux.

Oui, c'est parce qu'on ne tient pas compte des inclinations des enfants et que l'on n'étudie pas la nature de leur aptitude, qu'on les dirige dans des voies qui ne sont pas les leurs; et c'est pour cela qu'il y a tant d'hommes incapables, tant d'hommes sans emplois, tant d'hommes inutiles. Car tout individu est bon et très-bon à quelque chose, et s'il ne réussit pas, c'est parce que vous voulez le faire agir contrairement aux vues de la Providence sur lui. N'en soyez pas étonnés, c'est comme si vous vouliez faire nager les oiseaux du ciel dans l'océan, et faire voler les poissons dans les airs.

Examinez donc le goût et la tendance des enfants. Par cet examen, vous verrez les desseins de Dieu sur ces enfants; et conformément à ces desseins manifestés, vous rendrez leur éducation sociale et surtout profonde, solide et par conséquent longue, afin que chacun sache bien ce qu'il doit savoir, ce qu'il doit pratiquer, ce qu'il doit enseigner; afin que chacun domine de toute la hauteur de la science les difficultés qu'il rencontrera dans l'exercice de ses fonctions.

« Un enseignement, dit Gatien-Arnoult, ne peut être sérieux, ni profond s'il n'est donné pendant de longues années; car rien ne peut remplacer l'action du temps. Il n'y a que des menteurs qui puissent promettre de changer des enfants en hommes, ou des ignorants en savants au moyen de quelques courtes leçons. Tout ce qui se développe en un moment doit aussi mourir en un moment. La vie longue n'appartient qu'à des êtres qui mettent de longs jours à se former et à croître. C'est pourquoi la raison, qui veut un enseignement sérieux, c'est-à-dire conforme aux besoins, veut aussi, par là même, que cet enseignement soit bien long, commençant de bonne heure et finissant tard. »

Mais il ne suffit pas de donner à la jeunesse la somme de connaissances dont la jeunesse aura besoin dans tel ou tel emploi sur le théâtre de la vie; il faut encore que cette instruction soit marquée d'un cachet de véritable patriotisme. Et pourquoi cela? en voici la raison.

C'est que nous ne devons pas philosopher pour l'école, mais pour la vie; nous ne devons pas discuter pour discuter, nous ne devons pas travailler pour savoir le comment des choses, mais pour devenir meilleurs pour nous et pour les autres.

C'était là le but de tout l'enseignement socratique. Ce n'est pas pour le médecin, en effet, que l'on fait cas de la médecine, mais pour la santé qu'elle procure. Dans un pilote, ce n'est pas l'art de la navigation que l'on estime, et non pas certes; c'est l'utilité que l'on en retire. Et il doit en être de même de toutes les connaissances humaines.

Or, l'amour de la patrie centuple les forces individuelles dans l'accomplissement du devoir. C'est lui qui fait les héros sur les champs de bataille; c'est lui qui met dans la bouche des orateurs ces accents mâles et pénétrants qui foudroient les perturbateurs de l'ordre, les ennemis de la paix, et font la chute des tyrans; c'est lui qui inspire les grands sacrifices; c'est lui qui fait trouver un bonheur suprême à donner sa propre vie!

Mais ce savoir dans les lettres, dans les beaux-arts, dans les autres branches des connaissances, et l'amour de la patrie, ne suffisent pas pour le bonheur d'un peuple. Toutes ces choses étaient à Rome, et Rome était corrompue, et Rome périt! Toutes ces choses étaient à Constantinople, et Constantinople était débauchée, et Constantinople périt! Et toutes les fois que chez un peuple les trahisons, les poisons, les crimes, les dissolutions se trouveront en circulation, ce peuple tombera. Que faut-il donc de plus à l'instruction? Il faut que l'instruction donnée aux jeunes gens soit basée sur la morale.

Il faut qu'elle enseigne au jeune homme à prêter l'oreille aux paroles de son père, parce que son père ne lui parle que pour son bien ; il faut qu'elle lui enseigne à aimer l'auteur de ses jours, qui ne s'est courbé dans le travail que pour lui aplanir le chemin. Il faut qu'elle lui enseigne à regarder comme sacrés tous les droits légitimement acquis par le travail, par le talent et la vertu ; il faut qu'elle lui enseigne à obéir et à commander ; il faut qu'elle lui enseigne à se soumettre dans le devoir et à être incorruptible et inflexible dans les fonctions ; il faut qu'elle lui enseigne à lutter contre les passions, à ne pas salir les pages de sa vie, à être plus fier d'une victoire remportée sur des penchants coupables, que les anciens ne l'étaient d'une couronne remportée aux jeux olympiques !

Et si l'instruction ne grave pas dans le cœur des jeunes gens ces grandes maximes de la pureté des mœurs, que verra-t-on dans la société ? Des maris monstres comme cet infâme duc de Praslin qui, pour satisfaire plus librement ses passions criminelles et honteuses, frappe de vingt coups de poignard et jette dans la mort la plus accomplie de toutes les femmes. Que verra-t-on ? Des fils dénaturés comme ce Théophile Godard, âgé de vingt-et-un ans, ex-élève de l'école de médecine d'Arras,

15

décapité sur la place de cette ville il n'y a que quelques mois. Fréquenteur de mauvais lieux, se trouvant un jour sans argent, ce jeune vieillard en débauche demande 3o francs à sa mère. « Je n'ai pas d'argent à donner, » répond la mère, malheureuse d'avoir un pareil fils. Aussitôt le jeune pervers la saisit, la foule aux pieds et la laisse comme sans vie; et comme cette mère infortunée se lève et fuit, il saisit, lui, il saisit son fusil! Le canon dépasse la porte, touche madame Godard à la hauteur de l'épaule, la détonnation se fait entendre et la mère infortunée tombe baignée dans son sang! Son fils s'approche, la considère et dit : C'est une femme de moins; dans un an j'en tuerai bien d'autres! Et traînant le corps de celle qui lui avait donné le jour comme il aurait traîné le corps d'un animal, il rentra dans sa maison! Toute la charge avait été reçue dans le cou et à bout portant!

Voilà ce que produit une vie d'immoralité; car, du haut de l'échafaud, Godard a fait entendre ces mémorables paroles à la foule, par la voix de son confesseur : « Godard veut que vous sachiez que les plus honteuses passions se sont emparées de son âme, et que ce sont elles qui le conduisent aujourd'hui à la guillotine; il me charge de vous le dire! »

Pendant que le prêtre disait ces mots, Godard pleurait, baisait le crucifix. C'était sans doute là une grâce que lui obtenaient les prières de celle qui lui avait déjà pardonné : la bouche d'une mère n'a pas de malédiction pour son fils.

Voilà les résultats de l'inconduite dans une vie de jeune homme ; voilà la nécessité de tremper fortement de morale l'instruction que l'on donne à la jeunesse. Ce n'est pas encore assez, il faut que cette instruction soit profondément religieuse, et cela, sous tous les rapports. Sans cela, l'instruction communiquée, c'est la liberté donnée à des esclaves qui n'y sont pas encore préparés ; c'est une arme terrible donnée à un ennemi du pays ; c'est la ruine elle-même de la société. Quand ils n'ont pas de foi, les plus grands savants sont les plus grands brigands : des savants sans religion sont les seuls malheurs que je souhaite aux ennemis de la France et aux ennemis de l'Église.

Il faut que cette instruction soit religieuse dans toutes les matières qui sont enseignées. Les monuments chrétiens fournissent, et avec une supériorité marquée, assez de richesses pour exercer l'intelligence humaine dans tous les genres de savoir. Si le maître veut dérouler aux yeux de ses disciples les produits du paganisme, qu'il le fasse ; il le peut ; aurait tort celui qui le condamnerait. Mais que son enseignement fasse voir Dieu dans les divers produits de la raison humaine ; qu'il montre, dans les absurdités qu'il rencontre, ce Dieu livrant la raison à sa propre faiblesse, et dans

15.

les vérités qu'il trouve, cette raison donnant des preuves de sa noble origine.

Il y a des pères et des mères qui croient qu'il y aura toujours assez de temps pour former les enfants à la religion. Aussi, quand ils demandent des nouvelles de leurs progrès, ils entendent parler de leurs progrès dans les sciences et dans les lettres, jamais du progrès dans l'étude de Dieu et de la piété. Ils sont dans une bien profonde erreur : règle générale, l'homme est dans l'âge avancé ce qu'il a été dans sa jeunesse. Tout plein de cette idée, un des plus grands rois dont la France se vante, chassa un seigneur de la cour, parce que ce courtisan avait proféré devant le Dauphin quelques paroles irreligieuses. Intimement persuadée de cette vérité, Marie-Amélie faisait venir l'année dernière, du fond de l'Allemagne, son petit-fils en Angleterre, pour présider elle-même aux instructions qui devaient le préparer à la première Communion. Et là, j'ose le dire, cette reine, tombée des hauteurs du trône dans l'abîme de l'exil, était plus grande, et cent mille fois plus grande qu'elle ne l'était aux Tuileries en 1840 !

Il faut encore que l'instruction soit religieuse dans la parole de celui qui enseigne ; car comme les fleuves qui coulent sur la terre ont des courants qui emportent les navigateurs dans une rade tranquille, ou contre un rocher où tout se brise, selon que le pilote se sert du gouvernail, de même dans la parole du maître, qui est comme le fleuve des idées, se trouve une force qui appelle et entraîne le disciple sur un rivage fortuné, ou sur un banc de sable où il échoue, selon que la parole qu'il entend est incrédule ou religieuse.

Consacrer ses sueurs à former l'esprit et le cœur des hommes, rien n'est plus beau; se vouer à l'enseignement, c'est se vouer à la profession la plus éminemment patriotique. L'orgueil du monde s'est habitué à ne voir dans les professeurs que les domestiques des familles, mais la philosophie les met au premier rang dans le monde social! Les peuples anciens et les rois très-chrétiens les ont considérés comme les premiers hommes des États! Mais si ces hommes ne parlent pas la langue de la religion, au lieu d'être les médecins qui guérissent, ils sont des voleurs qui assassinent; au lieu d'être des soleils qui éclairent, ils sont des feux épouvantables qui incendient; au lieu d'être des souffles rafraîchissants, ils sont des vents violents qui apportent sur leurs ailes des fléaux plus terribles que la peste noire, la suette et le choléra; au lieu d'être des arbres portant des fruits de vie, ils sont des arbres portant le poison et la mort; au lieu d'être des anges conducteurs, ils sont des démons incarnés.

Les païens avaient compris la nécessité de la religion dans l'enseignement. Aussi, dans certains endroits, l'enseignement n'était-il confié qu'aux hommes les plus sensés, et dans certains pays, qu'aux magistrats les plus illustres. Charlemagne voulait que les leçons fussent assaisonnées de considérations religieuses, afin, disait-il, que par l'instruction les hommes fussent attirés au service de Dieu. Et saint Louis fit élever deux de ses fils par des religieux de Saint-François et de Saint-Dominique, afin, dit l'auteur de sa vie, que, par l'instruction et la conversation de ces hommes sans reproche, ils eussent de quoi jeter les fondements d'une solide piété, et cela pour tout le temps de leur vie.

Jeunes gens, étudiez. La science est une belle et grande chose : par elle, l'homme travaille à sa conservation ; il construit des habitations qui le mettent à l'abri des injures de l'air ; il étudie les propriétés des plantes et leur prend un suc salutaire à sa santé ; il trace les grandes lignes de chemins de fer, qui le transportent, avec la rapidité de l'éclair, d'un pays dans un autre ; il convertit les forêts en maisons flottantes, et s'en va chercher les perles, l'or, les fruits et toutes les richesses des pays lointains.

Par la science, on prend connaissance de tous les grands événements qui se sont accomplis sur le vaste théâtre des siècles. On porte des lois, on réunit les hommes, on fonde les nations, et les beaux noms de civilisation, de prospérité, de liberté, de famille et de patrie deviennent des principes de vie, de joie, de ravissante ivresse et d'immortalité !

Jeunes gens, étudiez, et étudiez bien : l'étude a des plaisirs auquel nul plaisir ne saurait ressembler. Aussi Platon, après avoir profité des leçons de Socrate, alors qu'Athènes admirait son génie, quand la Grèce étonnée de son savoir disait que Jupiter descendant sur la terre n'aurait pas parlé un langage plus pur et plus persuasif, dans ce temps-là, ce cygne de l'Académie athénienne entreprit de parcourir l'Égypte pour apprendre, des prêtres de ce pays, les diverses branches des connaissances qu'il ignorait. Pendant qu'une foule de jeunes gens, avides de savoir, se rendaient auprès de Platon pour l'entendre, Platon allait demander les leçons des vieillards égyptiens, sous les auspices desquels il parcourait les rivages du Nil, pour en chercher la source inconnue, à travers des plaines immenses et des régions barbares, entrecoupées de mille canaux. Il allait en Italie s'instruire des dogmes et des lois de Pythagore. Il rassemblait ainsi de toutes les contrées de l'univers cet immense trésor d'érudition qu'il répandait à son tour sur ses semblables ; et l'on assure que l'amour de l'étude l'occupa jusqu'à sa dernière heure.

Jeunes gens, étudiez, et étudiez bien. L'étude tranquillise le cœur, quand l'injustice des hommes l'irrite. Elle console l'innocent, quand on le persécute ; elle le soutient au milieu des affronts qu'on lui fait essuyer, et elle calme les douleurs que la misère fait éprouver au pauvre. On peut dire de l'étude ce que le poëte dit des beaux-arts :

> Est-il à votre joie une joie étrangère ?
> Non. Le sage vous doit ses moments les plus doux ;
> Il s'endort dans vos bras, il s'éveille avec vous.
> Que dis-je ? autour de lui, tandis que tout sommeille,
> La lampe inspiratrice éclaire encore sa veille.
> Vous consolez ses maux, vous parez son bonheur ;
> Vous êtes ses trésors ; vous êtes son honneur,
> L'amour de ses beaux ans, l'espoir de son grand âge,
> Sa compagne des champs, son ami de voyage ;
> Il est, par vous, de paix, de vertus entouré ;
> L'exil même avec vous est un abri sacré ;
> Tel l'orateur romain, dans les bois de Tuscule,
> Supportait Rome ingrate, et tel son digne émule,
> Dans Fresnes, d'Aguesseau goûtait tranquillement
> D'un repos occupé le doux recueillement.

Oui, jeunes gens, étudiez, et étudiez bien ; ce que vous acquerrez par l'étude, nul ne vous l'enlèvera. Les biens que procure la culture des lettres, les richesses que donne l'amour de la science sont à l'abri des perturbations sociales ; on les emporte toujours avec soi, on ne les perd qu'avec la vie. Mais que ces études soient religieuses. Apprenez à connaître le Dieu créateur, conservateur et fin dernière de tout ; le Dieu infiniment bon, mais aussi souverainement juste. Adressez-vous pour cela à un homme qui ait appris à le savoir lui-même ; il serait plus que ridicule que vous crussiez avoir besoin d'un professeur pour apprendre à faire des thèmes et des versions, et que vous vous crussiez capables d'apprendre sans guide ce qui concerne la science de l'Être-Suprême, ce qu'il y a de plus élevé dans la plus sublime théologie!

Ce Dieu entre les mains duquel vous êtes est le Dieu des sciences; c'est le nom qu'il prend lui-même dans les livres saints. Regardez-le donc comme votre premier maître; invoquez-le comme le dépositaire du vrai savoir. Entrez quelquefois l'adorer dans son temple, en vous rendant au lieu ordinaire de vos leçons. Croyez-moi, chère et brillante jeunesse, ceci vaudra mieux que de rester le long des rues ou d'aller sur un lieu de promenade attendre l'heure de la classe. Venez à la table sainte, aux jours de dimanche et aux jours de fêtes, le consulter dans son sacrement de charité immense et d'amour habile; venez lui demander de vous éclairer de sa divine lumière. Il sait la géographie, celui qui a posé les fondements de l'univers, et qui conduit l'hirondelle dans les régions les plus lointaines. Il sait les langues et l'éloquence, celui qui a fait parler aux apôtres tous les dialectes de la terre, et qui a inspiré le tendre Jérémie et le sublime Isaïe. Il sait l'histoire et ses dates, celui qui pousse devant lui les générations et les siècles, et qui a formé Rollin et le grand Bossuet. Il sait la valeur des notes, celui qui donne au rossignol ses mélancoliques soupirs, ses divines et rapides roulades, et au tonnerre ses terribles éclats dans l'espace. Il sait l'astronomie, celui qui a dit aux étoiles d'aller prendre leur place dans le firmament, et à qui les étoiles ont répondu : Nous voici! Il sait les mathématiques, celui qui a réglé toutes choses avec nombre, avec mesure, avec poids, celui qui enseigne l'abeille et le castor et leur donne cette science des calculs qui déroute tous les ingénieurs des ponts-et-chaussées et tous les professeurs des écoles polytechniques. Il sait la chimie, celui qui a jeté les minéraux et les végétaux sur la terre, et qui leur a donné toutes les propriétés qu'ils ont. Il sait la politique, celui qui fonde les États et les renverse, celui qui tient dans sa main les cœurs des hommes, celui qui a formé Moïse et Fénelon!

Sachez donc, jeunes gens, noble orgueil de vos parents, douce espérance de la patrie, sachez surmonter les difficultés que vous rencontrez; sachez allumer de bonne heure au feu sacré de la religion le flambeau du génie qui est en vous; sachez retremper aux sources pures et limpides de la foi votre âme brûlée par le soleil de la jeunesse. C'était ainsi que faisaient saint Grégoire de Nazianze et saint Basile, deux des plus belles gloires de l'éloquence grecque; c'était ainsi que faisaient le fameux Gerson, grand chancelier de l'université de Paris, et saint Thomas d'Aquin, qui, dans le moyen âge, a dressé à la science un des plus beaux monuments qui lui aient jamais été élevés.

Et si vous faites, vous, selon ce que je vous dis, le Ciel vous bénira. Jeunes élèves, un étudiant que j'ai connu venait de parcourir le cercle ordinaire des études ; mais il l'avait parcouru, ce cercle, avec bonne volonté seulement, jamais avec succès. Cependant, il voulait se présenter devant une commission d'examen académique, à l'effet d'y obtenir ses premiers grades. Il croyait à son insuffisance, et le jugement porté sur lui par ses maîtres et les petites railleries de ses condisciples ne lui permettaient pas de s'aveugler à cet égard. Que fait-il? Il prie, il demande qu'on prie pour lui; il se confesse, il fait la communion, et il part seul, sans parents, sans amis, sans recommandations. Va, pauvre enfant; ta foi recevra sa récompense. Devant les juges, une lumière intérieure l'éclaire; une voix que nul n'entend lui souffle ce qu'il faut dire. Il est étonné de comprendre ce qu'il comprend; il répond à des questions qui ne lui avaient jamais été faites, et ses réponses sont trouvées bonnes. Ses vainqueurs des années précédentes ont échoué, et il entend, lui, son nom proclamé avec honneur: il a obtenu le diplôme qu'il était venu chercher !

Ne dites pas : c'est le hasard qui l'a servi; le hasard n'est rien : le hasard ne peut donc produire quelque chose. Un homme bien avantageusement connu et qui a consacré une belle partie de sa vie à l'instruction de la jeunesse, sachant le fait dans tous ses détails, me disait, il n'y a pas longtemps encore, qu'il voyait en cela la force de la confiance religieuse; et le jeune étudiant n'a attribué son succès qu'à la bonté divine. Il a eu raison : Dieu n'abandonne pas l'élève qui espère en lui et qui le sert.

Et vous, pères de famille, qui savez par votre triste et déplorable expérience, que lorsque les premières années ont été mauvaises, tout le reste de la vie s'en ressent, ayez donc l'œil ouvert sur vos enfants, et veillez à ce que leur éducation soit profondément chrétienne. C'est là l'affaire la plus importante de votre vie ! Cependant, que faites-vous sur ce point ? Rien. Ah ! le grand Racine ne se comportait pas comme vous. Il aimait à s'entretenir de piété avec son fils ; et lorsque ce fils, objet de sa tendresse paternelle, était absent, il lui envoyait ses avis de père tendre et religieux, pour lui rappeler ses devoirs en cet endroit. Ne l'ayant pas vu depuis longtemps, il lui écrivait un jour :

« Si M. de Bonac ne vous flatte pas, si les témoignages qu'il nous rend de vous sont bien sincères, nous avons de grandes actions de grâce à rendre au bon Dieu, et nous espérons que vous nous serez d'une grande consolation. Il nous assure que vous aimez le travail ; que la promenade est votre grand divertissement, et que vous recherchez la conversation de monsieur l'ambassadeur, que vous avez bien raison de préférer à tous les plaisirs du monde; du moins, je l'ai trouvée telle, et non seulement moi, mais tout ce qu'il y a ici de personnes de meilleur esprit et de meilleur goût. *Je n'ai osé demander si vous pensiez un peu au bon Dieu ; j'ai eu peur que la réponse ne fût pas telle que je l'aurais souhaitée. Mais enfin je veux me flatter que, faisant votre possible pour devenir honnête homme, vous concevez qu'on ne peut l'être sans rendre à Dieu ce qu'on lui doit.*

« Vous connaissez la religion, je puis même dire que vous la connaissez belle et noble comme elle est ; ainsi il n'est pas possible que vous ne l'aimiez.

« Si je vous mets sur ce chapitre, mon fils, c'est qu'il me tient grandement à cœur, et je puis vous assurer que plus je vais en avant, plus je trouve qu'il n'y a rien de si doux au monde que le repos de sa conscience, et de regarder Dieu comme un père qui ne nous manquera pas dans nos besoins. Monsieur Despréaux, que vous aimez tant, est plus que jamais dans ces sentiments, surtout depuis qu'il a fait son *Amour de Dieu*. Et je puis vous affirmer qu'il est bien persuadé lui-même des vérités dont il a voulu persuader les autres. »

Voilà l'expression des sentiments qui devraient se trouver dans les cœurs des pères et des mères, et dans leurs actes, au sujet de leurs enfants.

Et vous tous qui vous êtes chargés de la haute mission d'instruire l'enfance et la jeunesse, étudiez bien, dans leurs inclinations et dans les causes de leurs inclinations, ces tendres natures qui se développent. Cette connaissance vous est nécessaire comme au médecin est nécessaire la connaissance du malade qu'il veut guérir.

« Un jeune homme, dit un grand docteur, a, dans l'emportement de ses passions, toute la rapidité et l'impétuosité de l'aigle ; il a, dans la variété de ses désirs et dans la bizarrerie de ses inclinations, toute la sinuosité et tous les replis du serpent ; il a, dans les différentes pensées qui le partagent et la multiplicité des objets auxquels il se porte, tous les mouvements d'un vaisseau battu par les vents et la tempête. Eh bien ! c'est à ceux qui sont chargés de l'enseigner de régler le vol de cet aigle, c'est à eux de marquer à ce serpent la route qu'il doit suivre, c'est à eux de mener heureusement ce vaisseau au milieu des orages et des écueils qui l'environnent. »

Reconnaissez donc votre dignité ; considérez que vous portez dans vos mains les destinées de l'avenir, puisque vous travaillez à former des hommes qui doivent décider des jours futurs. Avec la science qui leur sera nécessaire dans les diverses carrières qu'ils sont destinés à parcourir, faites passer dans leur esprit et dans leurs cœurs la morale et la religion, ces deux principes qui font le bon fils, le bon époux, le bon père, le bon voisin et le bon citoyen.

Si vous faites ainsi, la société est prospère, et assise sur des bases que rien ne saurait ébranler. Les philosophes l'ont dit, les publicistes l'ont écrit, et saint Paul l'a prêché. — On demandait un jour à un sénateur romain le moyen de maintenir la république dans l'état de splendeur où elle était alors; il répondit : « Il n'en est qu'un : c'est de rendre les écoles florissantes, et d'y faire servir la divinité. » Et Montesquieu, dans un endroit, a tracé ces mots remarquables : « La religion chrétienne qui semble, de prime abord, ne promettre d'autre félicité que celle de l'autre monde, fait tout le bonheur de l'homme dans celui-ci. Et l'apôtre saint Paul, le grand civilisateur des nations fortes, écrivait à son disciple Timothée, qu'il avait sacré évêque de l'église d'Éphèse : « Les exercices du corps servent à peu, mais la piété est utile à tout; c'est à elle qu'ont été promis les biens de la vie future et les biens de la vie présente. »

Élèves et professeurs, pères et mères de famille, et vous tous, qui êtes si éminemment intéressés au maintien de l'ordre et aux progrès de la religion, voilà ce que j'avais à vous communiquer sur ce sujet. Si de ce que je viens de dire vous faites la règle de votre conduite, vous recueillerez la bénédiction dès maintenant, et la bénédiction plus tard. Mais si vous condamnez cet enseignement, et si vous le foulez aux pieds; si l'instruction de la jeunesse reste ce qu'elle est, vous

serez méprisés, condamnés et foulés à votre tour !
Et tout cela plus tôt que vous ne pensez ; car aujourd'hui tout marche vite... Dans quelques jours, plusieurs voudront désapprouver leur passé ; mais une voix leur jettera cette désespérante parole : *Il est trop tard !*

Je sais bien qu'en parlant ainsi, je serai blâmé d'un grand nombre ; mais je préfère à leur approbation la franchise dans la manifestation de ma pensée. Leur approbation n'est rien, et la franchise est la vertu des grandes âmes, la vertu qui sauve ceux qui commandent et ceux qui obéissent.

VI.

L'homme franc ne connaît qu'une manière de dire sa pensée. Il porte écrit dans son cœur ce que Tamerlan n'avait gravé que sur son bouclier : *Rosti rusti*, toujours par le droit chemin. Aucune considération ne saurait mettre sur sa langue une parole qui ne serait pas l'expression de ce qu'il a dans son âme. Il sait qu'en faisant entendre le cri de sa conscience, il tue son avenir ; il sait qu'en condamnant ce qu'il voit, il se ménage des jours mauvais ; peut-être la mort ! mais devant ces considérations, il n'est point ébranlé. C'est alors qu'il gorge ses poumons d'un air nouveau et qu'il crie plus fort que jamais. Il s'incline devant une croix, il sait qu'il s'inclinera peut-être devant une guillotine; mais il ne croit pas qu'il doive s'incliner devant les passions humaines.

Voici ce que la franchise lui dit de faire entendre aux oreilles d'une femme : Ma sœur, ton origine est noble, divine ; ta mission est belle ; puissante, sainte, céleste ; mais ta durée n'est que d'un jour, tu vas passer comme passe une voix, comme passe l'éclair, comme passe une pensée ; et l'éternité immense, infinie, heureuse ou malheureuse, t'attend aux portes de la tombe.

Dieu t'a donné, préférablement à tant d'autres qui n'existent et n'existeront jamais que dans le monde des possibles, Dieu t'a donné l'existence ; il t'a fait venir dans ce monde afin que tu fisses croire en lui par ta foi, afin que tu le fisses glorifier par ta conduite sans reproche et sans tache, et il veut se donner lui-même à toi dans les siècles des siècles, en récompense de ta conduite en ce monde. Voilà le comment de ton être, de ton but dans l'humanité et de ta vie éternelle.

Ma sœur, les grâces sont trompeuses ; la beauté la plus belle est celle qui ne songe pas à l'être. Donne plus de soin à ton âme qu'à ton corps ; aie plus de soins de la merveilleuse beauté dont les yeux ne sont point juges, que des traits de ta figure, qui vont passer comme la fleur des champs. Ne compte pas sur la parole humaine, le monde n'est constant que dans son inconstance ; l'infidélité fait le fond de son caractère ; le même jour

entend son serment et voit éclore ses trahisons.
Sers et aime Dieu sincèrement; montre-toi recon-
naissante envers une religion qui t'a relevée d'une
législation humiliante. Prie avec ses prières, écoute
et médite ses instructions, fréquente ses temples
et ses sacrements; à elle, par dessus tout, ton
cœur et ton amour.

Après Dieu, honore et chéris ton époux comme
l'œil de ta conduite et la règle de ta volonté; à
lui ta pensée, à lui toute ta vie. Cède-lui dans ses
emportements, soulage-le dans ses peines. Ne lui
reproche pas une entreprise sans succès; il est
pour toi le plus riche des trésors. Que dans son
affliction ton sourire lui soit ce qu'est au nauton-
nier le port après l'orage.

Dans les assemblées du monde, que tes oreilles
soient ornées de discrétion plutôt que de pierres
brillantes. Va rarement dans les réunions populaires; les véritables joies n'y sont jamais. Que ta
maison soit pour toi la ville entière; et là, que ta
vie soit une vie occupée. Ma sœur,

C'est trop peu d'être libre, il faut, d'un soin prudent,
Fixer par le travail un cœur indépendant;
Sans lui la liberté nous tourmente et nous pèse;
Par lui des passions le tumulte s'apaise,
Les chagrins sont calmés, le vice combattu;
Il ajoute au plaisir, il nourrit la vertu.
Si j'entre dans la chambre où la modeste fille
Tient en main le fuseau, la navette ou l'aiguille,

D'un parfum de vertu je crois sentir l'odeur :
Au réduit du travail habite la pudeur.

Tu vas quitter bientôt le pays des vivants ; mais de toi l'on s'y entretiendra longtemps encore. Si tu repousses les conseils de la sagesse que je viens de te donner, à ta mémoire s'attacheront le mépris et le rire moqueur, pendant que, seule, tu pleureras dans le monde d'où l'on ne revient pas. Mais si tu attaches mes paroles à ton cœur comme des perles à ton cou, si d'elles tu fais ta règle de conduite comme des diamants tu fais ta parure, ton souvenir rappellera sur cette terre ce que rappelle une aurore magnifique, ce que rappelle une lumière bienfaisante, ce que rappelle un beau soleil d'or qui tombe et disparaît, le soir, là-bas, à l'horizon !

Avec cela, la femme présente en sa personne un être bon, sensible et bienfaisant ; un être humble, modeste et résigné ; une providence, un ange, une espèce de divinité, à qui la terre ne suffit pas, et à laquelle *il faut le ciel !*

L'homme franc dit aux jeunes gens : « L'avenir s'ouvre devant vous ; il s'ouvre avec la gloire d'une bonne renommée et le bonheur que donne le témoignage de la bonne conscience, si vous êtes les disciples de la vertu et les amis du travail ; mais il se déroule pour vous avec les troubles intérieurs et l'exécration publique, si votre vie s'é-

16.

coule dans l'oisiveté et dans l'irreligion : les peuples
ne veulent pas de fainéants ; souvenez-vous-en.

> Cicéron vous l'a dit : les jours de la vieillesse
> Empruntent leur bonheur d'une sage jeunesse.
> Malheureux le mortel qui, de ses premiers jours,
> Interrogeant la trace et remontant le cours,
> N'y voit qu'un vide affreux et qu'un désert immense :
> Semblable au voyageur conduit par l'espérance,
> Qui foulait en partant des gazons et des fleurs,
> S'ils ont du noir volcan éprouvé les fureurs,
> Ne retrouve au retour que le deuil, le ravage,
> Et d'un lieu désolé l'épouvantable image.

Avec cette doctrine, on forme des amis pour la famille, des hommes dévoués pour la patrie et des saints pour le ciel ! — L'homme franc aime le peuple ; mais, quoiqu'il doive lui déplaire dans des circonstances, il ne craint pas de lui dire : « Tu as tort ; tu fais mal ! tu vas perdre la grande idée que tu représentes ; prends-y garde ! » — Le 25 février, le peuple rassemblé et en armes envahit la salle du Trône, et veut forcer le Gouvernement provisoire à arborer le drapeau rouge. Au milieu de cette forêt de baïonnettes, Lamartine se fait entendre, et l'œil en feu, la tête haute, il s'écrie : « Citoyens, pour ma part, le drapeau rouge, je ne l'adopterai jamais, et je vais vous dire pourquoi je m'y oppose de toute la force de mon patriotisme ; c'est que le drapeau tricolore a fait le tour du monde avec la République et l'Empire, avec vos libertés et vos gloires, et que le drapeau rouge n'a fait que le tour du Champ-de-Mars, *traîné dans le sang du peuple !* » Le peuple se tut, la bannière aux trois couleurs continua de flotter dans les airs, et la France respira. Les hommes francs retiennent les peuples et sauvent l'ordre, lorsque les peuples irrités et lancés menacent de tout anéantir.

L'homme franc dit aux peuples : Pauvres et travailleurs ! écoutez ma voix, c'est une voix amie. Votre souffrance est grande, mais hélas ! celle du riche n'est pas moindre. Homme du peuple, ta coupe n'est que de bois, ta nourriture est simple et commune ; ta compagne ne porte point de riches colliers à son cou, tes enfants n'ont pas de diamants à leurs oreilles, et les riches tissus ne sont pas faits pour toi ; mais vous avez la paix de la conscience, la paix de l'intérieur et un calme extérieur que vous tirez de votre propre pauvreté : c'est la plus belle portion du bonheur d'ici-bas.

Ah ! le riche souffre souvent plus que vous ne pensez. Si son cœur venait à s'ouvrir, que de soucis, que de troubles n'y verriez-vous pas ? Hélas ! les vents les plus violents soufflent sur les plus hautes montagnes ; et les tempêtes laissent les frêles embarcations dans les golfes paisibles, pour aller chercher en pleine mer les vaisseaux dont les voiles orgueilleuses s'élèvent dans les nues.

Le riche n'a pas plus de bonheur sous ses habits

de soie que le pauvre sous sa bure grossière. Le riche ne trouve pas plus de saveur aux mets qu'on lui sert que le pauvre à sa nourriture commune qu'un honorable travail ne manque jamais d'assaisonner et de rendre saine. Le riche n'est pas plus tranquille, il ne dort pas plus profondément dans ses chambres tapissées et plafonnées que le pauvre dans sa modeste demeure.

Il y a des déchirements dans tous les cœurs et des larmes dans tous les yeux. Il y a des vies de riche dont l'ensemble paraît être un parterre divinement symétrisé et partout bien fleuri ; mais sous les feuilles des fleurs sont des insectes impurs, et sous les arbustes des serpents dont la piqûre est mortelle.

Le riche perd ses enfants et sa compagne comme le pauvre, et avant d'éprouver la dernière défaillance de la nature, il passe comme le pauvre par la souffrance et par l'humiliation. Louis XIV, des croisées de son palais, a ambitionné le sort des petits ramoneurs de la Savoie qu'il voyait pleins de force et de santé passer sur la place du Carrousel ; Napoléon a éprouvé la privation de la nourriture dans sa prison de Sainte-Hélène ; Charles X est allé demander l'aumône à l'Angleterre, et Louis-Philippe, tombé du premier trône de l'univers, est parti pour l'exil, sans linge et sans argent !

A l'audition de ces paroles, le peuple patiente, se résigne, fait pacifiquement valoir ses droits et respire dans sa foi.

Les hommes francs sont les amis du peuple : ces hommes font trembler les tyrans et sauvent les peuples.

A la tête de ses innombrables hordes de barbares, Attila tombe comme la foudre sur l'Italie, détruit Aquilée de fond en comble, ravage plusieurs provinces et s'arrête à Ravenne pour y attendre la soumission de Rome ! Un homme qui ne sait pas flatter, un homme franc et courageux, saint Léon-le-Grand, se présente devant le roi tartare et lui dit : « Jusqu'ici tu ne t'es signalé que par des exploits ; le succès de tes armes t'a rassasié du plaisir de faire des malheureux. Il est temps pour toi de chercher une gloire plus noble et moins facile. Fais éclater pour les hommes ta bienfaisance autant que ton inhumanité s'est exercée sur eux. Imite l'exemple de la divinité, qui n'annonce sa puissance que par des bienfaits, et crains que Dieu, dont tu n'as été que l'instrument et le fléau, ne te brise entre ses mains redoutables, si tu oses l'attaquer dans le sanctuaire qu'il s'est choisi. Pars, ta mission est remplie. Souviens-toi d'Alaric : tu n'es qu'un homme comme lui, et le Dieu qui te parle par ma bouche est le maître de tous les hommes. »

Le roi des Huns, qui s'attendait à des paroles suppliantes, demeura comme tout abasourdi et frappé de terreur à ce langage hardi, menaçant et terrible ; et, au grand étonnement de ses généraux et de ses soldats, il s'incline et quitte l'Italie.

Un homme franc a sauvé sa nation sans faire couler une seule goutte de sang, et cet homme, c'est un prêtre !

Autre fait que je ne puis passer sous silence. En France, un despote veut faire enregistrer des édits que Vaquerie, premier président du parlement de Paris, juge contraires au bien public. Le courageux magistrat, avec les principaux du Parlement, paraît devant le padiscah pour faire des remontrances. Le tyran ne leur donne pas le temps de parler, les regarde et, l'indignation sur la figure et la sévérité dans la parole, leur demande ce qu'ils veulent. — « La perte de nos charges ! répond Vaquerie d'une voix noble et fortement accentuée. Oui, la perte de nos charges et la mort même, s'il le faut, plutôt que de trahir nos consciences ! » Le bourreau du peuple se tut ; Louis XI céda, et l'homme franc et sincère, celui qui n'avait jamais flatté le peuple, parla pour le peuple et triompha !

Mais, me dira-t-on, pour sauver les peuples et les arracher aux griffes de leurs dominateurs, les hommes francs ont besoin de trouver des sommités amies de la vérité. Si chez celui qui est au-dessus des autres l'amour du vrai vient à manquer, l'homme franc opère sa ruine et aggrave le sort du malheureux qu'il voulait défendre.

Eh bien, je n'admets pas cette distinction. Par-

lez toujours aux hommes le langage de la franchise la plus pure; si la sève de la dignité humaine n'est pas tarie dans leur cœur, vous ferez
aux faibles un bien incalculable; si les hommes
des sommités ne sont que d'orgueilleux pachas,
ils seront offensés de votre hardiesse, et ils chercheront à vous perdre, c'est vrai ; mais vous aurez
fait du bien, vous leur aurez porté un coup terrible, vous leur aurez appris qu'il est un homme
qui ne les craint pas, vous les aurez empêchés de
dormir! Vous les aurez avertis que d'autres pourraient se dresser à leur tour, et vous les aurez rendus plus réservés. Tous les tyrans sont lâches ; les
horreurs que commettent les oppresseurs de l'humanité sont des preuves de leur faiblesse !

L'homme franc respecte l'autorité et la puissance; mais quand il croit qu'il le faut, il sait
faire entendre des paroles dures à l'autorité et à la
puissance.

Sully déchirait autrefois en présence du roi les
écrits tombés de la plume de son maître; et quand
Henri IV lui demandait : « Êtes-vous fou, Sully? »
Le sage conseiller lui répondait, en fixant sur lui
un œil sévère : « Eh! plût à Dieu que je le fusse
seul en France ! » Et à cause de cette franchise, le
roi aimait son ministre davantage.

Il est rapporté qu'un général voyant l'empereur exposé dans une bataille lui dit : « *Otez-
vous de là, Sire, ôtez-vous de là !* » Revenu à cet

endroit, où se portaient tous les efforts de l'ennemi, et trouvant Napoléon toujours au milieu des dangers, cherchant, par son regard, sa pose, son geste et sa voix, à fixer la victoire, le général regarde l'Empereur, et s'écrie : « *Otez-vous de là, Sire, ou je vous fais prendre et vous fais f..... dans mes caissons jusqu'à ce soir !* » L'Empereur quitte ce front chargé d'éclairs, cette mine auguste et terrible, qui décidait du sort des combats, se prend à sourire, et dit en s'éloignant : « *Ce diable d'homme serait bien capable de le faire !* »

Et son noble cœur sentit alors une affection nouvelle pour celui dont la menace franche et brusque venait de l'affection. Il savait supporter, le grand homme, que dis-je, il récompensait les duretés qui venaient de l'amour pour sa personne et pour sa gloire.

Aussi Dieu lui donna des amis qui le dédommagèrent de l'ingratitude, des trahisons et des monstruosités dont on l'abreuva ; des amis qui ne l'ont pas abandonné aux jours de son infortune ; des amis qui ont senti leur visage se mouiller de pleurs toutes les fois que leurs oreilles ont entendu son nom, toutes les fois que leurs yeux ont vu son image, toutes les fois que leur pensée s'est arrêtée sur son souvenir ! Et voilà, selon moi, un fleuron qui, dans sa couronne impériale, ne se flétrira jamais !

Il est un fait que je ne puis pas ne pas faire connaître en cet endroit, le voici : Priverne, ville des Volsques, étant entrée en guerre avec les Romains, fut soumise par ces derniers. Elle se révolta bientôt après, et elle succomba de nouveau. La noble fierté d'un Privernate fait prisonnier dans le combat sauva tous ses compagnons d'infortune et sa patrie. On lui demanda quelle peine paraissaient mériter ses compatriotes. Il répondit : « Celle que méritent des hommes qui se croient dignes de la liberté ! » — « Si l'on vous pardonne, dit le consul romain, comment vous comporterez-vous ? » — « Selon que vous vous comporterez vous-mêmes, répondit-il ; si les conditions sont équitables, nous vous serons constamment fidèles, et peu de temps, si elles sont dures. »

Ces réponses plurent au Sénat. On jugea qu'un peuple qui n'avait d'amour que pour sa liberté, de crainte que pour sa possession, méritait de devenir romain, et le droit de bourgeoisie lui fut accordé.

Les réponses énergiques plaisent à toutes les grandes âmes, elles n'irritent que les médiocrités.

Ah ! pourquoi tous les grands n'entendent-ils pas avec les mêmes oreilles le langage de la franchise ? Pourquoi les peuples s'obstinent-ils à regarder comme hostiles les hommes qui leur tiennent des discours déplaisants ? Pourquoi la jeunesse regarde-t-elle comme ennemis ceux qui la grondent? Et pourquoi la femme repousse-t-elle les avis et les leçons de qui contrarie les tendances de sa faiblesse irréfléchie?

Femmes de tous les âges et de toutes les conditions, jeunesse dont le seul avantage est d'avoir devant vous quelques années d'inexpérience de plus que les autres ; peuple, belle, grande et chère portion de l'humanité ; puissants de la terre, que le mérite, ou la fortune, ou le crime peut-être ont placés au-dessus des autres, jusqu'à quand aimerez-vous la flatterie, Quand commencerez-vous de chérir la franchise ? la franchise qui préserve la femme de la perdition, la franchise qui éclaire la jeunesse, la franchise qui sauve les peuples, la franchise qui fait vivre les sommités sociales ?

Sur ce chapitre, vous penserez ce que vous voudrez, et vous agirez conformément à ce qui vous plaira ; pour nous, descendants des Francs, nous nous montrerons toujours envers vous francs dans nos paroles et dans nos actes. Votre approbation et votre affection, lecteur, sont des choses que nous désirons, mais nous aimerons toujours mieux les perdre et vous adresser des vérités utiles que de les posséder et vous voir vous perdre. Non, nous ne vous flatterons jamais. Oui, femmes, petits enfants, peuples et grands, pour vous servir, nous sacrifierons votre bon vouloir, et ce sera la plus grande marque d'affection que nous puissions vous donner, car nous sacrifierons ainsi ce que nous aimons le plus. Si vous ne voulez pas le comprendre, nous sommes malheureux, mais vous le serez un jour plus que nous. Croyez à ma parole et croyez-y quand je vous dis de mettre à la place de votre sensualisme, qui affaiblit, mine et tue les nations, la pureté des mœurs, vertu qui rafraîchit, embellit, corrobore et immortalise les peuples.

VII.

La pureté, — retenez bien la définition que j'en donne ici, — la *pureté est une vertu* qui fait détester les plaisirs illicites du corps, et réprimer les pensées, les désirs et les sentiments des sales voluptés.

Malgré toute la corruption du paganisme, les philosophes anciens avaient compris tout le mérite de la pureté. Cicéron, après avoir reconnu que le culte de la divinité exige beaucoup d'innocence et de piété, une inviolable pureté de cœur et de bouche, rapporte un passage de Socrate où ce philosophe compare la vie des âmes pures à celle de Dieu même. Dans les capitales des nations païennes, aux jours des plus grandes solennités, on faisait marcher des chœurs de jeunes gens de l'un et de l'autre sexe, pour chanter les louanges des dieux : on présumait que la pureté propre à cet âge était un mérite aux yeux de la divinité.

La pureté est la condition du bonheur chez les peuples. Voulez-vous rendre un peuple ami de l'agriculture, du commerce, intrépide sur les champs de bataille, faisant tout plier devant lui, ne pliant lui-même devant rien, et sachant se montrer doux et humain après la victoire? voulez-vous le porter, par l'amour de l'industrie et de la fidélité à sa parole, voulez-vous le porter au rang des peuples célèbres? voulez-vous le faire arriver à la gloire, au bonheur, à l'admiration du monde et à l'immortalité en le faisant le peuple de tous les genres de mérites, de toutes les vertus en action? eh bien! donnez-lui des mœurs austères, faites-en un peuple pudique.

Et pourquoi cela? Parce qu'aucune victoire n'est impossible à celui qui a triomphé de lui-même. Il peut traverser les fleuves à la nage, braver l'intempérie des saisons, abaisser les montagnes, exhausser les vallons, vaincre les hommes, renverser tous les obstacles et triompher de tous les éléments!

Quand les hommes supérieurs ont voulu se servir des peuples pour de grandes choses, ils ont d'abord cherché à les rendre moraux. Appelé par les Tarentins, Pyrrhus vole à leur secours; mais avant d'en venir aux mains avec les ennemis de Tarente, le héros épirote, par une discipline rigoureuse, prépare au combat ceux qui l'ont fait venir parmi eux. Il supprime les théâtres, où les bonnes mœurs sont offensées ; il fait fermer toutes les maisons de dissolution, qu'il regarde comme l'énervement de tous les corps. Et c'est ainsi qu'ont procédé tous les grands hommes dans les circonstances extraordinaires et périlleuses. Lorsque, arrivant du levant, Publius-Cornélius-Scipion, le second Africain, le destructeur de Carthage, se présente au siége de Numanze pour terminer une guerre désastreuse, il croit qu'avant d'essayer de vaincre le redoutable ennemi qu'il a en face, il faut remporter une victoire d'une espèce nouvelle ; et il bannit aussitôt de son camp la mollesse et tout ce qui peut y conduire ; il en chasse tout ce qui peut introduire le désordre en matière de mœurs.

Et si les Francs et les Gaulois, nos immortels ancêtres, étaient d'une force si prodigieuse, et d'une bravoure si remarquable, c'était, dit Jules-César, parce qu'ils étaient chastes. Et voilà pourquoi Virey a dit, que la morale qui répudie toutes les débauches, et le culte qui leur attache l'anathême du crime, sont des garanties de vigueur, d'intelligence et de santé pour les peuples comme pour les individus. Aussi, lorsque Napoléon eut arboré ses drapeaux sur la Prusse humiliée et conquise, plusieurs hommes de lettres de Kœnigsberg, affligés des maux qui désolaient leur patrie, s'en prirent à la corruption générale des mœurs ; elle avait,

selon ces philosophes, étouffé le véritable patriotisme dans les citoyens, la discipline dans l'armée,
le courage dans le peuple. Les hommes de bien
devaient donc se réunir pour régénérer la nation
par l'exemple de tous les sacrifices. En conséquence, ceux-ci formèrent une association qui prit
le nom d'*Union morale*, et plus tard celui d'*Association d'amis de la vertu*.

Au reste, la société est un être moral, et ses
moyens d'existence et de durée ne peuvent être
que des richesses morales.

Mais à la pratique de la pureté, Dieu n'a pas
seulement accordé les bénédictions du temps, il y
a encore attaché les biens de l'éternité.

Dieu a voulu que, dans tous les temps, cette vérité retentît à l'oreille de l'espèce humaine : Qui
montera à la montagne sainte ? Qui aura place
dans les sacrés parvis ? dit un prophète ; et il répond aussitôt : Ce sera celui dont les mains seront innocentes et dont le cœur sera pur.

Et dans le Nouveau-Testament, Jésus, avec l'autorité qui lui appartient, jette à la société ces
courtes mais remarquables paroles, qui brilleront
comme la gloire du Thabor à travers les siècles,
jusqu'à la fin des nations : Bienheureux les cœurs
purs, parce qu'ils verront Dieu !

Et j'ose presque dire, moi, que ce n'est pas trop
du ciel et de tout son bonheur pour récompenser
cette vertu ! Devant Dieu, la pureté, c'est la fleur

d'agréable odeur ; celui qui la cultive est grand par-dessus tout ce qui paraît grand ! celle qui en prend soin est une jardinière divine ! La pureté, c'est la véritable pomme d'or du vrai jardin des Hespérides : l'être humain qui s'en rend maître fait preuve d'un courage bien supérieur au courage d'Hercule. Rien n'est beau, rien n'est sublime comme une âme aux prises avec une violente tentation ! Le spectacle qu'elle présente est digne de l'admiration de tout ce qu'il y a de plus grand dans le ciel, de l'admiration de Dieu même ! J'ose dire que la gloire du martyre n'est pas au-dessus de la gloire de la pureté ! Pour la première, la lutte est d'un moment ; pour la seconde, elle est de chaque instant ! Le martyr combat contre un étranger ; l'être qui veut se conserver pur combat contre lui-même.

Mais à cause de ce qu'il y a de terrible dans ce duel avec soi-même, il ne faut pas que la corruption, se réfugiant dans de dégradantes tendances, vienne crier : Impossible..... impossible ! Ce cri serait celui d'une nature flétrie, ignoble ! Car la pureté a été prêchée partout et dans tous les temps ; et partout et dans tous les temps, elle a eu pour partisans ce qu'il y a eu de plus distingué dans tous les sexes, dans tous les âges et dans toutes les conditions : au-delà de la croix, l'innocent Abel, le noble Joseph, Rebecca, Suzanne, et dans un ordre plus élevé, Marie ; et depuis que le Dieu

de pureté a pris la forme humaine, la pureté a vu
venir s'enrôler sous ses nobles bannières Téraque,
la gloire des armées de l'empire, Probus de Pam-
philie, Andronic d'Éphèse, personnages si remarquables, si illustres ! et Polyeucte, ce vaillant seigneur arménien, qui disait à son juge :

> Je n'adore qu'un Dieu, maître de l'univers,
> Sous qui tremblent le ciel, la terre et les enfers ;
> Un Dieu qui, nous aimant d'une amour infinie,
> Voulut mourir pour nous avec ignominie,
> Et qui, par un effort de cet excès d'amour,
> Veut pour nous, en victime, être offert chaque jour.
> Mais j'ai tort d'en parler à qui ne peut m'entendre.
> Voyez l'aveugle erreur que vous osez défendre.

Et partant pour le martyre, il regardait celle
qu'il aimait, lui tendait la main

> En lui disant : Adieu ! je m'envole à la gloire !
> Chère Pauline, adieu ; conserve ma mémoire !

Parmi les femmes, la pureté, comme je l'ai
définie, a vu au rang de ses esclaves Paule, Aselle,
Marcelle, Mélanie, Élisabeth de Hongrie, Françoise
de Chantal, et dans un ordre supérieur, Lucie, la
belle étoile de Sicile, Justine, l'honneur, l'édifi-
cation, la gloire de Padoue. Et quels noms !...
Syracuse a oublié le génie de son Archimède, mais
elle chante encore les louanges de Lucie ; les voyageurs qui visitent la cité d'Anténor oublient le

nom de Tite-Live pour aller baiser le tombeau où reposent les cendres de Justine !

Mais pourquoi chercher à faire ici des énumérations ? Je compterais plutôt le nombre des feuilles qui tombent chaque année de tous les arbres du pays, que le nombre des âmes qui font de la pureté leur plus belle parure ! Cette chaîne de personnes d'élite a commencé avec la religion, et elle s'allonge chaque jour dans les siècles.

Il est un fait que je veux citer en cet endroit ; je le prends entre mille. Je le préfère à une infinité d'autres, parce qu'il sort d'un des humbles rangs de la société.

Poursuivie depuis longtemps par Pierre Leclerc, jeune homme employé dans la maison où elle se trouvait, Adrienne Aneste, fille de service chez M. Blanche, docteur-médecin à Passy, se sent subitement saisie par celui qui a fait tant de vaines tentatives auprès d'elle. Elle voit un canon de pistolet pointé sur sa poitrine, et à son oreille se fait entendre cette parole : *Si tu cries, tu es morte!* Avec une énergie aussi grande que celle de d'Assas, la jeune fille pousse un cri d'alarme : une détonnation se fait entendre ! Dieu veille sur la fille pudique..... La balle refuse d'atteindre le principe de la vie ; elle laisse sur la poitrine de la vierge une trace de son passage, et disparaît !

Surpris de tant de vertu, le monstre tire sur lui un second coup qui lui reste ; et ne se croyant

17.

pas mortellement atteint, il se frappe de trois coups de couteau et expire.

La vie d'Adrienne est la récompense de sa pureté; la mort de Leclerc est le châtiment de son sensualisme.

Filles de service, réjouissez-vous : ce bel exemple a été donné par celle qui est dans vos rangs. Prenez-la pour votre étoile polaire; et sur la mer du monde, si féconde en tempêtes, tenez la route qu'elle vient de vous montrer.

Ici, on me crie d'un air moqueur : Et les moyens! les moyens!—Les moyens, les voici : Méfiez-vous de votre force, qui n'est qu'une cire qui se fond au premier feu des tentations; et pour cela, fuyez toutes les occasions de combat. Il y a des ennemis dont on ne peut triompher que par la fuite : ce fut en évitant de le combattre que Fabius vainquit Annibal et sauva la république romaine! Puis, communiquez votre intérieur à un homme intelligent et bon, sachant également la justice et la miséricorde de Dieu, et comprenant également la faiblesse et les larmes de la créature humaine. Avec ce secours, la victoire est assurée. Augustin se jetait dans les plus terribles écarts; mais quand il eut fait la rencontre d'Ambroise, le jeune rhéteur de Carthage entonna l'hymne de sa délivrance. Et le plus bouillant génie dont l'antiquité puisse se vanter, le Démosthènes dalmate, après avoir raconté comment un jeune homme avait été délivré de ses tentations, ajoute : Si ce jeune homme eût été seul, il se fût infailliblement perdu !

Mais le comment de tout cela? C'est que le révélateur fait acte d'humilité, la raison le démontre; et l'humilité lui donne le secours d'en haut, la foi l'enseigne; et dès lors, il se trouve avoir, au milieu de ses luttes, une force plus que humaine, une force divine.

Le moyen ! c'est de craindre de tomber dans l'oubli du devoir. Cette crainte n'a rien de pénible; elle devient, au contraire, une source de biens. La crainte de déplaire à ce que l'on aime rend gai; elle est, dans l'esprit du souffrant, la gloire et le comble de toute sorte de gloire; elle est la joie et l'accomplissement de toute espèce de joie; elle réjouit le cœur, elle fait le bonheur de la vie, et elle devient une source de bénédictions pour le dernier jour de l'existence.

Le moyen! c'est de demander des forces au Ciel quand on trouve que de la terre on n'en a pas assez; car Dieu ne nous a laissés faibles et ne s'est réservé toute la puissance à lui que par amour, pour avoir le plaisir de nous venir en aide. Ainsi la mère, ayant des fruits magnifiques et de fines sucreries, ne les jette point en totalité devant son enfant qu'elle aime, en lui disant : Prends, mange, gorge-toi. Non. Elle en donne une petite quantité, et enferme le reste avec soin; et quand elle le juge nécessaire au bon plaisir ou au bien de son enfant, elle en donne encore. Quelquefois l'enfant demande de nouveau, et la mère refuse; l'enfant insiste, la mère semble l'éloigner; l'enfant pleure, s'accroche à la robe de celle dont il sent par instinct toute la tendresse pour lui. Il la mène lui-même à l'endroit où est l'objet de ses désirs. Quoique le voyant pleurer, la mère ne s'attriste pas, parce qu'elle sait qu'elle a en son pouvoir de quoi le rendre heureux. Elle ouvre, elle lui donne ce qu'il demandait. L'enfant rit, et la mère lui répond par un sourire qu'aucun peintre ne rendrait, par un mouvement de tête que la parole humaine ne saurait jamais dire! Grande est la joie de l'enfant, parce qu'il a reçu, et bien plus grand est le contentement de la mère, parce qu'elle a donné ce que son fils lui demandait.

Cette petite, innocente et poétique scène, qui est un des traits les plus gracieux du tableau de la famille, est l'image fidèle de ce qui se passe entre l'être humain priant le père des mondes de lui venir en aide, et Dieu se rendant aux vœux de sa créature.

L'histoire rapporte qu'après la prise de Gênes, les Français ayant éprouvé quelques échecs et leurs forces ayant été épuisées, le général Abilas envoya son chef d'état-major au général Soult pour le sommer de se rendre, lui faisant observer qu'étant cerné par des forces très-supérieures, toute défense devenait inutile, et qu'à la connaissance de tout le monde, il n'avait ni vivres, ni cartouches. Soult répondit à l'envoyé : *Allez dire à votre chef que, quand on a des baïonnettes et des hommes qui savent s'en servir, on ne manque de rien.* Eh bien ! j'affirme, moi, qu'au milieu des tentations les plus violentes, quand on a la foi à la prière on ne manque de rien ! On a contre le génie du mal, une arme cent mille fois plus terrible que toutes les baïonnettes employées contre un ennemi visible ; et l'on est sûr de vaincre son adversaire et de rester debout sur les ruines de son adversaire vaincu. Comme dans une maison bien habitée les cris font peur aux voleurs et venir tous les voisins, les accents de la prière font prendre la fuite aux sales passions et accourir les anges de Dieu, protecteurs de celui qui veut rester sans reproches.

Donc l'austérité des mœurs fait fleurir les nations, et la véritable philosophie montre cette austérité grande et noble ; le témoignage encourage à la pratiquer, et la religion en fournit les moyens. Quiconque enseigne le contraire est un imbécille ou un ennemi de la morale.

Au chapitre VIII du premier livre, j'ai donné le malaise qui est dans la société comme un principe destructeur de la force des États, et je viens donner ici l'appréciation philosophique et catholique de la douleur comme le remède à ce mal.

VIII.

La philosophie et la foi chrétienne militent ensemble pour consoler l'être humain dans son malheur.

La philosophie dit à l'être malheureux qu'en se plaignant de ses maux, il ne sait pas de quoi il se plaint ; et la philosophie ne se trompe pas ; car l'infortune est la source de graves enseignéments. Par elle, on apprend à se connaître soi-même, à savoir ceux de qui l'on est entouré, et à juger sainement des choses créées et de la vie. Et, en effet, dans les jours de la prospérité, nous sommes fiers, prétentieux et étourdis ; mais survient-il une disgrâce, aussitôt nous devenons humbles, doux et modestes. Au sein de la grandeur et de la renommée, nous nous croyons de grands personnages, il semble que tout doit fléchir devant nous ; mais une humiliation nous frappe, et nous sentons alors tout notre néant, toute cette misère dont rien n'avait pu nous convaincre auparavant. Aux jours des grâces et des belles couleurs, des flatteurs vous entourent ; vous régnez et l'encens que l'on brûle devant vous vous étourdit. Un prédicateur se présente et vous dit : *Chimère, néant, malheur ;* ma fille, ma sœur, mon frère, ne croyez pas à ces biens en attachant votre cœur à ces choses : vous vous ménagez des moments tristes, vous vous ramassez une source de larmes. Vous le prenez en pitié, vous lui riez à la face et vous allez le tourner en ridicule avec l'objet qui vous ravit. Mais l'adversité fond sur vous, un chagrin caché vous décolore, vous fane et vous décompose ; qu'arrive-t-il ? Il arrive qu'aussitôt on devient froid à votre égard, on vous délaisse, on vous méprise, on rit de vous, on vous oublie. Alors vous pleurez, vous êtes convaincu de l'infidélité du monde, et vous vous écriez : Jeunesse, beauté, amour, espérance..... vanité, douleur, mensonge ! Voilà ce que produit dans les esprits la grande voix du malheur.

La raison va plus loin, et elle dit au patient, que pour lui la souffrance est préférable à la joie et aux plaisirs, et cela parce que la félicité continuelle supprimerait tous ses nobles élans, entourerait ses derniers moments de déchirantes douleurs, et éteindrait la véritable gloire ; car la gloire véritable consiste à souffrir pour une cause juste : le héros ne se trouve qu'au milieu des embarras et des dangers, et là où le péril finit, le héros disparaît.

L'histoire, qui n'est autre chose que la philosophie, puisqu'elle n'est autre chose que l'âme humaine en action, dit à l'homme, qu'en demandant la cessation de ses chagrins, il ne sait pas ce qu'il demande. Et en effet, Pompée étant tombé gravement malade à Naples, se trouva bientôt un peu mieux. Les Napolitains le couronnèrent de fleurs ; les habitants de Pouzzoles firent de même, et les villes des alentours députèrent pour le féliciter. Pompée regarda tout cela comme une chose heureuse. Hélas ! sa guérison était un véritable malheur pour lui ! Si Pompée fût mort à cette époque, il n'aurait pas fait la guerre à son beau-père ; il ne se serait pas précipité dans la plus grande des entreprises, sans préparatifs ; il n'aurait pas abandonné ses foyers ; il n'aurait pas quitté l'Italie ; il ne serait pas tombé, après la déroute de son armée, entre les mains de ses ennemis ; ses enfants n'auraient pas eu des destinées si misérables ; ses immenses richesses n'auraient pas été le partage de ses vainqueurs. Oui, en mourant alors, Pompée mourait comblé des biens de la fortune ; mais en prolongeant sa carrière, il se ménagea des calamités et des douleurs incroyables.

Dans les temps placés au-delà de la Croix, la raison avait perçu la vérité de ce que j'écris, et Amasis, roi d'Égypte, mandait à Polycrate, tyran de Samos, de se procurer quelque malheur, parce que sa prospérité effrayait tous ses amis. Et éclairée des manifestations d'en haut, la philosophie qui se trouve en-deçà du Calvaire a porté cette doctrine à son plus haut degré de lumière : Boëce, premier ministre de Théodoric, trois fois consul, un des plus beaux génies qui aient jamais existé, l'élégant traducteur d'Euclide, de Platon et d'Aristote; Boëce voit ses fils, bien jeunes encore, désignés pour le consulat; il les voit suivis du Sénat et du peuple, portés sur un char par toute la ville. Tout à coup, le malheur fond sur ce grand homme. Il est arrêté, jeté en prison. Par le moyen d'une roue à laquelle était liée une corde qui lui tenait la tête, on le supplicia. En tournant cette roue, on serra avec tant de violence que les deux yeux sortirent de la tête. Puis, on l'étendit, et l'on se mit à le frapper; et voyant qu'il respirait encore, on l'acheva avec la hache, le vingt-trois décembre cinq cent vingt-cinq ! Or, jusqu'à son dernier souffle, dans des circonstances si inhumainement solennelles, ce grand homme ne cessa d'appeler son état une faveur du Ciel !

Donc, au point de vue des choses de ce monde, la douleur n'est point un mal. Elle est un bien, puisqu'elle nous donne l'intelligence de notre personnalité, l'intelligence de tout ce qu'il y a de créé, et l'intelligence de la société au milieu de laquelle nous nous trouvons sans cesse.

Je vais plus loin, et je dis que dans l'être qui n'a pas souffert, il n'existe pas de véritables qualités morales. Non, celui qui n'a pas été broyé par l'infortune, n'aura jamais ni résignation, ni dévouement, ni affection durable. Il sera dur, ingrat, égoïste, infidèle. Je suis si profondément convaincu de ce que je dis, qu'aujourd'hui je ne donnerais ma confiance à aucun être favori du bonheur. Je crois

que c'est du fond de l'infortune que sortent les
nobles sentiments, les sublimes accents, et toutes
les œuvres de véritable grandeur, de divin héroïsme, de tendre affection, d'inébranlable amour :
c'était ainsi que le poëte faisait parler la reine de
Carthage aux Troyens malheureux :

>　　　　　. . . . . . Comme vous fugitive,
> Comme vous exilée, enfin sur cette rive,
> J'ai trouvé le repos, partagez sa douceur :
> Malheureuse, j'appris à plaindre le malheur.

C'est la souffrance qui donne à la créature humaine le véritable cachet de l'immortalité et de la
gloire. C'est elle qui, dans les nobles cœurs, dresse
à ses victimes des statues plus belles que celles de
marbre ou d'airain que l'on élève au milieu des
promenades ou sur les places publiques : le voyageur qui va à Ferrare ne demande pas le tombeau
d'Alfonse ; il cherche le tombeau du Tasse.

La douleur supportée avec noblesse fait du souffrant l'objet d'un culte. En lisant l'histoire, j'ai
vu, dans les annales de notre nation, Louis XIV,
attirant à lui tous les grands hommes de son temps
comme le soleil attire dans sa sphère une infinité
d'autres soleils. Je l'ai vu envoyer ses escadres et
commander lui-même ses armées contre les puissances ennemies de la France, et faire trembler
ces puissances jusque dans leurs dernières limites !
Je l'ai vu humilier un souverain pontife, Inno-

cent X, et forcer la république de Gênes à lui envoyer son Doge, lui faire amende honorable dans son château de Versailles ! Je l'ai vu donner asile à des monarques tombés, et faire partir son petit-fils pour aller prendre possession du trône d'Espagne, en lui disant : *Partez, mon fils, il n'y a plus de Pyrénées !* Je l'ai vu recevoir le nom de grand, et dicter des lois à l'Europe vaincue par lui ! Eh bien ! en face de cette puissance et de cette gloire, je n'ai jamais éprouvé qu'un seul sentiment, celui de la haine contre les despotes !

Mais un jour, à ce fier potentat la fortune tourne le dos, la mort frappe à coups multipliés dans sa famille ; l'ardeur de ses ennemis se ranime, la France est envahie, l'alarme est générale ! Louis XIV est accablé par la maladie, déchiré par le chagrin ; il est abandonné de tous ses anciens flatteurs ; les grands hommes de son temps ont disparu, et les princes, espérance de sa race, sont descendus dans la tombe. Dans cet état, pouvant à peine se soutenir, il fait venir Villars, et lui dit : « Vous voyez où nous en sommes ; il faut vaincre ou périr, et finir par un grand coup d'éclat ! Partez, cherchez l'ennemi et livrez-lui bataille ! — Sire, lui dit le général avec émotion, c'est votre dernière armée ! — N'importe, dit le vieux roi, je ne vous commande pas de vaincre, je vous ordonne d'attaquer. Si vous avez le dessous, vous me l'écrirez, et à moi seul. Je monterai à cheval, je parcourrai Paris, votre lettre à la main ; je connais les Français, je vous mènerai quatre cent mille hommes et nous vaincrons, ou je m'ensevelirai avec vous sous les débris de la monarchie ! »

Toutes les fois que j'ai lu ces paroles, je me suis senti ému jusqu'aux larmes : j'ai oublié les défauts de Louis, et je me suis écrié : Prince infortuné, à toi mon cœur, toute mon âme à toi ! Vive la douleur qui élève l'homme au-dessus de l'humanité, le fait digne de l'admiration de ses contemporains, de celle de la postérité et de celle du Ciel même !

Mon amour pour mon pays me pousse à rapporter ici ce que plusieurs de mes lecteurs savent tout aussi bien que moi. L'audacieux Villars, volcanisé par ces paroles du malheur, part, déterminé plus que jamais à vaincre ou à mourir ; il fond sur l'ennemi comme la foudre, fait le général prisonnier avec ses troupes, s'empare de tous les magasins, emporte cinq places de suite, prend aux alliés cent pièces de gros canon, cinquante mortiers, quatre cents milliers de poudre, met le comble à sa gloire et sauve notre France !

Les puissances qui se partageaient déjà nos belles provinces, comprirent qu'il était temps de traiter de la paix. Elles envoyèrent leurs plénipotentiaires à Utrecht, et l'abbé de Polignac, chargé de plaider dans ce congrès les intérêts de la France, trouvant aux représentants des peuples nos enne-

mis, les airs insolents qu'ils avaient pris dans d'autres jours, leur dit : *Les temps sont changés, et il faut
que vous changiez de ton ; si non, nous traiterons
chez vous, de vous, et sans vous !* — Il n'a jamais
été articulé de paroles plus éminemment patrio-
tiques, plus éminemment françaises ! Et ces paroles, c'est un prêtre, et un prêtre français qui les a
fait entendre. Le clergé actuel les réclame, il les
revendique comme une portion de sa propriété la
plus chère ; il s'en fait gloire, car le prêtre, dans
ses affections, ne sépare pas son pays de son
Église ; dans son cœur, le patriotisme brûle à
côté de la foi ; et c'est cette foi qui fait la force du
patriotisme ; que la France le sache, qu'elle le croie,
et la France rendra justice à son clergé.

Mais au point de vue chrétien, les peines, le
malaise sont des bénédictions : le fruit qu'on en
retire est plus excellent que l'or le plus fin et le
plus pur ; son prix dépasse toutes les richesses, et
rien de ce qu'on désire ne peut lui être comparé.
Au point de vue chrétien, la souffrance fait des
prodiges ; elle nous rappelle notre origine et notre
destinée, quand nous les oublions ; elle nous fait
tourner nos regards vers Dieu que nous fuyions
depuis longtemps ; elle élève, fortifie, rend capable
des plus grandes choses l'âme bonne, mais qui
était sur le point de se perdre, en se laissant aller
à sa trop bonne et sensible tendresse.

Et en voici la preuve. Vers le milieu du ive siècle,

il y avait dans la ville de Rome une jeune dame nommée Paule ; son père était grec d'origine et faisait monter sa généalogie jusqu'à Agamemnon, et sa mère comptait parmi ses aïeux les Paul-Emile, les Gracques et les Scipions ; elle épousa un descendant de la famille Julia.

Jeunesse, esprit, beauté, fortune, tout était réuni pour faire de cette union le mariage le plus accompli. Cependant, le cœur de la jeune Romaine se laissait prendre peu à peu aux attraits du monde. Subitement, la mort lui enlève le bras sur lequel elle s'appuyait ; son mari devient la proie du sépulcre. Elle n'a que vingt-deux ans, et elle a reçu du Ciel, dit son historien, un cœur excessivement tendre. Que fera-t-elle ? Atterrée par le coup qui vient de la frapper, elle renonce à toutes les parures mondaines ; elle regarde comme souverainement méprisables tout le brillant et tout l'éclat qui passent. Elle se livre aux lectures pieuses et à la mortification ; elle visite les pauvres et les comble d'abondantes aumônes ; elle entreprend un pèlerinage en terre sainte. Le gouverneur de Palestine, instruit de son arrivée, lui fait préparer un palais à Jérusalem ; mais Paule, jeune veuve inconsolable, brisée par la douleur, ne voulant plus d'autre titre que celui de servante du Christ, va loger dans une petite cellule, où elle meurt dans la pratique de la foi la plus vive et la plus pure, dans la tranquillité de l'espérance la plus profonde et la plus élevée,

dans les sentiments d'une charité qui la consumait
et faisait de sa personne un Séraphin terrestre. Elle
devint ainsi la providence de ceux qui l'entou-
raient, la gloire de la religion, l'honneur et le
noble orgueil de toutes les personnes de son sexe.
Voilà ce que produit le malheur.

Le malheur va plus loin encore : il touche,
amollit et change les cœurs des plus grands criminels. Modeste persécute l'église de Césarée, et
Basile qui en était l'illustre évêque. Mais uelque
temps après, ce gouverneur est atteint d'une grave
maladie. Accablé sous le poids de son mal, il se
lamentait et appelait la religion et le pieux pontife
à son secours. Basile alla le voir, pria pour lui, et
Modeste fut guéri. Le dépositaire de l'autorité impériale changea de manière de voir et de manière
d'agir : dès ce jour, il confessa à qui voulut l'entendre, que c'était à la prière de Basile qu'il devait
son retour à la santé ; et son admiration et ses
éloges étaient incessants, pour la foi et pour le
saint docteur dont il s'était montré l'ennemi le
plus acharné.

Et que dirai-je ici de la fille de Léonce l'Athénien, de cette Eudoxie qui dut à son vaste savoir
et à sa rare beauté de devenir la femme de Théodose II, et de voir, par cette alliance, les richesses
de l'Aurore à ses pieds ? Fière de sa réputation et
de sa grandeur, elle osa faire le philosophe et protéger des erreurs que l'Église condamnait. Mais

voici qu'en ce temps-là, elle est frappée dans l'endroit le plus sensible de son cœur : les Vandales font sa fille captive et l'emmènent en Afrique, où elle reste sept ans. Ce coup porté à la tendresse d'une mère fait rentrer Eudoxie en elle-même. Elle consulte saint Siméon Stylite; elle suit les conseils de l'abbé Euthymius, et elle passe le reste de ses jours dans la piété et la culture des lettres. Et toute cette nouvelle vie fut si sainte, que, témoins de ses exemples, les hérétiques revenaient à la foi par multitudes ! Voilà ce que produit l'adversité sur une âme. Ah ! c'est que le ciel nous paraît bien plus doux et plus digne d'envie, lorsque sur la terre, notre vie s'écoule triste, languissante et amère.

Aussi, voyons-nous dans les annales de la chrétienté que tous les grands personnages se sont montrés amoureux des souffrances. Du fond de son exil d'Arménie, saint Jean Chrysostôme écrivait à la vertueuse Olympiade : « Mon cœur goûte une joie inexprimable dans les souffrances; j'y trouve un trésor caché; vous devez vous en réjouir avec moi. » Le bouillant anachorète de Bethléem s'écriait au milieu des tribulations que ses ennemis lui causaient : « Plût à Dieu que tous les infidèles s'élevassent à la fois contre moi. Je voudrais que le monde entier s'entendît pour blâmer ma conduite; par ce moyen, je serais sûr d'avoir l'approbation du Christ. »

Rien n'est plus à craindre qu'une trop longue paix ; c'est dans le temps de la tempête que le pilote se tient sur ses gardes et qu'il fait des efforts pour conduire son navire à son terme. Dans ses maladies, Bède répétait sans cesse : « Dieu châtie celui qu'il aime. » Et le grand pape Pie VI, enlevé de Rome, infirme, souffrant, se voyant traîné de ville en ville, de prison en prison, disait : « Ce sort commence à me faire croire que je ne suis pas tout à fait indigne d'être un successeur de Pierre, le vicaire du Christ. »

Et quels hommes que ceux dont je viens d'écrire les noms ! Les siècles ont confirmé à saint Jean Chrysostôme le surnom de Cicéron chrétien ; saint Jérôme fut le Bossuet de son époque ; Bède a été regardé comme une lumière singulièrement éclatante, comme la gloire et le plus bel ornement de la nation anglaise, et Pie VI est peut-être l'homme dont le savoir, l'esprit de gouvernement et la fermeté de caractère ont le plus honoré l'humanité, et, sous le rapport des vertus chrétiennes, il est cent fois plus grand que par ses qualités purement humaines !

Toutes ces illustres têtes voyaient dans la souffrance des marques de prédilection divine. Ces grands hommes comprenaient que, lorsque Dieu frappe dans la vie, il ne fait que changer un supplice rigoureux qu'il destinait au coupable, en un châtiment léger et de quelques instants. Il en

18.

use envers la créature criminelle comme un sage
créancier envers un débiteur négligent : le créancier se montre dur pour ne pas laisser celui qui
lui doit s'endormir dans une funeste indifférence, qui n'aboutirait qu'à l'accabler de dettes
accumulées les unes sur les autres, et à le ruiner
sans ressource. Si Dieu envoie une grave maladie,
c'est pour faire expier l'abus que l'on a fait du
corps humain ; s'il permet que quelqu'un soit dé-
pouillé de ses biens, c'est pour le punir de ses pé-
chés d'avarice, et s'il souffre qu'un autre soit victime d'une infidélité, c'est pour lui faire expier ce
qu'il y avait de trop sensible dans son affection.
Aussi, un grand docteur a dit : « Coupez, brûlez,
et n'épargnez rien, ô mon Dieu ! tant que nous
serons dans cette vie, trop heureux d'être par-
donnés dans une vie meilleure et plus étendue. »
Et quand l'homme n'est pas, en punition de son
impiété, aveuglé par la colère divine, il voit les
choses ainsi, et il les proclame comme il les voit.
Il y a peu de temps encore, Frédéric Soulié mourait assisté d'un prêtre et d'une sœur de charité ;
et, les mains jointes, il disait en regardant le ciel :
« Mon Dieu, vous m'avez envoyé cette maladie
pour me ramener à vous ; je vous en remercie ;
que votre miséricorde en soit éternellement
louée ! » — Ce témoignage en vaut bien un autre.

O fils de la douleur ! vous que le chagrin dévore, quelle que soit votre peine, réjouissez-vous !

chaque larme que vous pleurez est une perle de prédestination. Chaque sanglot qui sort de votre poitrine est une note de musique immortelle, et chacune de vos plaintes est un cantique de bienheureuse éternité. Par votre douleur, votre cœur est consacré temple de la Foi, de l'Espérance et de la Charité, et de cette noble trinité la récompense est au ciel ! Préférez vos larmes à la joie et au rire que des êtres animalisés font éclater autour de vous. Continuez d'aimer la tristesse, d'adorer les pleurs et d'éprouver la plus vive sympathie pour tout ce qui porte le joug de la souffrance.

Pauvre soldat blessé qui perds ton sang par ta blessure, pauvre naufragé ballotté par la vague furieuse, pauvre pèlerin défaillant sur le bord de la route, — vous avez besoin de parler de votre mal pour pouvoir le supporter. Mais à qui confierez-vous vos tiraillements intérieurs? Au monde? Non. Égoïste, incrédule, sans entrailles, dogmatique, prétentieux, le monde ne pourrait donner un aliment à ce qu'il y a de plus désintéressé, de plus croyant, de plus soumis, de plus doux, de plus délicat, de plus sensible. A qui, dans vos éternels et solitaires ennuis, vous adresserez-vous donc, ô cœurs souffrants, mes frères? A celui qui a eu sur la tête la couronne d'épines et le poignard enfoncé dans le cœur. Venez le visiter souvent dans son temple, vous y serez tous secourus ; puisqu'il a choisi la croix, il aime les malheureux. C'était là, au pied du sanctuaire, qu'après la mort de son mari, cette admirable Félicie de Montmorency, toute jeune encore, passait le reste de sa vie à prier pour le salut de son cher défunt ! C'était là que l'héroïque Françoise de Chantal passait ses jours et une grande partie de ses nuits à penser à ses enfants que la mort lui avait enlevés, et à celui qui lui avait donné son nom, celui qu'elle avait perdu, celui qu'elle avait tant aimé sur cette terre ! C'était là que Pammaque, de l'illustre famille de Camille, l'un des plus beaux ornements du Sénat romain, venait chaque jour pleurer sur la perte de sa compagne, cette belle, bonne et douce Pauline, la seconde des filles de sainte Paule, que la mort lui avait arrachée dans les premières années de leur union ! Venez-y donc aussi, vous qui pleurez, et dites, les bras tendus vers le tabernacle :

> Jusques à quand, baigné de larmes,
> Gémirai-je sans t'attendrir ?
> O Dieu, témoin de mes alarmes,
> Voudrais-tu me laisser périr ?
>
> Jusques à quand tes yeux sévères
> Seront-ils détournés de moi ?
> Jusques à quand de mes misères
> Viendrai-je rougir devant toi ?
>
> Seigneur, combien de temps encore
> Veux-tu me voir humilié ?
> Quoi ! c'est en vain que je t'implore,
> Tu m'as pour toujours oublié !

De la rigueur de ton silence,
Tandis que je suis confondu,
Mon ennemi plein d'insolence,
En triomphe et me croit perdu.

Ah! Seigneur, si d'une main prompte,
Tu ne relèves ma langueur,
Publiant sa gloire et ma honte,
Il dira qu'il est mon vainqueur!

Si tu ne me rends la lumière,
Quel sera mon funeste sort!
Accablé d'une nuit entière,
Je m'endormirai dans la mort!

Tu m'écoutes : mon espérance
Ne m'a point flatté vainement,
Et bientôt de ma délivrance
Je vais chanter l'heureux moment.

Et vous, qui n'avez eu encore que le miel de la vie, mais qui allez bientôt en boire toute l'absinthe, au jour de votre déchirement, venez aussi vous entretenir avec celui à qui vous devez tant! Le colloque avec lui laisse toute la sensibilité au cœur; il porte la résignation à l'esprit, et quand il ne tarit pas la source des pleurs, il mêle toujours une céleste douceur à l'amertume des larmes. Venez donc, au jour de votre accablement, et dites : Mon Dieu, mon Père, mon ami! Et le Seigneur qui ne refuse pas son soleil au passereau de la solitude, ni la rosée du ciel au champ de mousse, le Seigneur vous dira cette parole : Heureux celui qui pleure, car sa tristesse se changera en joie, et personne ne pourra lui ravir son bonheur. Et cette parole, tombée des lèvres mêmes du Christ, sera pour votre cœur saignant ce que peut être à votre bouche un pur rayon de miel, à votre oreille une harmonie d'oiseaux ; ce qu'est à l'odorat un doux parfum de violettes, ce que peut être à la vue un endroit solitaire, couvert de jasmins, d'anémones et de roses, de lis, de giroflées et d'immortelles !

Que la douleur soit vue au flambeau de cet enseignement, et il n'y aura plus de morts de langueur ; il y aura moins de procès scandaleux, et les cas d'aliénation mentale diminueront des quinze vingtièmes. Que la douleur soit contemplée de la hauteur de cette doctrine, et l'autorité sera résignée dans ses épreuves, et le pauvre sera patient dans ses besoins ; la tyrannie ne tombera plus sur le faible, on ne verra plus l'émeute dans la rue, et la souffrance sera un lien social d'une force invincible !

Que la douleur soit ainsi appréciée, et dès ce jour on aura cette sage gravité qui dispose à l'examen bien réfléchi du parti qu'on doit prendre dans les circonstances sérieuses. Et cette étude temporisée de la voie dans laquelle on veut entrer, est un grand préservatif aux maux qui naissent de notre inconstance.

IX.

Le voyageur regarde devant lui avant de marcher, le chasseur vise l'oiseau avant de décocher sa flèche, et le pilote consulte les vents et les saisons avant de lever l'ancre et de partir pour les rives lointaines. Eh bien, de même, il faut se recueillir, délibérer avant d'aborder les déterminations qui font époque dans notre passage sur la terre.

Pour faire le choix d'un lieu de résidence, d'un état de vie, d'un ami, d'une forme de gouvernement, la réflexion est aussi nécessaire que pour faire des progrès dans les connaissances spéculatives : et la plus grande somme de nos douleurs vient de la précipitation de nos jugements dans ces divers sujets.

Soyez sérieux, pensif, isolé ; prêtez l'oreille, et vous entendrez de loin une voix se plaignant, qui vous dira : Les alarmes s'agitent dans mon âme, la douleur bouillonne dans mon cœur, les pleurs ont défiguré mon visage, j'ai vieilli avant la venue des années! Le temps, qui calme les douleurs des autres, ne fait qu'ajouter à toutes les miennes. Pourquoi si vite me suis-je déterminé? Pourquoi si vite ma bouche a-t-elle dit : oui? O tristesse de la vie! O malheur dans l'existence! O nature! O douleur!

Vous l'avez entendue cette voix; elle a retenti dans toute votre poitrine. Chez vous, vous savez d'où elle vient; mais quand elle gémit chez les autres, approchez doucement, là, d'où elle sort; soyez religieux comme à la porte d'un sanctuaire, car vous êtes près d'un lieu sacré, puisque vous êtes devant un être qui souffre. Interrogez ce cœur, demandez-lui la cause de ses tiraillements. Dites-lui : Comment es-tu tombé dans les ténèbres, toi qui, dans d'autres temps, brillais comme l'étoile qui étincelle au firmament ? Comment es-tu devenu si dur et si sévère, toi que j'ai vu plus doux que la lumière du soleil à l'heure où le soleil se couche ?

Et ce cœur vous répondra : Un jour l'on me promit que je trouverais le bonheur sur ces bords. Je quittai tout pour y venir; je ne réfléchis pas. Cette terre a été pour moi la terre de la servitude, et c'est ma grande précipitation qui m'a perdu. On me fit voir un chemin tout couvert de fleurs sous des ombrages frais; on me dit d'y entrer. Je n'examinai pas; je me mis à marcher. En arrivant au bout, j'ai trouvé le désert. J'ai voulu revenir sur mes pas, mais derrière moi il n'y avait plus que des abîmes et des précipices infranchissables : ma grande précipitation avait déjà causé ma perte.

Plus loin, un chant lugubre se fait entendre : c'est une colombe qui soupire, c'est un lion qui rugit; c'est une femme qui cherchait le bonheur, et le bonheur est demeuré loin d'elle ; c'est un homme qui attendait un jugement favorable, et le jugement favorable n'est point venu. Approchez et interrogez encore, et là encore on vous dira : Hélas ! on vint me dire un jour : Puisque nos deux âmes sont sœurs, que nos deux cœurs soient frères. Dès cet instant, l'amitié s'empara de mon être. Si mon ami m'eût commandé d'aller creuser un nouveau lit à une rivière, je fusse parti sur l'heure pour aller essayer de le faire ! Je ne cherchais mon bonheur que dans le sien. En me donnant ainsi, je ne réfléchis pas ; je me donnai tout, et en échange je ne reçus que des paroles. Aussi, je suis tombé depuis dans l'ennui et le chagrin, dans la douleur et dans la maladie. J'ai crié : Si tu venais mettre la main sur le siége de ma souffrance, ma douleur se calmerait. Mais ma parole s'est perdue dans le vague : j'appelais ce qui n'existait plus ; l'amitié s'était enfuie, et j'ai bien vu, dans cet endroit, que ma trop prompte crédulité avait causé tout mon malheur.

Ailleurs, un autre lamente aussi sa déchirante lamentation. Sans connaître aucun de ses goûts, sans avoir étudié aucune de ses tendances, ses voisins et ses proches voulurent décider de son sort. Ils lui montrèrent une position sur le grand théâtre de la société, et lui dirent que c'était celle que le Ciel lui avait destinée. Les précautions trompeuses que l'on avait prises pour séduire son esprit, lui firent croire à la possession de la félicité dans cette place. Mais hélas! à peine engagé dans ce nouveau genre de vie, il s'est trouvé sous un ciel sans étoiles, et sur une mer où l'on ne connaît point de calme. Là, il pousse des gémissements et des plaintes; tout avenir heureux est entièrement brisé pour lui. Voilà le fruit des premières impressions non raisonnées.

Plus loin, un autre se répand en sanglots d'une autre espèce, et quand on l'interroge sur son sort, il répond: Ceux que je ne connaissais pas vinrent crier à mon oreille: La tyrannie règne sur nous; entendez le bruit des chaînes qu'elle nous prépare! Descendants d'un peuple libre, arrachons notre tête au joug de l'esclavage! A ces paroles, ma foi fut sans limites, je n'examinai rien, je pris les armes que l'on prend dans les jours des grandes batailles. Des larcins furent commis, de grandes maisons furent brûlées, des sommes considérables furent pillées. Pour faire face au besoin sorti de ces jours de carnage, il a fallu grossir l'impôt, et notre prise d'armes a tari la source du travail! La précipitation a fait mon mal; j'ouvre les yeux à la lumière; mais, je le vois, il est bien tard!

Voilà ce que tous les souffrants vous font entendre: J'ai été inconsidéré, je n'ai pas réfléchi, la légèreté de mon naturel m'a perdu; le trop de confiance m'a mis dans l'état où je suis. Et dans un langage que l'âme seule peut entendre, ils disent encore mieux que le manque de réflexion est la cause de leurs maux... Cette vérité est burinée sur une page que rien ne déchirera, et elle est écrite dans un style que Dieu lui-même a fourni : « La terre, dit Jérémie, la terre pleure, elle pousse des cris comme le lion de la forêt ; et elle n'est dans cette extrême désolation que parce qu'il n'y a personne qui réfléchisse dans son cœur. »

Que faut-il faire pour empêcher ces scènes de malheur de se renouveler ? Il faut réfléchir mûrement avant d'agir. Dans bien des circonstances, la temporisation est la mère du succès. Ce fut en temporisant que Fabius sauva sa patrie réduite à la dernière extrémité par la sanglante bataille de Trasimène. Il faut consulter le passé dans les rapports qu'il peut avoir avec le présent ; car le passé est un excellent conseiller, c'est lui qui découvre les secrets. Il faut considérer la fin que peut avoir la démarche que l'on va faire, consulter les hommes désintéressés, et s'adresser à Dieu qui ne refuse jamais son secours à celui que le monde abandonne.

En attendant, souvenez-vous bien, ô vous qui lisez cette page, que le sol témoin des jeux de votre enfance produit seul les fleurs de poésie dont le parfum dissipe les chagrins. Marie Stuart quittant les lieux où s'étaient écoulés ses premiers jours, et Châteaubriand loin de la maison paternelle, ont jeté sur cette vérité toutes les richesses du sentiment et de la mélancolie. Retenez aussi qu'une fois entré dans certaines positions de la vie, il n'est plus temps de regarder derrière soi ; il faut, de temps en temps, fixer les yeux au ciel et marcher son chemin. La goutte de consolation intérieure, l'admiration des grandes âmes et l'éternel bonheur ne peuvent être qu'à ce prix.

Sachez de plus, que ce n'est pas celui qui sait se faire de nouveaux amis qui est digne d'éloges, mais celui qui veut conserver les anciens et qui ne fait rien pour les perdre.

N'oubliez pas que toucher trop souvent à la forme de gouvernement d'un peuple, c'est miner l'édifice social. Lycurgue croyait que le salut de la république était dans l'immutabilité des codes ; et pour engager les Lacédémoniens à observer fidèlement les lois qu'il leur avait données, il leur fit promettre avec serment de ne rien y changer avant son retour, et il s'en alla ensuite dans l'île de Crète. Et là il se donna la mort, après avoir ordonné qu'on jetât ses cendres dans la mer, car il craignait que, si l'on rapportait son corps à Sparte, les Lacédémoniens ne crussent être délivrés de leurs serments.

Aimez donc les fruits des arbres que vos pères ont plantés, leur saveur l'emporte sur celle des autres ; c'est-à-dire, préférez votre pays à tout autre pays. Oh! que j'aime la simplicité de ce Athénien qui disait que la lune d'Athènes était plus belle que celle de Corinthe. Travaillez à ennoblir l'état dans lequel vous êtes et où la mort va bientôt venir vous prendre. Considérez l'ami véritable que le ciel vous a donné comme une partie de vous-même, et vous n'aurez pas la tentation de le troquer pour un autre, et vous ne vous exposerez pas à perdre le plus précieux de tous les trésors.

Travaillez au maintien des lois de votre pays. Peu vous importe la forme gouvernementale qui vous régira. Des insensés ont dit que l'on ne saurait être bon chrétien si l'on n'avait leurs opinions politiques. Les absurdes! La religion chrétienne plane au-dessus de toutes les croyances gouvernementales, comme l'aigle plane au-dessus des montagnes! Les opinions politiques, comme de terribles nuages, peuvent s'abattre sur la terre des préjugés, des intérêts et de l'orgueil, mais elles ne doivent jamais monter dans le ciel de la foi. Tous les gouvernements sont bons, et ils peuvent tous être mauvais; et quand ils viennent demander au sage de les reconnaître, le sage ne leur demande pas quels noms ils portent, mais quels sont les biens possibles qu'ils veulent réaliser. « Si je voulais, dit l'auteur de l'*Esprit des lois*, rapporter les maux produits par les gouvernements monarchiques et républicains, je dirais des choses effroyables ! » Et Montesquieu avait raison.

Voici ce que l'histoire rapporte sur les premiers temps de la république romaine. Les patriciens aspiraient sans cesse à agrandir leurs domaines, surtout depuis que le pouvoir politique se mesurait, non par la noblesse, mais par les possessions, en sorte que, à défaut de commerce, ils devaient, pour acquérir, ou faire la guerre ou dépouiller le plébéien. Ces derniers voyaient bientôt la valeur de leurs champs engagés absorbée par les intérêts accumulés. Et ils devenaient alors de leurs personnes la garantie du créancier.

Le plébéien pouvait encore voter au forum, combattre à l'armée ; mais il était lié. Et ce bras du pauvre qui frappait l'ennemi et sauvait la patrie, ce bras sentait déjà la chaîne du créancier.

Enfin l'époque fatale arrivait ; il fallait payer. Que devenait alors le pauvre ? Écoutez ; voici, comme le dit l'histoire, le chant terrible de la loi, *lex horrendi carminis.*

« Qu'on appelle le débiteur en justice. S'il n'y va, prends des témoins ; contrains-le ; s'il diffère et veut lever le pied, mets la main sur lui. Si l'âge ou la maladie l'empêchent de comparaître, fournis un cheval, mais point de litière.

« Eh quoi ! dit le narrateur, le malheureux est revenu blessé dans Rome, son sang a coulé pour le pays, le jetterez-vous mourant sur un cheval ? Oui, car il faut qu'il se présente. Eh bien ! le voilà, il se présente au tribunal avec sa femme en deuil et ses enfants qui pleurent. Qu'allez-vous faire? Ce que la loi ordonne. Qu'ordonne-t-elle ? Le voici : Que le riche réponde pour le riche; pour le prolétaire, qui voudra. La dette avouée, l'affaire jugée, trente jours de délai; puis, qu'on mette la main sur lui, qu'on le mène au juge. Le coucher du soleil ferme le tribunal. S'il ne satisfait pas au jugement, si personne ne répond pour lui, le créancier l'emmènera, et l'attachera avec des courroies ou avec des chaînes qui pèseront quinze livres. Que le prisonnier vive du sien. Si non, donnez-lui une livre de farine, ou plus, à votre volonté. S'il ne s'arrange point, tenez-le dans les liens soixante jours. Cependant, produisez-le en justice, par trois jours de marché, et là, publiez à combien monte la dette. Au troisième jour, s'il y a plusieurs créanciers, qu'ils coupent le corps du débiteur. S'ils coupent plus, ou moins, qu'ils n'en soient pas responsables. S'ils veulent, ils peuvent le vendre à l'étranger, au-delà du Tibre. »

Voilà ce qui se pratiquait à Rome, au temps de la république, de cette république qu'on se plaît tant à exalter !

Est-ce à dire que ce gouvernement soit essentiellement mauvais? Non, sans doute, puisque l'on trouve dans lui des modèles de toutes les vertus : le désintéressement chez Curius, la fidélité au serment chez Régulus, l'amour de la patrie chez Camille, et l'amour de la pauvreté chez Scipion.

Autre considération que je ne puis pas ne pas faire. Louis XI a été un cruel tyran, Louis XIV un insolent despote, et Louis XV un infâme Sardanapale, dont le nom ne peut être prononcé par quelqu'un qui se respecte qu'avec un sentiment d'horreur.

Faut-il en conclure que la royauté soit essentiellement mauvaise? Nullement, puisqu'elle a donné Clovis, fondateur de notre existence nationale, Charlemagne et Louis IX; Charlemagne dont un historien anglais a dit : « Son sceptre est l'arc d'Ulysse, personne n'a pu le tendre après lui; » et Louis IX, « prince qui paraissait destiné à réformer l'Europe, si elle avait pu l'être, à rendre la France triomphante et policée, et à être en tout le modèle des hommes. Sa piété, qui était celle d'un anachorète, ne lui ôta aucune des vertus de roi. Une sage économie ne déroba rien à sa libéralité. Il sut accorder une politique profonde avec une justice exacte. Prudent et ferme dans le conseil, intrépide dans les combats, compatissant comme s'il n'avait jamais été que malheureux : il n'est pas donné à l'homme de porter plus loin la vertu ! » Ce jugement, c'est Voltaire qui l'a porté.

Tibère fut un monstre, il outragea toutes les

lois de la nature; Caligula fut un infâme, il n'est pas une seule épithète flétrissante dont il ne se soit bien montré digne; Claude fut un imbécille, le mépris le plus souverain est d'une manière indélébile attaché pour toujours à sa personne; Néron fut le fléau du genre humain, et son nom, enveloppé dans le manteau de l'exécration publique, roulera, à travers les siècles, jusqu'à la fin des temps.

Cela veut-il dire que le gouvernement impérial soit synonyme de honte et de perversité, d'ignorance et d'infamie? Mais non, mille fois non, puisque sur le trône des Césars on aperçoit Titus, qui appelait journée perdue celle qui s'était écoulée sans lui offrir l'occasion de faire du bien aux hommes; et au-dessus de tous les potentats, on trouve Napoléon, qui abattit à ses pieds l'hydre de l'anarchie, rouvrit les églises, releva les autels, rappela les exilés, promena les drapeaux de la France dans les capitales de l'Europe, fit pâlir les rois des nations, gagna des batailles sans nombre, étendit bien au loin les limites de sa patrie, donna au peuple français une législation qui, par la hauteur des conceptions, a quelque chose qui tient du prodige! Comme un autre Alexandre, il força la terre à se taire devant lui; et chrétien profond, il fit une mort si belle, si religieuse, si catholique, que toute âme amoureuse de Dieu ne peut, en présence de ce tableau, que joindre les mains, regarder le ciel et s'écrier : Heureux celui qui meurt ainsi !

Et après ce coup d'œil jeté sur les gouvernements césariens, monarchiques et démocratiques, on est forcé de convenir que ce n'est point aux dénominations qu'il faut s'arrêter, quand il s'agit de gouvernement ; que les formes premières ne sont rien, que la pensée dirigeante est tout.

Travaillez au maintien des lois de votre pays ; pour les défendre, il doit vous suffire qu'elles tendent à vous procurer la mesure de bien-être que les circonstances vous permettent d'avoir, la somme de liberté qui vous convient, et aux yeux des autres peuples, le degré de dignité auquel vous avez droit de prétendre. Peu vous importe que ces lois refusent à quelques bavards ambitieux l'autorisation de faire et de dire tout ce qu'ils veulent. Je dis plus, il vous importe grandement que tous ces furibonds déclamateurs, avides de perturbations qu'ils savent exploiter, soient limités dans la manifestation de leurs pensées et dans leurs actes désorganisateurs. Mais ce n'est pas assez. Pour être bénis sur la terre que vous habitez, pour prospérer dans vos emplois, pour être heureux dans l'amitié, pour être sauvés par vos lois, il faut que vous appreniez à connaître, à aimer et à servir celui qui est le Créateur du globe, le distributeur des charges, le lien des cœurs, le grand et véritable législateur des peuples. Quiconque veut ramasser sans lui, disperse ; quiconque veut bâtir sans lui, démolit, et quiconque veut s'élever sans lui, tombe et se brise : rois et empereurs sur le trône, jeunes gens et hommes expérimentés dans la société, filles et femmes dans le monde, hommes d'État au timon des affaires, tous dans leur vie en sont d'irrécusables preuves.

Mais pour aimer sa localité et la profession que l'on exerce, pour rester fidèle à ses amis, aux lois de sa nation, et à son Dieu, il faut un sujet qui serve de règle de conduite, un type que l'on suive ; car tout se fait ici-bas par la voie de l'exemple. J'ai eu occasion de le dire et de le démontrer plus d'une fois, et tous les hommes qui ont l'expérience des choses et l'expérience des cœurs le reconnaissent. Il n'y a que les petits suffisants qui le contestent. Eh bien, ce modèle, dans la parfaite imitation duquel le monde doit trouver sa vie, c'est le Christ. Oui, Jésus est le modèle des citoyens, le modèle des ouvriers, le modèle des amis, le modèle des patriotes, le modèle des serviteurs de Dieu. Jetez un regard sur cette vie, qui ne ressemble à aucune vie, et à laquelle cependant toute vie doit ressembler.

Jésus s'est renfermé dans la Judée ; il l'a parcourue en faisant le bien. Quand on lui parlait de se répandre au dehors, il répondait : Je suis venu pour les brebis de la maison d'Israël. C'était une puissante recommandation auprès de lui que d'aimer son pays. Aussi les sénateurs des Juifs, pour l'engager à guérir le serviteur d'un centurion, lui disaient : Cet homme nous aime, il nous a bâti une synagogue. Quand le Christ pensait aux malheurs qui menaçaient Jérusalem et le peuple juif, il ne pouvait retenir ses larmes ; et en regardant la ville, il se prenait à pleurer en disant : Si tu connaissais, en ce temps qui t'est donné pour te repentir, si tu connaissais ce qui pourrait t'apporter la paix ! Mais cela est caché à tes yeux. Et ses larmes coulaient plus abondantes et plus amères. Tout ce qu'il a fait de grand, il l'a fait pour les autres; et le poëte a bien révélé ce divin caractère quand il a dit :

A sa voix sont ouverts des yeux longtemps fermés,
Du soleil qui les frappe, éblouis et charmés.
D'un mot il fait tomber la barrière invincible,
Qui rendait une oreille au son inaccessible.
Et la langue qui sort de sa captivité,
Par de rapides chants bénit sa liberté.
Des malheureux traînaient leurs membres inutiles,
Qu'à son ordre à l'instant ils retrouvent dociles.
Le mourant, étendu sur son lit de douleurs,
De ses fils désolés court essuyer les pleurs.
La mort même n'est plus certaine de sa proie.
Objet tout à la fois d'épouvante et de joie,
Celui que du tombeau rappelle un cri puissant,
Se relève, et sa sœur pâlit en l'embrassant.
Il ne repousse point les fleuves vers leur source,
Il ne dérange pas les astres dans leur course.
On lui demande en vain des signes dans le ciel.
Sa parole est toujours et sans haine et sans fiel.

Ce qu'il fait d'éclatant, c'est pour nous qu'il l'opère,
Et pour nous sort de lui sa vertu salutaire.
Il guérit nos langueurs, il nous rappelle au jour :
Sa puissance toujours annonce son amour.

Voilà pour son titre de citoyen.

Une fois entré dans la carrière qu'il devait parcourir, Jésus n'a plus regardé derrière lui. Il devait sauver le monde : tous ses actes ont tendu au rachat du monde. A ce travail il a sué la sueur de sang; mais il ne s'est jamais plaint de son sort. Ses ennemis l'ont persécuté à sa naissance; ils l'ont abreuvé d'outrages à chaque jour de sa vie; ils l'ont fait mourir d'une mort infâme; le ciel et la terre ont semblé se réunir et s'entendre pour l'accabler; il ne s'est jamais plaint des hommes, il n'a jamais murmuré contre le Ciel. Il a été dans le travail dès sa plus tendre enfance; il a eu le front mouillé de sueur et couvert de poussière, et il a rendu le dernier soupir en achevant son œuvre! Voilà pour son titre de travailleur.

Que dirai-je de la profondeur et de la véhémence de son affection? Ah! ici les facultés de l'âme se suspendent; la tête tourne, et toute créature humaine se perd dans sa propre pensée! Pour se rendre présent à ceux qu'il aime, il n'est pas un sacrifice que ce parfait amoureux ne fasse, et aucun sacrifice ne coûte à son amour. Il devine les peines de ses amis; il les pleure dans leurs malheurs. Le temps et l'éloignement sont impuissants sur sa tendresse. L'image de celui qu'il aime ne s'amoindrit pas dans son souvenir; et la mort, en rompant la dernière artère de son cœur, n'éteint point le feu de son amitié. En quittant la terre pour s'élever au ciel, il laisse son nom à celui qu'il chérit, et son nom est *amour*. Nul homme n'avait osé prendre ce nom. Voilà pour l'ami de tous les climats et de tous les instants.

Qui s'est jamais montré plus que Jésus exact observateur des lois et des coutumes de sa nation ? Il était soumis en tout à l'ordre public, faisant rendre à César ce qui était à César. Il n'entreprit jamais rien sur l'autorité des magistrats. Un homme lui dit un jour : Maître, commandez à mon frère qu'il fasse partage avec moi ; mais, lui répondit Jésus, nul ne m'a établi pour être votre juge. Sans y être obligé, il paya le tribut du temple, parce qu'on le lui demandait. Traduit devant les tribunaux, il répond à ceux qui ont le droit de l'interroger, à Caïphe et à Pilate ; s'il ne dit rien à Hérode, c'est parce que ce stupide débauché n'avait rien à commander dans Jérusalem. Ainsi, comme le remarque Bossuet, il fut fidèle et affectionné à sa patrie quoique ingrate, et à ses cruels concitoyens qui ne songeaient qu'à se rassasier de son sang, et cela avec une si aveugle fureur qu'ils allèrent jusqu'à lui préférer un meurtrier ! Et, malgré les ignominies dont on le fit l'objet, il mourut, lui, avec un regard particulier pour sa nation ; et en offrant le grand sacrifice qui devait être l'expiation de l'univers, il voulut que l'amour de sa patrie y trouvât une place particulière !....

La vie de Jésus s'est écoulée dans la recherche de la gloire de Dieu le Père. Le cœur du Sauveur a été comme un autel sur lequel l'encens du culte divin a sans cesse brûlé. Il s'est réjoui en voyant les brebis errantes revenir au bercail, c'est-à-dire les créatures tombées se faire dociles aux attraits de la grâce, ouvrir les yeux à la lumière, et aller se jeter dans les bras de celui qui peut absoudre, pardonner et rendre plus beau que l'on n'était aux jours de l'innocence la plus belle. Et en voyant les hommes ingrats s'obstiner à continuer de marcher dans la voie de leurs égarements, il s'est attristé de cette tristesse qui lui a fait pleurer ces innombrables larmes dont une seule aurait dû lui gagner tous les cœurs !

Eh bien, la France aujourd'hui peut être sauvée par les hommes haut placés, s'ils veulent imiter ce grand modèle. Et pour paralyser la funeste influence de toutes les théories anti-sociales de nos jours, pour sauver notre patrie aux abois, il ne sera pas nécessaire que ces hommes donnent leur sang : il leur suffira de pratiquer les actes dont le Christ leur a laissé l'exemple. Entrons ici dans quelques détails.

X.

Pour guérir une maladie, il faut voir d'où vient le mal. Adressons-nous donc cette question : d'où vient le mal dont nous déplorons aujourd'hui les effets? Je voudrais que cet article fût lu par ce qui se trouve en France de personnes distinguées par la fortune, les emplois et le savoir. Ils verraient ce que l'on n'a pas encore assez osé leur dire, et dans leur grave maladie, il leur serait présenté un remède qui ne leur a jamais été offert. Le mal vient de ce qu'il y a de plus influent par la richesse, les honneurs et l'instruction.

On appellera ceci des paroles séditieuses. Toutes les fois que les vérités sont dures, elles sont ainsi traitées. Mais ce ne sont pas les assertions qui établissent la culpabilité, ce sont les preuves, et voici celles que j'apporte à l'appui de mon affirmation.

Vous mettez, vous qui êtes les plus élevés, vous mettez la fortune au-dessus du mérite et de la vertu, au-dessus du talent et des services rendus. Quand il est question d'un homme, on examine s'il est riche, mais on ne demande pas s'il est honnête homme; et la réception que l'on lui fait et la place que l'on lui donne, sont toujours en raison de l'étendue de ses terres, en raison du nombre de ses écus.

Quiconque est riche est tout ; sans sagesse, il est sage,
Il a, sans rien savoir, la science en partage.

Et vous êtes étonnés après cela que les pauvres regardent les biens d'ici-bas comme des biens véritables? Vous êtes étonnés que, quand ils voient la fortune mener à tout, ils veuillent de la fortune? Vous êtes étonnés que, lorsqu'on vient leur dire qu'ils sont dans la pauvreté et le servage, et que ceux qui les dominent sont dans la richesse et le plaisir, que cet état doit cesser, qu'il faut que chacun ait son tour et qu'il est temps pour eux de commencer, — vous êtes étonnés qu'ils prêtent l'oreille et qu'ils crient, comme les marins de Colomb : Terre ! terre ! Mais le bon sens a donc entièrement fait divorce avec votre cervelle !

Par votre ambition, votre égoïsme, vous avez fait croire aux petits que le mot *patrie* n'était qu'un vain mot ; car vous n'avez cherché et pris dans la patrie, que les honneurs et les rétributions ; et vous êtes surpris que le peuple ne veuille pas marcher à votre suite et se faire immoler pour établir ce que vous lui enseignez? Je ne crois pas qu'on puisse tomber dans un plus profond aveuglement.

Par les propos libertins que vous avez tenus aux ouvriers, par le ridicule que vous avez jeté sur les personnes candides et timorées, par les scandales que vous avez causés, par la honte que vous avez portée dans les familles, vous avez in-

spiré au peuple l'idée, le goût et l'amour du plaisir;
et vous êtes surpris que les pauvres se soient corrompus, qu'ils se soient livrés au désordre? Et
c'est vous qui leur avez enseigné le mal!

Par votre indifférence en matière de religion
vous avez fait croire aux faibles qu'il n'y avait
pas de Dieu; car, enfin, que voulez-vous que
pense le peuple quand il vous voit passer les dimanches et les jours de fête en promenades, en
parties de plaisir, à faire travailler les manœuvres
et les domestiques? quand il ne vous voit jamais
prier? quand il vous voit fuir les églises? quand
il ne vous entend jamais parler de religion et
d'immortalité? Que voulez-vous qu'il pense, le
peuple, quand il vous entend, quand il vous voit
traiter tous les sujets sacrés de vieilleries et les
fouler aux pieds? quand il vous voit ne vouloir
de la religion que comme d'un instrument qui
rend le peuple docile à vos caprices? Pour cela
le peuple perd la foi; il s'en va, il s'aveugle, il
délire, il se précipite, il s'abîme, il se perd et il
vous brise! Et vous êtes étonnés que les idées religieuses ne le retiennent pas; mais c'est vous qui
l'avez rendu incrédule, et qui, par là même, l'avez
fait lion rugissant et féroce.

Le peuple a vu votre cupidité, vos désordres et
votre irréligion, et irrité de votre conduite, il
s'est levé; toutes vos lois et toutes vos chartes ont
été impuissantes devant lui : de la force de son

souffle il a tout déchiré. Comme l'Éternel dans sa colère soulève la nature et l'agite, le peuple, dans son irritation, a bouleversé les choses, et le monde a failli devenir un chaos! Voilà ce qu'ont produit votre abus de la fortune, votre esprit de licence et votre superbe et ignorant dédain pour les choses sacrées.

Voilà pourquoi Monseigneur l'évêque de Périgueux, le digne neveu de l'immortel cardinal de Cheverus, disait, dans son mandement du mois de mai dernier, à certaines classes de son vaste diocèse :

« Hommes influents de nos cités et de nos bourgades, le Seigneur, en vous plaçant près de vos frères pour les soulager dans leurs misères, pour guérir les infirmités de leur corps, rendre légales et sûres leurs transactions, plaider leurs causes, juger leurs différends, administrer leurs affaires, veiller à l'observance des lois, le Seigneur, avant tout, vous avait donné pour première mission de faire respecter la religion par vos avis et vos *exemples*... Or, tout acte extérieur religieux et pratique vous est étranger : rarement on vous voit à nos saints offices, jamais à la table sacrée ; quelquefois même l'autorité de l'église et la sainteté des mœurs n'ont pas été respectées...

« Les populations voyaient et entendaient !... Imprudents, qu'avez-vous fait ? En arrachant par vos conseils, vos railleries et vos *exemples*, leurs croyances religieuses aux masses, vous leur avez arraché les espérances du ciel... Dès lors, elles ont voulu jouir avec vous, comme vous, malgré vous ; et quand elles se sont ébranlées, vous vous êtes pris à trembler pour vos propriétés, vous qui si longtemps esclaves de vos passions, n'aviez pas respecté la propriété la plus chère au cœur d'un époux et d'une mère ! Effrayés à la vue de l'abîme que vous avez creusé, vous donnez maintenant des conseils religieux aux populations qui ne s'en contentent pas. Il leur faut plus, sachez-le bien ! Elles exigent des *convictions* et des *exemples*. »

L'élément populaire s'est calmé, la nuée s'est éclaircie, le vent ne mugit plus, l'horizon est moins sombre ; mais rien n'est encore fini. La fraternité, la morale, le patriotisme et la religion ont besoin d'être consolidés dans les esprits. Et cette consolidation, essentiel principe de paix et de salut, hommes influents par la fortune, les emplois et le talent, vous ne l'opérerez jamais par vos discours. Non, et souvenez-vous-en bien, on ne peut rien aujourd'hui par les paroles. On a si souvent menti, on a si souvent trompé, que le peuple ne croit plus à ce qui lui est dit ; et le peuple a raison. Que faut-il donc, pour faire respecter l'ordre, enraciner la morale dans les cœurs, et faire régner les idées religieuses ? Le voici, et c'est vous qui devez le faire, vous qui avez causé le mal qui nous afflige et nous tue : il faut que vous brisiez ce que vous avez adoré et que vous adoriez ce que vous avez brisé.

Il faut que vous veniez au secours des pauvres. Le sort du peuple a été grandement amélioré, il n'y a que l'ignorance qui puisse l'ignorer ; mais il faut que les hommes puissants travaillent à l'améliorer encore. Il faut que tout pauvre soit secouru, qu'il soit mieux vêtu, mieux logé, mieux nourri, et que ses charges soient diminuées. Toutes ces choses sont possibles, sans secousse, sans bruit, sans injustice.

Il y a des ouvriers qui souffrent, des travailleurs qui gémissent ; ils n'ont pas d'étoffe pour se couvrir, pas de pain à manger, pas de bois pour passer la rigoureuse saison de l'hiver, pas d'asile pour s'abriter. Il faut cependant que les maladies, la vieillesse, les infirmités, la sécheresse, la gelée, la grêle et les inondations soient impuissantes sur la nourriture du pauvre, comme elles le sont sur la nourriture du riche. Il faut que chaque localité ait sa caisse de prévoyance : chaque terre peut nourrir les hommes qu'elle porte.

Opérez donc cette œuvre, et pour cela faire, n'attendez pas que le froid fasse grelotter le pauvre sous ses haillons ou sur sa paille humide. Agissez maintenant, faites pour les indigents ce que vous faites pour vous ; assurez-leur ce qui est nécessaire pour braver la saison des frimas et tous les malheurs que la vieillesse apporte.

La terre et le ciel, Dieu et la raison, veulent que vous fassiez ainsi. Il ne faut plus venir au secours de la misère avec vos souscriptions à cinquante centimes ou à cent sous; il faut apporter les centaines de francs, vous qui avez les centaines de pistoles. Si vous ne le faites, le pauvre mourra; s'il meurt, c'est vous qui le tuez; car, ne pas empêcher un malheur quand on le peut, c'est l'ordonner soi-même : c'est ainsi que Sénèque le tragique fait parler Agamemnon dans les Troyennes.

Et le pauvre, en mourant, le pauvre qui vous a vu habiller vos chevaux et les murs de vos maisons, et le délaisser, lui, dans sa misère, le pauvre vous maudit : et la malédiction du pauvre porte toujours malheur. La mort du pauvre causée par la faim est le signe avant-coureur de la mort du riche causée par la richesse. Que celui qui a des oreilles pour entendre, entende, et que celui qui peut comprendre, comprenne!

Ce n'est pas assez. Montrez-vous véritables citoyens; aimez la patrie; aimez-la pour elle et non pas pour vous. Soyez disposés à lui sacrifier vos aises, votre fortune, votre sang et votre vie, s'il le faut.

Et puis soyez en tout soumis à cette religion qui, dans l'état actuel des choses, est pour vous le seul principe de votre dignité, et la seule base de vos droits. Si vous la repoussez, vous n'avez à vous plaindre de rien, vous n'avez rien à réclamer, vous n'avez droit à rien dans la vie. Telle est, ne vous en déplaise, la conséquence rigoureuse de la vérité première. Soyez donc les premiers entrés dans le temple saint, les plus édifiants dans votre tenue, et les derniers sortis de la maison de la prière.

Alors les pauvres, voyant les riches s'occuper de l'extinction de la misère, les reconnaîtront pour frères; les voyant se prosterner, rendre grâces et postuler, ils croiront que la condition de l'existence n'est pas la félicité ici-bas, mais la félicité dans une autre vie, autre vie, bien ineffable qui doit être obtenu par la souffrance et la résignation sur cette terre; les voyant ne rechercher que les intérêts de la France, ils aimeront la France; ils se la représenteront comme une mère toute bonne qui sourit en récompensant et qui pleure quand elle châtie. Ils sauront que dans le sein de cette mère, ils ont tous trouvé la vie; que sous ses yeux, et entourés de ses soins, ils ont été élevés, et que dans ses bras ils doivent tous rendre le dernier souffle. Ils sauront que pour venger un de ses enfants insultés, cette mère prendrait sa grande famille, traverserait les grandes mers et s'en irait au bout du monde renverser es royaumes et les empires!

En voyant les hommes élevés pieux, les pauvres croiront au Dieu Sauveur dans sa vie de pauvreté et de peines, dans sa vie de douleurs et de larmes; ils l'aimeront dans son agonie buvant à la coupe de fiel et de vinaigre, et dans sa mort, dans ce moment suprême où il laisse tomber sur les outrages vomis contre sa personne son dernier soupir, soupir d'indulgence et d'amour. Ils se diront, — et ils se diront vrai, — que toutes ces choses ont été souffertes pour enseigner à l'homme à bien souffrir, à rendre ses souffrances fructueuses, et à lui mériter, pour récompense, le bonheur parfait après cette vie.

En fait d'hommes d'ordre, d'hommes amis du pays, d'hommes de morale, d'hommes de religion, les pauvres citeront les riches comme modèles; ils acclameront leurs actes de détachement des choses d'ici-bas, leurs exemples de patriotisme, l'austérité de leur conduite, et leur vie de foi pratique. Et alors, la propriété sera sacrée, l'ordre sera respecté, et la France vivra. Alors, les hommes pleins d'exigences sombres et inquiètes, de désirs et d'ambition, ne seront plus que des noms sans valeur, des bruits sans échos. Le peuple, par le bon exemple des grands mieux instruit de son but dans l'humanité, et de la noblesse de ses fins ultérieures, rira de leurs mensonges et les laissera mourir de leur belle mort. Il n'y aura plus de troubles; l'offensé pardonnera, pour trouver au ciel miséricorde et pardon.

Alors, le peuple sentira naître dans son cœur une douce mélancolie qui le portera à aimer tous

ses semblables ; il tressaillera au beau nom de
patrie. Pour cette mère commune, son amour sera
grand, brûlant, héroïque, effréné ! Tous voudront
s'illustrer, en combattant pour elle ; tous voudront mourir pour sa défense.

Alors, le pauvre travailleur regardera la religion
comme la compagne de son pèlerinage, comme la
source de ses consolations au milieu de ses malheurs. Et tous ces hommes du grand labeur s'en-
courageront mutuellement dans leur tristesse, et
se diront les uns aux autres :

> Amis de la vertu, vous qui souffrez pour elle,
> Sur la terre il n'est point de douleur éternelle.
> Consolez-vous, souffrez encore quelques instants.
> Hélas ! tout doit périr ; tout succombe, et le temps
> Emporte des humains les grandeurs mensongères,
> Et jusqu'au souvenir et des biens et des maux ;
> Mais la vertu planant au-dessus des tombeaux,
> Semblable à l'arc-en-ciel qui brille après l'orage,
> Seule résiste au temps et survit au naufrage.
> Déjà pour nous là-haut luit un nouveau soleil,
> Et l'éternel printemps nous sourit dans le ciel.

De si belles dispositions étant dans les cœurs,
la société s'en ira, à travers les siècles, tranquille,
calme, riche, heureuse, se reposer au sein de Dieu,
comme un fleuve limpide et profond, roulant sur
un lit de blancs cailloux, entre des bords fleuris,
réjouissant les villes et les campagnes, s'en va à
travers les plaines et les cités, se perdre au sein
des mers où il tendait par sa nature.

20.

Oui, hommes influents par la fortune, les emplois et le talent, telle sera la force de votre exemple : car à l'exemple rien ne résiste. Quelques faits vont mettre cette grave assertion dans sa plus grande évidence.

Maître du Mexique, pour savoir où était caché l'or de l'empire, Cortez fit mettre à la torture Guatimozin, roi du pays, et un de ses principaux ministres. Au milieu des supplices, le courtisan poussait des hurlements affreux. Guatimozin se tourne, le regarde et lui dit : *Et moi, suis-je donc sur des roses !* A ces mots, le favori se tait et souffre les plus cruelles douleurs avec un courage indomptable. Voilà la force de l'exemple, quand l'exemple descend de haut.

A Fontaine-Française, Henri IV se trouve subitement en présence de l'armée des Confédérés. Il est perdu ! C'en est fait de son trône et de sa personne ! Tout à coup, une de ces grandes pensées qui décident des grandes journées et du salut des États, traverse son cerveau, et regardant les quelques soldats qui l'entourent, il s'écrie : — « Faites comme vous m'allez voir faire ! » Il s'élance, se précipite, charge les escadrons ennemis, les renverse. Et avec neuf cents cavaliers, et avec la perte de six hommes seulement, il a la gloire et le bonheur de forcer une armée de douze mille hommes de pied et de trois mille chevaux à s'arrêter, à plier et à rebrousser chemin ! Voilà la force de l'exemple, quand il vient de haut.

Dans la malheureuse retraite de Russie, Drouot voit ses artilleurs, jadis si intrépides, livrés au découragement ! Les fusils leur tombaient des mains, et nul n'avait la force de les ramasser. Bientôt, les soldats tombaient eux-mêmes et ne se relevaient plus ; et avant de pouvoir trouver un secours ami, il fallait traverser un désert de près de trois cents lieues, en marchant sur la glace, à travers des montagnes de neige. Dans ce terrible état de choses, Drouot décide qu'il sauvera son armée. Pour opérer cette œuvre, le général comprend qu'il faut augmenter la force morale de ses compagnons d'armes, et il comprend aussi que, pour cela faire, les paroles ne sont rien ; qu'il faut le langage d'action. Et voici ce qu'il fait : chaque matin, en présence de toute l'armée, il place un miroir sur l'affût d'un canon, ôte son uniforme, se rase, et se lave la figure avec une eau à moitié congelée, sous un vent violent et glacial ! Témoins de ce martyre continuel, qui n'avait d'autre but que de fortifier le soldat malheureux, nos guerriers sentent leur courage renaître, s'élancent pour assurer la retraite, et quoique poursuivis par un ennemi à qui rien ne manquait, quoique obligés de déterrer à chaque instant leurs armes de dessous la neige, ils arrivent en Pologne, sans avoir perdu un seul canon ! Et voilà la force de l'exemple, quand il vient de haut.

Et voilà, dans l'ordre des biens créés, dans l'ordre du patriotisme, dans l'ordre de la morale, dans l'ordre de la religion, voilà la voix que tous les hommes qui sont au-dessus du peuple doivent faire entendre maintenant au peuple ; voilà la langue qu'ils doivent lui parler ; le genre humain n'en comprend pas d'autre aujourd'hui. Servez-vous donc de votre richesse, de votre grandeur et de votre savoir, vous qui êtes riches, grands et possesseurs de la science, pour donner le bon exemple, en fait de désintéressement et de civisme, en fait de morale et de religion pratique ; et le peuple vous respectera, il vous obéira. Il n'y a qu'une manière de fermer la bouche à ses adversaires, c'est de faire mieux qu'eux, c'est de faire le bien. Quand on l'opère, le bien, comme bon voisin, comme bon citoyen, comme chrétien, on a le droit de lever la tête au milieu du monde ; on a le droit de regarder le ciel, et de dire à Dieu : Prenez votre force et faites pour moi des miracles ; prenez votre indulgence et effacez toutes mes anciennes souillures ; ouvrez les portes éternelles et mettez-moi en possession du bonheur extatique : et Dieu doit obéir. De la vérité de cette doctrine, je prends Dieu à témoin, et de ce que j'écris ici, je donne Dieu pour garant !

Mais prenez-y bien garde ! Si vous pouvez encore et si vous pouvez beaucoup, si vous pouvez sauver la tranquillité et vous sauver vous-même, il va venir un jour où vous ne pourrez plus rien. Dans ce jour, vos pieds délicats, vos mains si douces et vos corps sensualisés tomberont dans un travail qui les déchirera.

Veillez et agissez, ne vous endormez pas ; car votre réveil serait terrible ! ce serait celui de Jonas qu'on n'éveilla que pour le jeter à la mer ; ce serait celui d'Olopherne qu'on n'éveilla qu'en lui tranchant la tête. Ces paroles ne vous plaisent pas ; hélas ! je le sais bien ; mais apprenez donc que ce n'est pas là la prophétie de la ruine d'une nation qui perd cette nation : ce sont les iniquités et les vices que le prophète voit dans le lointain et qu'il annonce.

Réunissez-vous, fraternisez. Ce n'est pas assez ; dressez au milieu de vous l'autel de l'amitié, et prosternez-vous devant lui. Quelqu'un dira peut-être : C'est une digression que vous voulez faire. — Nullement. — C'est une dette que vous voulez payer, une parole que vous voulez tenir. — Soit. Mais le sujet dont je vais traiter n'en est pas moins un principe de salut pour une nation, et on le verra dans ce qui va suivre.

Et c'est à vous, bon et très-cher ÉDOUARD, que je veux adresser ce chapitre. Les deux amis auxquels j'ai dédié mon livre, m'approuveront dans l'hommage partiel que je vous fais de mon travail. Ils savent vos sentiments pour moi, je les leur ai fait connaître. Me donnant une nouvelle marque de leur affection, ils se sont montrés heureux de ce que leur ami vous avait pour ami, et ils se réjouiront, — je le sais, — en voyant que leur ami vous paie, comme à eux, tout ce qu'il peut donner en amitié.

XI.

Il est une certaine étourderie de l'esprit et un méprisable élan du cœur qui, réunis, ont l'audace de prendre le beau nom d'amitié. Cette espèce de tendresse, qui se donne et se reprend, se redonne et se reprend encore, est fille de la légèreté et du caprice. De cette fausse monnaie de la véritable amitié, je n'ai point l'intention de parler ici : je me garderai bien d'employer mon temps à traiter de ces êtres dont le cœur se dessèche et se ride comme le front, de ces êtres dont le monde même fait chaque jour justice.

Mais dans un temps où tout le monde parle de sensibilité, et où l'on ne trouve que de la sensiblerie, il ne sera pas inutile, — en ramenant ce sujet à la matière que nous traitons, — il ne sera pas inutile de dire ce que c'est que l'amitié.

L'amitié, c'est un attachement entre deux personnes, attachement qui sort d'une conformité de pensées, de sentiments et de volonté, mettant tout en commun, la joie et la mauvaise fortune de la vie. C'est un commerce qui ne peut *rigoureuse-*

ment exister qu'à deux ; c'est un souvenir qui dure toujours, et qui honore celui qui est capable de l'avoir ; c'est une poésie de premier ordre, ne se formant sur aucune règle, mais sortant toute parfaite d'une brûlante étincelle dans laquelle l'ange de Dieu l'avait déposée avec le soin le plus religieux et le respect le plus profond.

Quelques-uns ont nié l'existence de cette vierge des pures amours. Ces êtres dégradés n'ont fait que prouver leur mauvais cœur. Non, l'amitié n'est pas une chimère ; quelques considérations suffisent pour établir sa réalité.

Des rapports intimes ont lieu entre deux âmes. La vie de ces deux âmes s'écoule toute parfumée sous un ciel de bénédictions. Mais un jour on vient dire à un de ces deux pèlerins dans le monde, qu'il se nourrit d'erreurs, que sa foi est trompée. — Quelle terrible lumière vient-on de faire briller aux yeux de sa pensée ! Il se lève et s'en va ; son cœur se serre, ses prunelles se noient dans les pleurs. Il tombe, il se relève, il marche, il arrive, il voit tout ! Sa tête, appesantie par un torrent de larmes qu'elle contient et qu'elle ne peut répandre encore, s'incline sur sa poitrine. Aucun souvenir ne vient le relever. Sur sa tête, la nuit, il ne voit point d'étoile, ni dans ses songes les gracieuses images qui autrefois passaient et repassaient sans cesse devant les yeux de son âme ! Sa souffrance a quelque chose de celle des enfers. Et il aime sa douleur, il la caresse, il lui sourit, mais comme Cléopâtre souriait à l'aspic qui devait la piquer et la faire descendre au tombeau.

Un roi tombé de son trône, chassé de sa capitale, offre un spectacle moins triste que cet infortuné tombé d'un trône placé dans un cœur. Le premier ne part que pour la terre de l'exil, le second part pour la terre de la mort : car l'espérance ayant déserté son cœur, par degré le flambeau de la vie s'éteint pour lui, et son dernier jour va être sans regret, parce que ce souffrant croit n'avoir plus rien sur cette terre.

Mais qui a fait disparaître cette joie qui était si pleine au dedans et au dehors ? Qui a fait pousser ces cris déchirants ? Qui a frappé et renversé ce caractère que ni les neiges de l'hiver, ni les feux de l'été, ni la pluie, ni la grêle, ni les grandes eaux, ni les montagnes n'avaient pu arrêter ? C'est cette terrible parole : « Il n'y a plus d'amitié pour vous. »

Et cet épouvantable phénomène de douleurs produit par cette parole : « Il n'y a plus d'amitié pour vous », ne serait qu'un effet sans cause ? Ce spectacle, qui élève l'homme au-dessus de la nature et le rend digne de la contemplation des nobles âmes et des anges, ne serait que le produit d'une imagination en délire ? Il n'y a que celui qui n'a jamais eu une bonne pensée qui puisse l'affirmer. Cette terrible révolution intérieure dé-

montre rigoureusement que l'amitié est la rigoureuse expression de tout ce qu'il y a de plus fort
et de plus doux dans le monde.

Et, en effet, quand l'objet d'une vive affection
se présente et qu'il dit : « Je vous aime, » tout est
joie, tout est bonheur, quelque chose du ciel est
descendu ici-bas. Mais lorsque ce cœur ami garde
le silence, ou bien lorsque sa voix n'a plus d'émotion, rien de ce qui trahit un sentiment, — tout se
tourne en amertume, tout est désolation. Et évidemment, si la perte de l'amitié cause la plus
grande des douleurs, c'est parce que l'amitié est
le plus grand de tous les biens.

On reconnaît sa présence à différents caractères :
quand elle est loin de son objet, elle a un air triste,
rêveur ; elle est morne, tout lui déplaît. Ses yeux
semblent à regret donner quelques regards, et ils
se jettent en même temps de toutes parts. Quand
elle possède ce qu'elle désirait, elle se révèle par
une gaieté complète, des attentions fines et souvent répétées.

Les anciens la représentaient sous l'image d'une
femme vêtue d'une robe agrafée, portant sur sa
tête une couronne de fleurs de grenadier dont la
couleur de feu ne change point, avec ces mots sur
le front : *Hiver et Été ;* sur le côté gauche découvert : *De près et de loin,* et sur les franges de sa
tunique, on lisait : *A la vie et à la mort.*

Enseignant par là que l'amitié est plus forte que

le temps, plus puissante que les espaces et supérieure aux douleurs du trépas. Elle avait les pieds nus, pour dire qu'il n'est point d'incommodités qu'elle ne fût disposée à braver ; elle tenait à la main deux cœurs enchaînés, symbole de son ardeur et de sa foi, et à ses pieds était un chien qui la regardait, image de sa constance et de sa fidélité.

Par tous ces divers emblèmes, l'antiquité disait que l'amitié ne connaissait pas de mesure dans ses élans, qu'elle ne savait pas de limites dans sa durée, qu'elle devait dévorer comme un volcan, et qu'elle devait embraser les lieux et les siècles.

L'amitié est impatiente, inquiète, active, souffrante pour tout ce qu'elle aime ; elle se tourmente, s'agite et ne s'apaise que lorsqu'elle sait que ce qu'elle chérit est sans danger.

Elle est crédule ; elle n'argumente pas. Après qu'on eut jeté Tibérius Gracchus dans le Tibre, on arrêta tous ses amis : les uns furent condamnés au bannissement, et les autres à la mort. Blossius de Cumes fut mené devant les consuls, qui l'interrogèrent sur ce qui s'était passé. Il avoua qu'il avait exactement suivi tous les ordres de Tibérius, son ami. Mais, lui dit un des juges, s'il vous eût ordonné d'incendier le Capitole ? — Jamais, dit Blossius, mon ami ne m'eût donné un ordre pareil.— Mais s'il vous l'eût ordonné, demandent les sénateurs ? — Eh bien ! s'il me l'eût ordonné, réplique

Blossius, je l'aurais fait ! parce que Tibérius ne me l'aurait pas ordonné, si ce n'eût pas été utile au peuple romain !

L'amitié est jalouse, elle ne souffre pas de partage ; elle repousse la pensée d'une nouvelle liaison comme une pensée indigne ; elle admet des rapports plus qu'ordinaires avec plusieurs personnes, mais elle veut que l'intimité ne soit jamais qu'entre deux.

Voilà tous ses défauts. Ses défauts sont des qualités exagérées ; ses défauts feraient la gloire de tout autre sujet. Cette gloire ne lui suffit pas, à elle ; il lui faut un autre cortége, et ce brillant entourage, le voici.

L'amitié est désintéressée ; elle aime mieux donner que recevoir ; elle aime mieux souffrir que de causer de la douleur, et s'immoler que d'être cause d'une immolation.

Elle est toute bonne ; elle court au-devant de l'ami malheureux ; elle n'attend pas qu'il vienne l'implorer. De son objet, elle prend les intérêts les plus petits ; elle ne peut souffrir qu'on parle en mal de lui devant elle : le blâmer, c'est la blesser à la prunelle de son œil. — Quand elle soupçonne, quand elle se croit maltraitée, elle garde sa peine dans son cœur, elle n'en parle à personne ; car elle craint de calomnier, et elle aimerait mieux mourir que de le faire. Quand elle a acquis la certitude qu'elle est l'objet d'infâmes procédés, elle pleure, mais elle ne révèle pas la cause de ses pleurs : ses sentiments premiers ont été trop vifs, pour qu'elle puisse consentir à dévoiler les torts d'un cœur qui a connu tous ses secrets. Elle ne donne pas même à connaître au coupable les sujets de mécontentement qu'elle a reçus ; elle craint de l'humilier, de lui faire de la peine ; elle ne peut croire qu'elle soit délaissée pour toujours, et

Comme la tendre fleur, dont l'humide calice,
Du soleil qui s'éloigne espérant le retour,
Se referme et languit dans l'attente du jour,

elle s'enveloppe dans le manteau de son angoisse, et dit : tu déchires tes promesses, tu trahis tes serments... tu ne veux plus de la place que tu avais prise. Ah ! si, après avoir erré sur les rives lointaines, tu reconnaissais tes torts... je te recevrais...

De tels sentiments, dira quelqu'un, sont de la faiblesse, du ridicule, de la folie. Austères moralistes, faites donc les cœurs autrement que Dieu ne les a faits. Si tels qu'ils sont, vous les trouvez faibles, ridicules et dignes de pitié, montez un peu plus haut, allez au jardin des Olives, et là entendez le Christ dire à celui qui le trahit par un baiser : « *Mon ami, pourquoi venez-vous ici ?* » Et après que ce nom si doux a été donné à Judas par le Sauveur en agonie, appelez, si vous l'osez encore, faiblesse et sottise l'amitié que les mau-

vais traitements et les trahisons ne peuvent tuer.
Vous prouverez une chose : que vous jugez ce que
vous ne connaissez pas.

Mais cela veut-il dire que l'être vil qui, d'une
manière calculée et persistante, a déchiré, souillé,
persécuté l'amitié, doive, quand le besoin et le
remords le pousseront vers un retour, retrouver
l'appui et l'ascendant qu'il avait sur un cœur en
d'autres temps ? A Dieu ne plaise que j'enseigne
jamais une pareille doctrine. Quand à la faiblesse
l'on a ajouté la malice, l'hypocrisie, l'ingratitude
et la haine, on a refoulé les anciennes liaisons
dans un abîme d'où elles ne doivent jamais sortir.
Dans le cœur que l'on faisait palpiter et brûler,
on a tari pour soi, à tout jamais, la source de
toute émotion d'estime et de tendresse ; on a bâti
un mur de séparation que le temps ne pourra jamais démolir ! Dans l'espèce dont il s'agit, on a
rendu tout rapprochement impossible, et cela de
l'impossibilité la plus rigoureuse et la plus absolue...

L'amitié a toujours l'œil ouvert sur son objet,
son cœur veille encore dans le sommeil. Elle voit
des dangers dans le passage des rivières ; elle craint,
quand le temps est chargé, que les orages ne s'a-
battent sur la tête qu'elle chérit. A la nouvelle
d'une épidémie qui règne dans le midi, elle craint
que le fléau ne s'envole dans le nord, où se trouve
ce qu'elle aime. Pour la conservation de l'objet

de sa tendresse, elle forme des vœux ; dans la seule crainte d'une peine, elle répand des pleurs abondants. Elle ne dit pas la tristesse que lui cause l'absence, de peur de causer du chagrin ; elle ne dit pas combien elle aime, pensant qu'on l'aimerait plus que l'on ne fait, et que ce surcroît d'affection pourrait faire souffrir. Elle dit de belles choses ; mais ce qu'elle a de plus beau reste toujours caché !

Elle ne se brise jamais ; sur elle les années ne peuvent rien. Elle est comme certains lauriers, qui portent des roses en hiver et en été ; elle ne se fatigue pas en donnant. Elle est le soleil du monde moral ; comme le soleil du monde physique, elle ne perd jamais de sa lumière. Elle est l'océan sur lequel navigue le cœur, et comme le grand bassin que sillonnent les vaisseaux elle ne s'amoindrit point. Elle est la fleur de l'Éden du Seigneur ; son parfum se répand, mais il ne s'épuise pas.

Ici quelques-uns diront : C'est de l'amour. Je répondrai, moi : Faiseurs de distinctions, grands sages, apprenez donc qu'amour et amitié viennent tous deux du verbe aimer, et que lorsque vous prenez l'un, vous prenez l'autre, comme lorsque vous salissez le premier, vous souillez le second.

Il sort évidemment de ce que je viens d'écrire que l'amitié bien répandue dans une nation est une source de bonheur pour les peuples. Mais si on examine plus sérieusement les fruits de cette

manifestation du Ciel à l'humanité, on demeurera
bien plus convaincu de ce que je dis. Car par
elle, on trouve plus de vie, seul, au fond d'un désert, que par l'égoïsme on ne saurait en avoir au
milieu des ovations populaires, au milieu des luttes
parlementaires, au milieu des triomphes oratoires
et au milieu de la gloire des combats. La pensée
d'être un seul instant agréable à son ami anime
une journée tout entière. Dans ce que l'amitié a de
plus pénible, on trouve encore un fond d'incroyables douceurs. Et dans un de ces moments de tristesse, de ténèbres, de travail, de terrible épreuve,
de doute, d'indicibles nouvelles ; quand vous vou-
driez aller vers la mort comme les vainqueurs vont
vers un arc-de-triomphe, parmi les pensées qui
vous retiennent se trouve celle-ci avec une force
puissante : que votre ami est encore votre ami ;
que pour vous arrêter et vous retenir dans ce que
vous méditez, il donnerait son sang : et devant
cette considération, vous consentez à vivre. Si cette
idée ne fait rien sur vous, on peut dire que l'amitié, fleur née au jardin des délices et épanouie sous
le souffle de Dieu, n'est pas pour les cœurs dégradés comme le vôtre ; on peut dire que vous n'êtes
qu'un méchant.

Sans l'amitié, rien n'est véritablement vrai, car
rien n'est complet : le complément ne se fait que
par la dualité ! Non partagée, la joie est une peine,
et non communiquée, l'admiration elle-même s'é-

teint. Le voyageur souffre, quand il est seul, parce qu'il ne peut pas dire ses impressions de voyage.

L'amitié renferme tous les biens ; de quelque côté que se tourne celui qui en est l'objet, il la trouve partout. Elle devine tout, rien ne lui échappe. Êtes-vous dans la misère ? elle vous apporte ses trésors : on demandait un jour à Pechméja quelle était sa fortune ; avec bonté et en toute simplicité, il répondit : Je suis pauvre, mais Dubreuil, mon ami, est riche.

Êtes-vous dans les cachots, dans le fond de l'exil ? comme une douce compagne de vos malheurs, l'amitié vient s'asseoir auprès de vous : elle vous sourit, remue la paille de votre grabat, essuie vos larmes, panse vos plaies, vous soutient, peuple vos heures solitaires et vous fait couler encore des jours heureux. Ce fut l'amitié de Pélisson qui consola Fouquet au fond de sa prison. Quand de vils jaloux, ayant travesti ses écrits, eurent fait exiler par un monarque soupçonneux le sensible Fénelon, l'amitié la plus douce se chargea du tendre soin de le consoler. Quand les caprices d'une impératrice orgueilleuse eurent relégué le roi de l'éloquence orientale dans le fond de la Bythinie, les lettres de la vertueuse Olympiade allaient adoucir les mauvais traitements dont le martyr était l'objet ! Qui soutenait le géant des combats sur son rocher désert et sous son ciel de feu ? l'amitié, la divine amitié ; elle avait traversé sur les flots de l'océan un espace de dix-huit cents lieues pour venir lui prodiguer ses soins ! Et aujourd'hui, au milieu des tribulations dont les abreuvent sans cesse les ingrats et les pervers, il est des hommes dégoûtés de la vie ; cependant ils marchent et ils agissent. Qu'est-ce qui les soutient ? l'amitié. Oui, c'est elle qui les console et qui les encourage. Ah ! c'est que les pensées amies, articulées ou écrites, sont un véritable secours dans le combat de l'existence, un rayon dans les ténèbres, une fontaine dans la soif, un pain dans la misère, un remède dans la maladie ; c'est un trésor, un présent du Ciel ; c'est la vie, c'est le bonheur !

Dans sa douleur, que donnez-vous au souffrant pour le consoler ? Lui offrirez-vous des palais, lui apporterez-vous des couronnes ? Lui ferez-vous entendre une musique harmonieuse et divine, lui proposerez-vous des promenades à travers des prairies émaillées de fleurs ? L'inviterez-vous à manger des mets délicats, ou à boire des vins étrangers ? Si vous le faites, vous insultez à sa souffrance, vous enfoncez plus profondément le poignard dans sa plaie ! Que lui faut-il donc pour le consoler ? L'ami de son choix. Qu'arrive, en effet, ce bien-aimé de son cœur, et aussitôt les yeux de l'infortuné sont moins égarés ; un commencement de sérénité apparaît sur son visage déjà couvert de brouillards ; son âme se dilate ; un mélancolique sourire se montre sur ses lèvres depuis

21.

plusieurs jours presque mortes ; la guérison s'o-
père : un miracle s'est fait ! C'est l'amitié qui l'a
produit.

Oui, de tous les trésors que la sagesse humaine
peut amasser pour le bonheur, l'amitié est le plus
grand, le plus inépuisable, le plus doux. Quel
plaisir d'être estimé et aimé de ceux qu'on estime
et qu'on aime ? S'il est quelqu'un qui ne l'ait pas
éprouvé, je le plains, et s'il est quelqu'un qui le
désapprouve, je souhaite qu'on l'enferme.

Par l'amitié, on jouit de toutes les joies du passé
et de celles de l'avenir ; et de cette jouissance il ne
va pas comme des autres. Pour jouir de la fortune,
de la gloire et des divers biens créés, il faut se
déplacer et parcourir parfois des espaces immenses ; mais pour jouir de l'amitié, les courses
ne sont pas nécessaires : de quelque point que l'on
parte, la distance est la même, ou plutôt il n'y a
pas de distance. Partout, l'ami s'arrête, pense et
dit : « O toi que j'aime tant, au soleil de la vie,
nos places peuvent bien changer, mais nos rapports resteront toujours les mêmes. Il est entre
mon cœur et ton nom une chaîne de sentiments
que rien ne pourra rompre ; ton souvenir se nourrit au dedans de moi et s'y fortifie chaque jour par
la réflexion. Les larmes peuvent affaiblir ma vue,
la douleur peut mettre toutes ses paillettes d'argent sur ma tête, mais ni les larmes, ni la douleur,
ni le malheur, ni le temps n'effaceront ton image

de l'endroit retiré où elle est gravée dans moi. »

Or, un principe d'où découlent de pareilles inspirations ne peut être qu'un principe éminemment social. Oh! oui, à l'école de l'amitié on apprend ce qui fait le bonheur des nations ; car l'amitié enseigne à se dévouer, à s'immoler. Que dis-je ? elle est elle-même le dévouement le plus profond, l'immolation la plus complète et la plus absolue. Car par elle, on donne son argent, son or, sa pensée, son cœur, sa vie! On se donne tout, et ce tout avec surabondance. Et à cette disposition la société tout entière gagne immensément. Aussi voyons-nous que tous les bienfaiteurs de l'humanité ont été les amis les plus parfaits. Ces âmes d'élite, si bonnes pour leurs semblables, ont défini l'esprit du mal : *Celui qui ne sait pas aimer.* Et le Christ, qui a eu la plus tendre des prédilections, la préférence la plus mystérieuse, a donné sa vie pour le salut de l'univers!

Mais pour naître et se développer, la belle flamme de l'amitié demande et exige des cœurs nobles et purs ; et jamais, telle que je viens de la dépeindre, elle ne sera le partage que des êtres dignes et exceptionnels. Voilà pourquoi Voltaire a dit : « Les méchants n'ont que des complices ; les corrompus ont des compagnons de débauche; les intéressés ont des associés ; les politiques assemblent les partisans des factions ; les âmes grandes et sublimes ont seules des amis. »

Des êtres tout matière ont dit que les âmes ardentes devaient craindre ces liaisons qui font épouser les douleurs d'un autre, parce que ces liaisons deviennent des sources de larmes, et sont cause qu'en réalité l'on ne vit plus pour soi. Cette doctrine est digne du plus souverain mépris; elle a quelque chose qui tient de la brute. Que les âmes ardentes craignent ces liaisons, je le veux; mais qu'elles les craignent comme les héros craignent les batailles; ils savent qu'ils peuvent y trouver la mort, mais leur crainte exhausse leur démarche, et ils volent au combat avec bonheur, parce qu'ils savent que, quelle que soit l'issue, ils courent à l'immortalité et à la gloire.

Hélas! aux grandes âmes, toutes les choses de la vie finissent par devenir fastidieuses; mais l'amitié, jamais. Cicéron, à Tusculanum, était rassasié de la gloire du barreau, et il cultivait encore la tendre amitié. Le grand Condé ne voulait plus de la gloire des combats, mais dans sa demeure de Chantilly il cultivait l'amitié comme une fleur divine. Saint Grégoire quitta le siége patriarcal de Constantinople, mais dans le fond de sa retraite il chanta à l'amitié les plus belles inspirations d'un cœur sublime! Des rois ont renoncé au sceptre, des souverains pontifes à la tiare; mais nul n'a renoncé à l'amitié. Ce doux reflet du ciel est une partie du pain de l'âme; aucun grand caractère ne s'en dégoûte. Et le plus doux, le plus aimable de tous les hommes, notre immortel Fénelon, disait qu'il serait à désirer que les vrais amis s'entendissent pour mourir tous le même jour.

Ah! soit qu'on le considère dans sa naissance, ou dans ses œuvres, ce doux épanchement vient de la nature, c'est-à-dire d'un ensemble de lois portées par Dieu lui-même. Dans les autres démarches de la vie, on veut des contrats, des témoins, des notaires; mais ici on ne veut qu'une promesse, une parole : tous les témoins sont importuns. L'âme et le cœur traitant ensemble sous la voûte du ciel, sous l'œil de Dieu, le regard du Seigneur leur suffit.

O sublime amitié, tes charmes dépassent tous les charmes! Le ciel brillant d'un éclat nouveau, les arbres reprenant leur verdure, leurs rameaux se courbant sous le poids de leurs fruits; les fontaines jaillissantes, les prairies se parant de leur émail, la nature tout entière se couvrant de fleurs, n'ont rien qui puisse t'être comparé! Tes paroles sont plus belles que l'argent raffiné, plus brillantes que le feu, plus fortes que le marteau qui brise la pierre.

L'amitié, par les pensées qu'elle inspire, se trouve donc une source de génie, de courage, de sentiments humanitaires et de véritable patriotisme. Cherchez donc à établir son règne sur la terre. Allez à la recherche de l'ami véritable, comme Barthélemy Dias allait à la recherche du cap de

Bonne-Espérance. Et si dans votre navigation lointaine et périlleuse, vous trouvez cet ami qui voudrait souffrir pour vous la pauvreté et l'exil, la diffamation et la mort; si vous rencontrez une âme, sœur de ces colombes divines que l'Éternel lance sur la mer de ce monde, et qui s'en reviennent souvent dans le ciel sans avoir trouvé un endroit où elles aient pu mettre le pied, réjouissez-vous, versez des larmes de bonheur : ce que vous avez vaut plus que les mines de la Californie ! Et restez toujours fidèle à cet autre vous-même, car quiconque trahit son ami, attire sur sa tête, un peu plus tôt ou un peu plus tard, le plus sévère châtiment. Le traître de cette espèce peut rire, chanter, changer de place, faire de longs voyages, revenir à son point de partance, — un grand malheur l'atteindra infailliblement un jour : l'affliction fondra sur sa tête comme un orage, ses pieds seront pris dans les rêts que sa trahison aura tendus ; son infidélité sera son opprobre, et le remords sera son bourreau. Les mets délicats dont il se nourrit et les vins étrangers dont il se désaltère se changeront dans ses entrailles en venin de vipère ! parce qu'il aura profané l'amitié, chose sainte, salut des âmes et vie des peuples, — parce qu'il aura cherché à tarir la sève qui alimente le désintéressement, principe régénérateur de notre société, que l'égoïsme a faite si malade.

XII.

Oui, le désintéressement contribue à donner une naissance nouvelle aux peuples morts et pourris par les vices que j'ai exposés, parce que le désintéressement élève l'homme au-dessus de lui-même, le rend capable des choses les plus grandes, et le fait supérieur à toutes les difficultés humaines, dans l'ordre de la réalisation du bien public.

Le désintéressement nous rend insensibles à notre propre bien et nous passionne pour le bonheur des autres : car il est bien difficile qu'il se trouve dans un cœur sans y être accompagné d'une compatissance sublime.

Le désintéressement fait que, sans espérer d'autre honoraire que le témoignage rendu par une bonne conscience après une bonne action, le médecin, dans la saison de l'hiver, se lève la nuit, et va dans la cabane du pauvre donner au mendiant malade les soins les plus empressés, les plus doux et les plus tendres. Le désintéressement porte l'avocat à revêtir sa noble robe et à plaider, avec la chaleur qu'une pensée divine peut seule lui fournir, la cause de l'indigent, celle de la veuve et les intérêts de l'orphelin. C'est par le désintéressement que l'on vient en aide au pauvre souffrant, et que, s'il le faut pour alléger le poids de sa misère, on vend une partie de son avoir. Le

désintéressement fait que l'homme monte aux
honneurs calme et sans orgueil, en descend tranquille et sans tristesse, et revient avec énergie sur
son premier théâtre travailler au bien public selon
la somme de son pouvoir. Ainsi ont fait plusieurs
depuis quelque temps parmi nous, et ainsi ils
feront jusqu'au jour où le flot populaire viendra
prendre leur vaisseau, qu'un autre flot poussé par
l'éruption d'un volcan caché sous les ondes a
laissé sur le rivage.

Quand on est vraiment homme de désintéressement, on vient au secours de la patrie dans tous
ses besoins. Contre elle on ne murmure jamais.
A l'intérieur, on lui sacrifie son argent, et l'on
court à la frontière sacrifier sa vie pour la défendre.

Les indifférents et les lâches mépriseront sans
doute ces considérations. Eh ! mon Dieu, qu'ils
le fassent, leur dédain ne doit offenser personne.

Le désintéressement rapproche les hommes que
l'égoïsme avait séparés ; il renouvelle les liens que
l'orgueil avait brisés, et il élève jusqu'à l'héroïsme
les cœurs que l'esprit d'intérêt avait desséchés.

Le désintéressement est donc la garantie de la
stabilité dans la force chez un peuple quelconque.
Marcus Curius ayant battu les Samnites, ceux-ci
lui envoyèrent des ambassadeurs pour traiter, et
afin de le mettre dans leurs intérêts, ils lui firent
l'offre d'une grande somme d'argent. Le vain-

queur des Sabins, des Lucaniens et de Pyrrhus
leur répondit, en leur montrant un plat de raves
qu'il faisait cuire lui-même pour son repas, et
ajouta ces paroles à son signe : « Quand on se
contente de tels mets pour sa nourriture, on n'a
pas besoin d'or; on aime mieux commander à
ceux qui en ont. »

Par cet acte de désintéressement, ce grand
homme mit fin à une guerre qui avait coûté qua-
rante-sept ans de combats. Et au profit de Rome,
il effaça de la carte d'Italie la nationalité sam-
nite.

C'est assez dire qu'une nation où le désintéressement règne est un pays de paix, de fraternité,
d'aisance, de courage et d'affection, et par conséquent, une terre de liberté, de gloire et de bonheur.

Écrivains passionnés, parleurs assommants, employés ambitieux, et vous tous, fainéants orgueilleux, ennemis du pays, qui le bouleversez en vous
disputant l'or qu'il possède et la renommée qu'il
peut donner, je ne vous dis pas de vous arrêter
pour considérer son état de douleur : le cri de
sa souffrance ne saurait vous attendrir. Mais
considérez du moins que le fruit que vous voulez
cueillir comme un fruit de béatitude s'écrasera
bientôt sous vos doigts et ne laissera dans votre
main qu'une eau sale et une odeur infecte, parce
que les honneurs et les richesses que donnent les

gouvernements et les peuples ne sont que de sublimes misères. Dans un seul fait, je trouve cette vérité portée jusqu'au plus haut degré d'évidence.

Parti des côtes de l'Espagne, Colomb fit sortir le monde aux mines d'or du fond des mers. Dans les mains de cet humble et extraordinaire mortel se trouvent en même temps les dignités des Espagnes et les trésors de l'univers ! Le grand homme regagne la terre de l'Europe. A son retour, la Péninsule hispanique s'émeut ! La France, l'Italie et l'Angleterre ne prononcent son nom qu'avec admiration et enthousiasme. A Barcelonne, où était la Cour, on lui rendit des honneurs devant lesquels les triomphes des empereurs romains eussent été pâles et sans intérêt ! On sonna les cloches, on ferma les boutiques, tout le peuple se réunit comme un seul homme pour voir et contempler le grand-amiral ! Pour le voir passer on monta sur les toits, et tous les balcons furent occupés par les dames les plus illustres. Précédé de quelques Indiens qu'il menait avec lui, d'un choix des diverses productions des Îles qu'il venait de découvrir, et de l'or qu'il portait et qui donnait une idée de la richesse du pays, — monté sur un cheval blanc, ayant à son côté son fils sur un cheval plus petit, — grave, le hardi navigateur s'avançait. Les vivats, les applaudissements, les cris de joie, les bénédictions, les concerts de louanges portaient son nom jusqu'au ciel. Et le roi et la reine qui, entourés des princes de leur maison, des dignitaires de leurs couronnes, et des hauts personnages de leurs États, l'attendaient pour le recevoir, se levèrent devant ce citoyen qui n'avait pas de semblables : honneurs qu'ils ne rendaient qu'aux têtes couronnées !

Colomb fit le récit de sa lointaine et périlleuse navigation. Dans un religieux silence, l'assemblée l'écouta. Quand il eut fini de parler, tous les cœurs émus fondirent en larmes. Ferdinand et Isabelle descendirent de leurs trônes et tombèrent à genoux. Dans ce moment, il semblait que l'Espagne eût un avant-goût des délices éternelles ! Un citoyen avec ses grands services et son amour, et deux grands souverains avec leur reconnaissance et leur joie, venaient de se donner la main !

Voilà, portées à leur suprême degré, toutes les émotions que peuvent procurer la fortune et les honneurs d'ici-bas ! Quel sera le résultat de cette brillante gloire prodiguée par deux têtes couronnées ? Quel sera pour Colomb le résultat de ces grands biens si miraculeusement trouvés par lui ? — Le voici : Quelques jours se passent, et après ces quelques jours, Colomb meurt sur cette même terre d'Espagne à laquelle il a donné tout un monde, et il y meurt victime de la faim et des mauvais traitements ; il y meurt les mains toutes meurtries par les chaînes que l'Espagne lui a elle-même rivées ! ! !

Mais sans doute il a commis quelque grand crime ! Qui ? Lui ? Colomb ? Des crimes ? Sa vie tout entière est celle de la bienfaisance personnifiée.

Voilà ce que valent les dignités, les places, les richesses et la gloire que vous recherchez avec tant de voracité, ô ennemis du désintéressement !

Mais si la vie du citoyen, qui par ses services rendus, sa vive piété et son grand cœur, est de tous les hommes celui qui se rapproche le plus de Jésus-Sauveur, a été ainsi abreuvée d'outrages et d'ignominies, que doivent craindre ceux qui, comme vous, sans qualités morales, se font quêteurs, mendiants, voleurs de tout ce qui donne du *decorum* et de l'argent ? Ah ! prenez-y garde ; les peuples font souvent l'œuvre de Dieu : et quand Dieu veut perdre, il élève ; mais ce n'est qu'afin de précipiter de plus haut. Que ce sentiment de crainte soit chez vous le commencement de la sagesse. Cessez de *déchirer le sein de la nation, pour boire de son sang.* Et comme il ne suffit pas à des enfants de ménager une mère épuisée par l'allaitement, comme ils doivent s'immoler pour elle si le besoin l'exige, sacrifiez, sacrifiez dans toute espèce de sacrifices pour le bien de la patrie : ainsi vous serez généreux, ainsi vous serez régénérateurs de votre peuple : c'est en donnant, c'est en s'immolant que l'on devient sauveur !

Et vous, pauvres, vous qui ne pouvez pas renoncer à la puissance et à la richesse, renoncez au désir de la richesse et de la puissance; croyez que votre médiocrité vous vaut mieux que l'opulence. Vous n'avez pas une multitude de serviteurs à vos ordres, l'or ne brille pas à vos lambris, vous n'avez pas de sentinelle pour protéger votre sommeil, vous ne connaissez pas les splendides festins; mais demeurez bien convaincus que votre pauvreté vous est un gage de repos. La foudre brûle souvent le sommet des grandes montagnes, et elle ne tombe que rarement au sein de l'humide vallée. Il est des coups de vent qui renversent le faîte des grands palais, mais qui respectent toujours la cabane du pauvre berger. Soyez donc résignés dans votre peine, soyez pauvres de désirs dans votre misère, et vous serez, vous aussi, des citoyens de bonne espèce : vous serez des défenseurs de l'ordre, réjouissant la patrie par un noble travail, par d'immenses services. Et pour récompense de vos privations et de vos bienfaits, vous aurez l'inappréciable témoignage de votre conscience, l'estime raisonnée et fondée de vos contemporains, l'insigne honneur d'être un jour cités comme modèles, et puis le ciel, — le ciel promis par Jésus ouvrier à l'ouvrier qui aura confiance en Jésus, juge suprême des petits et des grands, des individus et des nations !

XIII.

En attendant, soyez tous reconnaissants ici-bas. Riches et pauvres, allez à la recherche de la gratitude comme à la recherche du bonheur ; cultivez-la comme un arbre de vie.

La reconnaissance, a-t-on dit, c'est la mémoire du cœur, c'est la blancheur des âmes nobles et sérieuses.

Dans la religion, tout la prêche : Jésus-Christ donne le ciel pour un verre d'eau froide offert à un pauvre par amour pour le Sauveur ; et le Père céleste récompense pour le mal qu'on aurait pu faire et que l'on n'a pas fait afin de ne pas lui déplaire.

Dans la nature, tout invite le cœur à se livrer au suave sentiment de la reconnaissance : l'arbre donne ses feuilles à la terre pour la refaire de la sève qu'elle lui a fournie ; les rivières apportent à la mer les eaux que le soleil lui avait enlevées pour elles ; le lion lèche la main qui a pansé sa plaie ; le coursier de l'Arabe s'attriste quand son cavalier vient à tomber et à se blesser, et le chien fidèle mêle ses hurlements plaintifs au râle de son maître ; et quand il ne l'entend plus gémir, il baise une dernière fois ses mains immobiles et glacées, et puis il s'endort sur ces mains si chères pour ne plus s'éveiller.

Rappelez tous à votre esprit les services que vous avez reçus, et à votre cœur l'affection sincère et durable dont vous avez été l'objet.

Ames élevées, vous chérirez les pieds qui sont allés vers vous, vous aimerez la main qui a essuyé vos pleurs, vous n'oublierez pas la bouche qui vous a parlé les paroles de vie, et vous bénirez les yeux qui n'ont voulu vous regarder que pour vous ré‑véler une de ces pensées qui font du bien.

Hommes de la fatigue et de la sueur, vous res‑pecterez l'homme qui a fourni du travail à vos mains, et qui s'est tenu au milieu de vous comme on se tient au milieu d'une assemblée de frères.

Favoris de la fortune, possesseurs des emplois, vous vous souviendrez que ceux qui sont assis sur le dernier degré de l'échelle sociale ont bâti vos maisons, décoré vos appartements, confectionné vos habits, fait venir et préparé les mets dont vous vous substantez.

Tous, vous ferez monter vers Dieu le pur encens de la prière, à cause des malheurs dont vous avez été préservés, à cause des biens dont vous avez été comblés.

Tous, vous reconnaîtrez que c'est aux lois de la patrie que vous devez la paisible jouissance de vos biens, la sûreté de la vie, les douceurs du foyer domestique et les suréminents bienfaits d'une am‑ple liberté. Et à moins que vous ne soyez ou des fous, ou des infâmes, vous vous écrierez dans un enthousiasme indestructible et divin : Soyons amis et soyons frères ; car nous avons tous besoin les uns des autres. Aimons la France comme on aime une mère, comme on aime une compagne. Que son nom soit à la tête de tous nos chants de joie ; que notre langue se paralyse dans notre bouche si nous parlons contre elle ; que notre bras se dessèche et tombe si nous le levons jamais contre sa bannière ! Soyons fidèles à Dieu qui a fait de si grandes choses par nos ancêtres, et qui d'une manière visible, a pris la défense de notre cause aux jours de nos malheurs !

Et de pareils sentiments, sortis du sentiment de la reconnaissance, sont des garanties d'ordre, de prospérité et de bonheur pour les petits et pour les grands.

XIV.

Et maintenant je dirai deux mots aux apôtres de l'Église et aux vaillants défenseurs de l'État, aux prêtres et aux soldats, qui se sont montrés, eux, hommes d'ordre.

Le corps qui peut le plus puissamment contribuer à brider les passions qui perturbent les peuples, c'est le clergé.

Et, en effet, pour arracher la France à l'empire du mal dont elle est atteinte, il faut des hommes

qui connaissent la nature de la douleur qui la travaille, qui sachent composer un remède capable
d'obtenir l'effet si ardemment désiré ; des hommes
enfin qui inspirent à la malade cette confiance
qui, à son tour, contribue si fortement à donner
au remède l'efficacité la plus marquée. Or, ces
différentes notes, dont l'ensemble est nécessaire,
se trouvent dans le prêtre.

Si le lecteur a quelques préjugés sur cette assertion, qu'il les suspende jusqu'à la fin, et qu'il les
compare ensuite avec les réflexions que je vais lui
soumettre.

De tous les membres de la société, le prêtre est
celui qui, sans contredit, a les rapports les plus
variés, les plus fréquents et les plus intimes avec
ses semblables.

Les fils du laboureur et les enfants du riche,
ignorant encore la différence de leurs destinées,
se confondent et viennent se ranger autour du
prêtre, afin d'être initiés par lui aux connaissances
religieuses et morales. L'art de se contrefaire
n'ayant pas encore trouvé place dans ces âmes
tendres et naïves, le prêtre y démêle souvent le
germe de ces grandes passions qui doivent carac-
tériser le plus déplorable ou le meilleur de tous
les avenirs.

Le jeune homme, sur le point de contracter une
alliance et de prendre une place dans la vie, se
présente devant le prêtre et lui demande des con-

22.

seils comme au père commun de la grande famille.

L'âge mûr lui communique ses desseins et ses
espérances, et la vieillesse lui fait toujours part de
ses chagrins et de ses craintes.

Fidèle aux devoirs sacrés de son sublime ministère, le prêtre visite souvent l'habitant de la
chaumière, et c'est là qu'il entend le pauvre invoquer les bénédictions du ciel sur la bienfaisante
famille qui soulage sa douleur et sa misère ; il l'entend appeler les plus terribles malédictions sur la
tête de celui qui cause sa détresse et qui est insen-
sible à sa souffrance.

Par sa position sociale, le prêtre est obligé de
gravir quelquefois les marches du château et d'aller s'asseoir dans les maisons des grands. Là, il
voit d'innombrables abus engendrés par les grandes
fortunes. Ici, au contraire, il remarque que les
intentions les plus pures et les plus saintes, que les
actes de la plus haute philanthropie et les sacrifices de la plus ardente charité animent et dirigent
cette noble famille, que les hommes, ennemis
de la paix et de toute vertu, s'efforcent de faire
passer pour ennemie du pauvre et pour tyran du
peuple.

Le prêtre connaît donc les différentes classes
et les différents âges de la société, et par ses seuls
rapports extérieurs avec tous, il n'ignore ni le lieu
où le murmure se retire, ni celui où les bonnes

intentions ont établi leur demeure, et il sait toujours quelles sont les causes premières qui leur ont donné naissance.

Et cette connaissance, personne ne la partage avec le prêtre. Le peuple ne connaît point les pensées des grands; l'entrée des salons lui est interdite. Les riches ne savent point quels sentiments font battre le cœur des malheureux. Nés au sein de la fortune, nourris dans l'opulence, leurs pieds ne foulent guère le seuil de la cabane du pauvre. Le prince lui-même, qui peut avoir des renseignements très-exacts sur tout ce qui concerne la partie matérielle du pays, est dans l'impossibilité la plus absolue de connaître l'état moral des âmes. Pour acquérir cette connaissance, il faut voir chaque membre du corps social en particulier, le voir souvent et dans des circonstances opposées. Or, ceci n'appartient qu'au prêtre, comme il n'appartient qu'à lui de composer le remède qui peut cicatriser cette grande plaie dont la cuisson fait hurler les nations.

Et en effet, à la sortie du collége, le prétendant au sacerdoce se sépare pour ainsi dire du reste des hommes, pour s'enfoncer dans une solitude profonde qu'on appelle la maison de Dieu. Là, sous les yeux des plus habiles maîtres, il apprend à arracher du fond des âmes ces terribles passions ennemies de l'ordre et de la paix, et à mettre en leur place ces dons heureux qui sont le lien de la famille et le lien de la société. Là, il s'applique à amasser, dans le champ des livres inspirés, dans le jardin des docteurs et quelquefois au milieu des parterres des hommes profanes, ces plantes salutaires dont le suc bienfaisant doit plus tard enfanter des merveilles dans l'art de calmer les élans moraux.

Et pour que le prêtre puisse atteindre avec succès au noble but qu'il se propose, le Ciel a voulu le revêtir d'un caractère qui inspirât à celui qui aurait besoin de son secours, une confiance sans limites.

Et, comme il me semble qu'il convient mieux de faire connaître ce caractère sublime par l'exposé de ses précieux avantages, que de chercher à en donner une sèche et stérile définition, je dirai :

Envoyé du Seigneur, à la porte de son Église le prêtre reçoit l'homme qui arrive dans la vie, brise les pesantes chaînes de son dur esclavage et le fait enfant d'une véritable liberté. Du haut de la tribune sacrée, docteur ami de ses frères, par la force de la parole qui tombe de sa bouche, le prêtre dissipe les ténèbres de l'ignorance, comme un soleil bienfaisant dissipe les noirs frimas que la nuit a répandus sur la plaine. Assis sur son tribunal suprême, juge plein d'une tendre compatissance, le prêtre essuie les larmes du criminel, et par la sentence qu'il prononce sur sa tête, il lui donne droit à tous les biens futurs qu'il avait perdus par ses égarements. A la table mystique, fidèle dispensateur des trésors du grand-roi, le prêtre distribue le pur froment qui doit alimenter l'homme destiné à traverser le grand désert de la vie. Debout devant l'autel, couvert des ornements de son royal sacerdoce, le prêtre immole à la majesté suprême une hostie qui, par son incomparable pureté, arrête la main du Tout-Puissant et la force à remettre dans le fourreau le glaive de la grande tuerie déjà prêt à frapper les peuples criminels. Assis près du lit du mourant, le prêtre montre le chemin qui conduit à cette montagne où la paix est sans trouble et le jour sans nuage ; et pendant que la nature ferme au moribond les portes de la vie, — en vertu de son auguste caractère, — le prêtre lui ouvre les portes du firmament !

En voilà bien assez, sans doute, pour faire avouer à tout homme sans passion, que dans le prêtre on trouve les motifs de cette douce et consolante confiance dont la nécessité se fait si fortement sentir au milieu des besoins moraux de cette vie.

Mais ici certains lecteurs à la vue raccourcie diront : Si la France est malade, si le prêtre connaît le mal, s'il porte dans ses mains de quoi la guérir, pourquoi la France souffre-t-elle encore ? pourquoi le prêtre ne fait-il pas part de son secret ?

— A l'exemple du roi de la tribune athénienne,

pour toute réponse, je proposerai une question,
et j'espère que cette objection ne reparaîtra plus :
Le médecin guérit-il un malade, si les ennemis dé
la science médicale sont parvenus à inspirer à ce
malheureux patient l'éloignement le plus prononcé pour l'homme qui possède l'art de guérir ?
— Non, non !

Cette puissance cléricale, les ennemis de la paix
l'ont comprise, et ils ont attaqué le clergé. Les
prêtres qui se sont vus à l'abri des traits lancés par
les pervers ont laissé leur confrère lutter seul
contre ses adversaires. Ils ont eu grand tort; l'attaqué a succombé, et les flèches empoisonnées qui
l'ont percé sont allées jusque dans les chairs des
lâches qui ont craint de se compromettre en le
défendant.

Et voilà pourquoi, ô prêtres! je prends la liberté de vous dire aujourd'hui :

Pour triompher des attaques dont vous êtes
l'objet et remplir votre glorieuse mission de régénération sociale et de sanctification des peuples,
vous devez, ô prêtres, vous réunir autour d'un
confrère *injustement* accusé, et prendre une part
très-active à sa justification.

Le prêtre passionné pour l'argent, pour le jeu,
pour la pêche, pour la bonne chère ; le prêtre
ennemi de l'étude, privé de l'estime de son peuple,
et ne faisant rien pour la mériter, s'exposant, au
contraire, par des inconséquences sans nom à com-

promettre la sainteté de son divin ministère, serait
un être dont je ne voudrais jamais entendre parler,
et avec lequel tout homme qui a un peu d'amour-
propre devrait, ce me semble, rompre pour toujours.

Mais ici je me représente un prêtre qui est arrivé, sous les auspices les plus flatteurs pour lui,
au milieu du troupeau qui lui était destiné ; un
prêtre qui, dans le cours de son ministère, a toujours manifesté le désir du bien et donné à connaître qu'il comprenait et qu'il sentait toute la
haute dignité de son sublime apostolat, et qui, jusqu'à un certain jour, a été considéré des fidèles
confiés à ses soins, estimé des grands qui l'ont
connu, aimé de ses supérieurs ecclésiastiques et de
ses confrères voisins ; mais qui, par cette espèce
de fatalité attachée au sort des grandes âmes, se
voit subitement victime de la malicieuse iniquité du
monde, et traduit au tribunal de son évêque ou devant les dépositaires de la justice humaine, et dans
ce dernier cas, à la barre de l'opinion publique.

Eh bien ! ici, je crie à tous les confrères de l'accusé, à ceux qui sont près et à ceux qui sont loin,
et je leur dis :

Prêtres, réunissez-vous..... formez une sainte
ligue ; car celui qu'on veut assassiner est votre
frère. Vos destinées sont inséparables de sa destinée. Vous ne pouvez garder le silence dans une
affaire de cette nature, sans vous placer les derniers

sur la liste des hommes : car en restant muets, vous abandonnez un frère!

Et en effet, car celui qu'on attaque, ô prêtres, a, comme vous, fait le sacrifice des plaisirs terrestres ; et aux pieds des autels du même Christ, il s'est, comme vous, attaché au service du sanctuaire par des liens qu'aucune puissance humaine ne pourra jamais briser.

Comme vous, il a passé la fleur de ses jeunes années dans la maison de Dieu, et il n'en est sorti que pour venir combattre à vos côtés dans les combats du Seigneur.

Le Ciel a peut-être reçu le même jour ses vœux et vos serments ; le même jour a peut-être entendu le même pontife vous communiquer à tous le don de la grâce, vous revêtir du manteau de la juridiction et vous envoyer au milieu des peuples.

Après avoir reçu le pain de l'ange au même banquet, on vous a vus, plus d'une fois, assis ensemble à une table frugale, vous partager le pain du voyageur, et vous donner les doux noms de *cher confrère* et de *bon ami !*

Ah ! prêtres, cette identité d'éducation, d'instruction, de serments, de ministère et de destinée devient pour vous la source obligée d'une fraternité d'autant plus supérieure à celle de la nature, que la grâce l'emporte infiniment sur la chair et sur le sang.

Ne distinguez donc jamais entre vos intérêts et

ceux de votre confrère : car si sous les attaques de vos ennemis votre confrère succombe, vous êtes emportés et écrasés dans sa ruine.

Vous ne pouvez pas vous empêcher de reconnaître que l'estime et la considération des peuples sont le principe vital de votre existence morale ; mais si les ennemis de votre confrère triomphent dans l'accusation intentée contre lui, je vois mourir le principe qui vous donne la vie : car dans ce qui vous concerne, ô prêtres, le monde n'examine pas la base rigoureuse des accusations, il ne considère que l'issue que les accusations ont eue. Et si votre frère est condamné, ce monde s'écrie avec le poëte : *Crimine ab uno disce omnes.*

Et croyez que sur les ruines de votre confrère, dans l'esprit de la plupart, il ne vous sera pas même permis d'invoquer en votre faveur vos antécédents louables. Vous voudrez continuer de mériter le respect et l'amour des peuples ; mais alors même que dans les vues les plus généreuses, vous pratiquerez des actes de la plus haute sagesse, des hommes convertiront vos vertus en poison, et diront comme Laocoon aux Troyens : « Prenez-y garde, ne vous y fiez pas ; ces fleurs cachent des épines, ces feuilles recèlent un serpent, ce calme renferme une tempête : *timeo Danaos et dona ferentes.* » Et ici les peuples se montreront crédules ; votre ministère sera frappé de stérilité, et vous mourrez… Et l'histoire, en racontant que vous n'avez pas su vivre, rendra témoignage à cette parole de la vérité éternelle : « *Les enfants du siècle sont plus sages dans leur conduite que les enfants de la lumière.* » Pour vous convaincre de cette vérité, jetez un regard sur l'histoire des peuples.

Attaquait-on autrefois un citoyen d'Athènes ? on encourait l'indignation de l'État tout entier. Et tant que la Grèce sut se nourrir de cet esprit de fraternité, tant qu'elle crut que son existence tenait à l'existence de chacun de ses membres, la Grèce fut florissante au-dedans et redoutée au-dehors.

Dans les temps anciens, insultait-on un citoyen romain ? Vous le savez, le peuple s'assemblait, le Sénat délibérait, les consuls étaient investis de pouvoirs extraordinaires, on levait des légions, on offrait des sacrifices aux dieux protecteurs de la République, et des armées formidables entraient en campagne pour aller tirer vengeance de l'insulte faite à un simple citoyen.

Dans les temps modernes, les corps qui ont su travailler à leur conservation, ont toujours tenu la même conduite. Si je voulais rapporter ici tous les exemples que l'histoire fournit, je ne finirais pas. Je me contenterai de dire que les Français ont failli attaquer Rome, saccager Lisbonne, et qu'ils ont bombardé Alger pour venger des Français insultés. Et les Anglais ont fait trembler l'empire des Sultans, parce qu'un fils de la Grande-Bretagne avait été maltraité sur les terres du Grand-Turc.

Je sais, ô prêtres, qu'il ne vous appartient pas de lever des cohortes, d'équiper des vaisseaux, de livrer des combats, de naviguer jusqu'aux extrémités des mers ; mais vous pouvez et vous devez prendre des informations sur l'accusation intentée contre votre confrère ; vous devez l'aider de vos conseils et de votre bourse, s'il le faut ; vous devez aller vous asseoir à côté de lui sur la sellette, devant l'autorité, quelle qu'elle soit, et vous devez éclairer cette autorité, lorsque les ennemis de votre confrère s'efforcent de l'induire en erreur.

O prêtres, pris en particulier, vous êtes les membres d'un grand corps. Eh bien ! imitez l'ordre que la nature a établi entre les différentes parties du corps humain. Voyez comme elles s'intéressent toutes au sort de celle qui souffre, et comme elles lui prodiguent les secours qu'il est en leur pouvoir de lui donner. Le pied se hâte d'aller chercher le remède, la main s'empresse d'en faire l'application, l'œil en considère attentivement les effets, et la langue a soin de les faire connaître.

Je finis, mais souvenez-vous que les liens qui vous attachent à cet accusé, le bien que vous procure son innocence reconnue, et l'exemple qu'en pareille circonstance, vous offrent les enfants de la terre, sont autant de voix qui vous crient : *Le-*

vez-vous, pressez-vous autour de celui qui est des vôtres; proclamez l'innocence de sa vie et la pureté de ses intentions. Le persécuté sera dès lors vainqueur de ses ennemis, et sa victoire sera un nouveau fleuron dans la couronne de votre royal sacerdoce.

Et quel fleuron! Vous passerez alors dans ce monde avec le noble ascendant de la vertu et de l'union entre vous tous. Vous attaquerez l'esprit de passion et de discorde; et sachant que vous êtes unis et que l'union fait la force, les passions et les discordes fuiront devant vous. Comme les prêtres, vos prédécesseurs, ont civilisé des peuples sans nombre dans toutes les parties du globe, comme ils ont ressuscité les nationalités défuntes après l'invasion des barbares, comme ils ont sauvé nos ancêtres, les Gallo-Romains au moyen âge, — vous policerez parmi nous ceux que domine encore le génie de la barbarie, vous ressusciterez ceux qui sont morts à l'esprit de justice et à l'esprit de paix, vous sauverez l'ordre, et en sauvant l'ordre, vous sauverez la Patrie!

Pour sauver les peuples, il faut l'intelligence du mal qui les dévore, la vertu qui met au-dessus de ce mal, et la force d'agir. Eh bien! Prêtres, le savoir, aujourd'hui vous l'avez, la sainteté est en vous, et quarante mille chaires sur le territoire français, avec les multitudes pour auditeurs, sont votre royale, magnifique et incomparable puis-

sance! Levez-vous donc, soyez unis, la victoire est
à vous.

Cependant, pour que votre puissance soit véritable, et votre victoire réelle, il faut que, dans
chacun de vous, règne l'obéissance la plus complète aux volontés des supérieurs ecclésiastiques.

Oui, l'obéissance est essentiellement la force du
prêtre ; car il est écrit que l'Église est une armée
rangée en bataille ; mais une armée ne peut vaincre
qu'autant que les soldats sont esclaves de la volonté des chefs.

Et prenez-y garde, cette obéissance est essentiellement dans les intérêts matériels du prêtre :
car l'Évêque protége le prêtre obéissant et soumis, auprès de tous les pontifes de la chrétienté,
et tous les princes de l'Église regardent ce protégé
comme leur fils. Il le défend auprès des peuples,
et personne n'a le droit de condamner celui que
l'Évêque ne condamne pas, ni le droit de refuser
d'absoudre celui que l'Évêque déclare absous; il
le protége encore auprès de tous les gouvernements d'ici-bas. Aussi, pour traverser le monde,
deux lignes de paternité, tombées de la plume
d'un Évêque orthodoxe, vaudront toujours plus
pour un prêtre que toutes les recommandations
du laïcisme.

Sous le rapport spirituel et au point de vue temporel, quelle que soit la circonstance de sa vie,
le prêtre n'a donc qu'une règle de conduite à sui-

vre, c'est de se jeter aux pieds ou dans les bras de son Évêque et de lui dire : Mon père!

Vous faites du prêtre un esclave, vont me crier quelques philosophes en gants jaunes et quelques lévites rebelles. Taisez-vous, leur répondrai-je; par cette doctrine je fais du prêtre un homme libre, libre de la liberté intérieure, le premier de tous les biens, et je lui donne une force à laquelle, s'il est uni avec ses frères, le monde ne pèsera pas une paille.

———

Et à vous, soldats français, que vous dirai-je? ou plutôt, que ne vous dirai-je pas?

En peu de temps, vous avez deux fois passé sous le feu et la mitraille, vous avez renversé les plus redoutables barricades, vous avez vaincu dans les plus effrayantes luttes! Dans l'espace de quelques jours, vous avez deux fois sauvé la patrie poussée par les factions à deux doigts de sa perte!

Aussi la reconnaissance nationale vous a dressé dans tous les cœurs magnanimes et vraiment français, des statues plus belles que celles qu'on érige sur les places publiques! Ces dernières sont soumises aux caprices du temps, mais les vôtres sont à l'abri de l'intempérie des saisons et de l'outrage des ans.

Ah! oui, vous avez fait beaucoup, vous avez fait immensément ; vous avez fait tout ce qu'il fallait pour vous immortaliser !

Mais cette France que vous avez aimée comme on aime une mère, comme on aime l'objet le plus cher ; cette France pour laquelle vous avez répandu votre sang, peut-elle reposer en paix ? lui est-il permis d'être sans crainte ? Non ; car les ennemis qui la déchirent sont de ces hommes qui ne marchent jamais seuls. Ils en ont qui les précèdent et leur aplanissent les voies, d'autres qui les entourent pour les aider, et d'autres enfin qui les accompagnent et qui les poussent. Ces hommes représentent des partis nombreux, et d'autant plus redoutables que, se cachant avec soin, ils restent plus longtemps inconnus.

Malgré la haute capacité du gouvernement et le zèle des magistrats, la France peut donc voir s'ouvrir encore pour elle l'abîme dans lequel elle a été sur le point d'être engloutie. Si ce jour de terribles alarmes se lève sur le pays, soldats, la France vous appellera pour la défendre. Souvenez-vous alors de la redoutable francisque de Clovis, de la vaillante lance de Charlemagne, du glorieux casque de saint Louis et de l'immortelle épée de Napoléon. Levez-vous comme un seul homme, repoussez loin de vous les mensongères flatteries dont vous combleront les esprits brouillons et ambitieux. Ne croyez pas aux promesses que les hypocrites vous feront; montrez-vous esclaves du devoir et de l'obéissance au pouvoir qui nous régit, pouvoir régulièrement établi, pouvoir conservateur de la liberté, de la propriété, de la famille et de la foi.

Soyez unis, indivisibles; n'ayez qu'un cœur et qu'une âme, et vous foulerez aux pieds le génie du désordre vaincu, et vous serez appelés les nouveaux fondateurs de la nationalité française! Forts par l'union, vos ancêtres ont arboré les drapeaux de la France sur les tours de Constantinople et de Jérusalem, dans les villes des Césars d'Allemagne et dans celles du grand Frédéric, sur les remparts de Rome et sur les côtes barbaresques, aux palais de l'Escurial et aux palais du vieux Moscou! Ils ont fait tomber devant eux les bannières de l'Asie, de l'Afrique et de l'Europe!

Soldats bien-aimés de la patrie, vous êtes les descendants de ce peuple de héros. Noblesse oblige! Soyez donc unis comme vos pères l'ont été. Le Ciel vous réserve des destinées plus belles que les leurs : votre mission est de combattre à l'intérieur; et il est plus glorieux de terrasser le lion furieux dans sa cage que de le tuer dans l'immensité du désert.

Mais encore une fois, pour accomplir vos brillantes destinées, soyez insensibles à tout conseil de rébellion, montrez-vous toujours dociles à la voix des chefs qui vous commandent. Insoumis et traî-

tres, vous encourriez le mépris de vos contemporains, la flétrissure de la postérité et la malédiction de celui qui se fait appeler le Dieu des armées.
Oui, si vous étiez infidèles à vos serments, on dirait en vous voyant : Tel jour, en telle rencontre,
il passa dans le camp des insurgés ; haine à lui.
Et les enfants de ceux qui vous cracheraient ainsi
le reproche à la face, feraient un jour à vos propres enfants un crime et une honte de votre dé-
sertion ; les ennemis auxquels vous vous seriez
donnés vous feraient servir à leur iniquité et à
leurs turpitudes ; vous mourriez de la mort des
lâches, et à votre dernier instant, le Dieu vengeur
du soldat indiscipliné vous dirait : Vous avez
aimé le trouble ; eh bien ! le royaume de la paix
n'est pas pour vous.

Si au contraire, fils du courage et de l'intré-
pidité, si vous ne reconnaissez d'autre drapeau
que celui que le gouvernement vous a confié ; si
vous êtes tous unis dans une même pensée pour
la défense des doctrines qui ont empêché l'incendie de dévorer les demeures de vos pauvres
parents, et préservé de l'infamie vos mères et vos
sœurs, il en ira tout autrement de votre renommée. Alors, vous passerez dans les villes et dans
les campagnes la tête haute et un noble orgueil
au cœur. Vous serez en droit de dire, au laboureur et au négociant, au prêtre et à l'homme riche :
Place et respect à ma personne ! C'est à moi, tra-

23.

vailleurs, que vous devez les récoltes de vos campagnes ; c'est à moi, hommes de comptoir, que
vous devez les profits du négoce ; c'est à moi, ministres des autels, que vous devez de prier en
paix ; c'est à moi, possesseurs des riches manoirs
que vous devez vos magnifiques tapisseries et vos
meubles élégants ! Vous et votre avoir, vous étiez
destinés à la ruine, et je vous ai sauvés par la force
de mon bras et par l'effusion de mon sang ! Et
l'on vous répondra : Honneur et secours au guer-
rier-sauveur ! Un jour, en voyant vos enfants, les
peuples diront, voulant faire leur éloge : Ils sont
les fils de ceux qui combattirent contre les barbares qui nous apportaient le pillage et la mort ;
égard et récompense aux descendants des hommes
forts et courageux au jour du grand péril !

Et comme les braves dans ces sortes de combats
ne sauraient être payés sur cette terre des services
qu'ils rendent, le Dieu fondateur des États, père
de toute société, cause d'ordre et principe de justice, vous dira : Combattants intrépides, l'heure de
la retraite a sonné, déposez votre armure, et venez
recevoir le prix de vos glorieux exploits. Quittez
sans crainte la terre où vous avez milité pour la
délivrance et la liberté de vos frères, et venez prendre possession des célestes demeures : c'est là que
les soldats sont rois !

Oui, soldats français, vos exploits dans ces derniers temps réclament pour salaire, le ciel et Dieu !

Courage encore, encore un peu de temps ; votre mission s'achève, et au bout de votre course, Dieu et le ciel seront à vous !

XV.

Suivant l'ordre établi dans le livre premier, je dirai ici à ceux qui président aujourd'hui aux destinées de la France : Pour donner au pays les nouveaux éléments de vie sociale que le pays réclame, vous avez bon nombre de choses à faire ; mais une des principales, c'est de faire aimer aux laboureurs le travail des champs.

Oui, il faut que ceux qui font venir le blé que vous mangez, le vin qui est servi sur vos tables et les fruits parfumés de vos festins, aiment leur condition. Il faut que ceux qui élèvent les chevaux qui vous promènent et les animaux dont la laine donne les moelleux tissus qui composent vos habits, soient contents dans leur profession. Car, — et souvenez-vous-en bien, — s'il n'est pas vrai que tout soit dans cette classe, il est incontestable que, sans cette classe, rien n'est dans rien.

Or, quel est le moyen d'arriver à la fin de faire aimer à l'homme des champs sa vie de peine, de fatigue, d'épuisement? C'est de diminuer l'impôt foncier.

Si l'impôt foncier est diminué, les hommes voués au travail de la terre n'auront plus besoin de vendre tout ce qu'il y a de meilleur dans le produit de leurs sueurs pour payer les subsides. Ils pourront manger du froment et refaire leurs forces épuisées, en se désaltérant aux sources de la vigne; ils pourront orner un peu leurs demeures et se procurer quelques ressources pour l'hiver de la vie.

Mais comment faire la diminution dont il s'agit et subvenir aux besoins du trésor? Il n'est pas au monde de chose plus facile.

Rognez, rognez un peu les gros traitements et imposez les capitaux; et vous vous trouverez avantageusement à même de soulager ceux qui souffrent, d'alléger le fardeau de ceux qui sont trop chargés, et de contenter ceux qui se plaignent.

Vous vous trouverez à même de diminuer l'impôt des patentes; impôt qui pèse d'un poids écrassant sur les classes laborieuses et pauvres, et qui n'a pas encore atteint les professions qui remuent l'or et l'argent avec des rateaux! Hommes chargés des destinées de votre pays, portez là votre attention et une partie de vos soins.

Mais, dit-on, ceux qui reçoivent beaucoup, dépensent beaucoup; ils achètent, ils font travailler. —Belle réponse, vraiment! Et le pauvre, lui aussi, dépenserait, s'il avait; et il dépenserait conformément à ses goûts, à ses avantages, à ses besoins qu'il connaît mieux que personne. Et je dirai de plus, qu'il est faux que tous ceux qui reçoivent, déversent sur l'ouvrier en raison de leurs appointements. Beaucoup arrivent pauvres aux emplois, et se retirent immensément riches, quand les emplois leur sont arrachés.

Contre l'impôt dont je demanderais que l'on frappât toute somme aliénée ou de simple prêt à intérêt, je connais les montagnes d'objections qui ont été faites. Je ne m'arrêterai pas à discuter ces difficultés ; la véritable philosophie les déclare sans valeur ; et ce qui les tue, c'est qu'elles ont les capitalistes pour auteurs.

Au reste, il est en France aujourd'hui une autorité dont la manière de penser doit avoir quelque poids ; une autorité à laquelle dans tous ses dangers, depuis quatre ans, la France fait appel. Cette autorité, c'est le jugement du peuple travailleur, le jugement des paysans ; jugement qui a sauvé la France au milieu des périls où les prétendus *habiles dans les affaires* venaient de la lancer ! Eh bien ! que ceux qui ne pensent pas comme moi sur la doctrine exposée dans ce chapitre, en appellent au bon sens de ce peuple qui, en peu de temps, s'est montré deux fois le sauveur de l'ordre. Si le jugement venu de ce tribunal est contre moi, j'abjure ce que je viens d'enseigner. Que ceux qui me désapprouveront acceptent le

défi que je leur porte, qu'ils ramassent le gant que
je leur jette !

Et de plus, c'est que, par la mise en pratique
des idées que je suggère, le pouvoir se trouverait
à même de récompenser de bons et loyaux services. Il pourrait donner une honorable existence à
tous les employés qui, dans les diverses adminis-
trations, font le plus pénible de la besogne, n'ont
pas de quoi subvenir aux besoins de leurs familles,
et aux jours de la maladie manquent du strict nécessaire. Par les moyens que j'indique, le gouvernement pourrait augmenter le traitement de ces
humbles, désintéressés et intrépides gendarmes,
force du faible, terreur du méchant, véritable principe d'ordre sur tous les points de la France. Il
pourrait assurer une honorable retraite à tous ces
vétérans du sacerdoce, qui ont passé leur vie à
faire des vœux pour la gloire de la patrie, et à prêcher les vertus qui font les bons Français. Et en
venant ainsi au secours de ces apôtres de la foi et
du patriotisme, le gouvernement ne ferait que remplir un devoir de justice : car, si dans leur vieillesse ces hommes se trouvent sans pain quand
ils n'ont pas de ressources d'ailleurs, c'est parce
qu'un jour un gouvernement voleur les dépouilla
de leurs biens !

Au jour où il en sera comme je viens de dire,
les travailleurs béniront l'ordre de choses qui leur
aura procuré le calme et l'aisance ; les hommes

d'armes chercheront les occasions de donner leur sang pour la patrie, et l'homme de Dieu bénira d'une double bénédiction : et quand les peuples des campagnes veulent la paix, quand les braves s'arment pour la défendre, quand les justes la demandent au Dieu qui la donne, les brouillons des villes sont forcés de se taire, et le gouvernement alors se trouve fort et respecté !

———

Et vous, Seigneur, père Tout-Puissant, père de toute créature et de toute harmonie, gravez dans les cœurs de tous les Français l'amour de l'humilité et de la vérité. Présidez, chez nous, à l'éducation de la femme et à celle des jeunes gens ; faites que nous estimions la franchise et la pureté ce qu'elles valent. Consolez-nous dans nos malheurs, éclairez-nous dans nos doutes, rendez-nous graves dans notre conduite et insensibles à toutes les criailleries des propagateurs des mauvaises doctrines. Faites que nous pratiquions ce qu'il y a de sublime dans l'amitié, de beau dans le désintéressement, d'admirable dans la reconnaissance et de divin dans l'énergie.

Seigneur, soyez pour la France un mur de feu, qui la défende de tous ses ennemis. Que vos cieux versent toujours sur elle leur rosée, et que sa terre produise toujours son fruit. Que les yeux de nos soldats lancent la foudre et les éclairs, et que nul méchant n'ose troubler notre repos. Faites, ô mon Dieu, que la France vous connaisse, vous aime et vous adore ; et la France sera bénie, elle sera heureuse, elle sera sauvée !

FIN.